Gudrun Pflüger

Wolfspirit

Gudrun Pflüger

Wolfspirit

Meine Geschichte
von Wölfen und Wundern

Mit 17 farbigen Abbildungen

www.cpibooks.de/klimaneutral

Mehr über unsere Autoren und Bücher:
www.malik.de

Bibliografische Information der Deutschen Nationalbibliothek
Die Deutsche Nationalbibliothek verzeichnet diese Publikation in der Deutschen Nationalbibliografie; detaillierte bibliografische Daten sind im Internet über http://dnb.d-nb.de abrufbar.

MALIK NATIONAL GEOGRAPHIC

Erstmals im Taschenbuch
April 2014
2. Auflage Juni 2014
© Piper Verlag GmbH, München 2014
© Patmos Verlag der Schwabenverlag AG, Ostfildern 2012
Umschlaggestaltung: Dorkenwald Grafik-Design, München
Umschlagfotos: Andreas Kreuzhuber (Porträt vorne und Autorenporträt), Hannu Hautala – plainpicture / Pictorium (vorne, Wolf), mauritius images / Superstock (hinten)
Bildteilfotos: Archiv Gudrun Pflüger außer: S. 6/7, 9–11 (Peter A. Dettling / www.terramagica.ca), S. 14/15 (Andreas Kreuzhuber)
Satz: Fotosatz Amann, Memmingen
Papier: Naturoffset ECF
Druck und Bindung: CPI books GmbH, Leck
Printed in Germany   ISBN 978-3-492-40524-9

Das Papier wurde aus chlorfrei gebleichtem Zellstoff hergestellt.

Für **Nahanni**
Meine treue Begleiterin, meine Konstante, »My Girl«,
und all ihre wilden Verwandten

und

Conrad Kimii
Meinen Sonnenschein
und all die Kinder seiner Generation

Ich liebe euch.

Vorwort

> In wildness is the preservation
> of the world.
> HENRY DAVID THOREAU

An was denken Sie, wenn Sie *Wolf* hören? An Rotkäppchen und dunkle Wälder? An scharfe Zähne und Gefahr? An unmoderne Kreaturen, für die in unserer heutigen Gesellschaft und Landschaft kein Platz mehr ist?

Oder an eine sanfte Berührung, die Ihr Leben retten kann?

Dies ist meine Geschichte. Es gibt so viele Geschichten, wie es Menschen gibt. Viele schweigen, einige erzählen sie weiter, und Einzelne schreiben sie auf. Am Anfang dachte ich, das sei einfach. Ein Jahr nach dem anderen zu beschreiben, schön linear. Doch das Leben ist nicht geradlinig und die verschiedenen Erfahrungen haben so unterschiedliche Bedeutungen und Beziehungen zueinander, dass mir eine strikt chronologische Reihenfolge nicht passend erschien. Gewählt habe ich eine Struktur, die dem komplexen Lebensgeflecht angemessener ist und dem Faktor Zeit nicht mehr Bedeutung gibt, als er in meinem Leben tatsächlich hat. Ich besitze nicht mal eine Uhr, und in der Wildnis Kanadas und während meiner Krankheit hat Zeit überhaupt keine Rolle mehr gespielt, nur noch das Sein oder Nicht-mehr-Sein.

Meine Motivation, dieses Buch zu schreiben, ist meine tiefe Verbundenheit mit allem Natürlichen und Einfachen. Wölfe gehören dazu. Sie sind einfach Tiere. Doch sobald wir anfangen, sie als Projektionsflächen für unsere eigenen Ängste und Schwächen zu nutzen, werden sie zu Problemtieren, die es zu verscheuchen oder sogar auszurotten gilt.

Meine Erfahrungen mit Wölfen sind ganz andere. Dank ihnen habe ich meine Liebe zum Leben gespürt, meinen Willen zum Überleben gestärkt und meinen Respekt gegenüber allem Lebendigen genährt.

Ohne meine intensiven Erlebnisse in der Wildnis, die mich oft an meine Grenzen gebracht haben, hätte ich nicht gewusst, wie weit meine eigenen Kräfte reichen und woher sie eigentlich kommen. In der ungezähmten Natur habe ich gelernt, das Unkontrollierbare zu respektieren, anzunehmen und schließlich als überlebenswichtigen Teil meines eigenen Lebens zu erkennen.

Während ich mit meiner Krankheit gerungen habe, prägte ich den Begriff des Wolfspirit, der alle kraftvollen Eigenschaften der Wölfe vereint – ihre Zielstrebigkeit, Ausdauer, Leidensfähigkeit, ihren Teamgeist, ihre Freude und ihren Lebenswillen. Ich habe sie erfolgreich für meine eigene Heilung einsetzen können.

Wir müssen dringend alles daran setzen, unsere noch natürlichen Lebensräume zu erhalten, nicht nur aus Gründen der Biodiversität – auch für unser eigenes Seelenheil. All unsere Lebenskraft hat ihren Ursprung in der freien Natur. Diese Botschaft ist für mich untrennbar mit den wilden, frei lebenden Wölfen Kanadas verbunden.

Inhalt

Vorwort   7

Neue Dimensionen – Kootenay   12

Im Rhythmus der Gezeiten – Küstenregenwald   23

Nachtwache – Foothills   61

Wilde Begegnungen – Livingstone   94

Jeder Schritt zählt – unterwegs in der Welt des Sports   110

Die Weisheit des Grey Owl – Prärieleben   148

Die Schönheit liegt im Kargen – Tundra Time   185

Berührt – wilde Insel   222

Alles ist möglich – Nipika   229

Regenmann – daheim   241

Nachwort   248

Karten   252

Herbst 1997 Stadt Salzburg. Mozart zum Quadrat. Es ist wieder mal so ein Salzburger Regentag. Salzburg-Kenner wissen, wovon ich rede. Zwischen zwei Vorlesungen schau ich im nahe gelegenen Einkaufszentrum vorbei, hier gibt es guten Topfenstrudl. Ich habe noch etwas Zeit und lasse mich daher an einem Stand von ein paar Mitarbeitern der Tierschutzorganisation »Vier Pfoten« ansprechen. Normalerweise nicht meine Art, aber Dinge passieren eben mit Grund. Sie arbeiten mit Anfangsschockern, mit Bildern von brutal gehaltenen Tieren auf Pelztierfarmen oder in der Massentierhaltung, von gehäuteten Kadavern, eingesperrten vierbeinigen Zirkusartisten und qualvoll verendeten Wildtieren in Fallen. Bilder, die die Menschen emotional erreichen und zur Aktion bewegen sollen. Wie man zu solchen Angelmethoden steht, ist für mich zweitrangig. Wichtig ist, dass es solche Menschen gibt, die sich in die Sache des Größeren stellen. Größer als die Bedeutung des isolierten, kleinen, eigenen Lebens. Ich unterschreibe eine Mitgliedschaft.

In einem ihrer Magazine lese ich einen Bericht über ein Wolfsforschungs- und Informationsprojekt in den kanadischen Rocky Mountains. Ich beschließe, die Patenschaft für eine der dort besenderten Wölfinnen zu übernehmen. Als Dankeschön bekommen die Paten regelmäßige Updates »ihres« Wolfs. Sie heißt Chinook und sie führt mich auf die Spur der wilden Wölfe.

Neue Dimensionen – Kootenay

Auf den Spuren der Wölfe

Winter 2000/2001 »Wo kommst du denn her?« Weit und breit gibt es hier keine Siedlung, und trotzdem stapft da plötzlich ein kleiner Hund neben mir her und sieht mich mit dem typisch intensiven Blick eines Border-Collies an. Er legt seinen Kopf schief, und aus seinen dunklen Knopfaugen lese ich den Aufruf »Let's Go!«. »Go home, Buddy – ich kann dich nicht mitnehmen, ich mache eine Längsquerung des Nationalparks und komm nicht mehr hierher zurück!« Den Kleinen kümmert das allerdings wenig, und so hoppelt der junge Hund verspielt vor mir her. Mir fällt der Anhänger an seinem Halsband auf, er heißt Murphy, eigentlich Jesus Murphy, und ist unter einer darauf notierten Telefonnummer wieder loszuwerden. »Also gut, komm mit, ich weiß eh nicht, wo ich dich hier abgeben soll.«

Das einzige Anzeichen von menschlicher Existenz war gleich nach dem Ausstieg aus dem Auto eine offene Wiese mit einer verschneiten Lodge an ihrem anderen Ende. Kein Auto, keine Stimmen, keine Menschen. Mein Forscherkollege Danny hat mich in unserem »Burrito«, dem alten unzuverlässigen Ford des Kootenay-Nationalparks mit der Farbe der mexikanischen Tortillarolle, zur Südgrenze des Schutzgebiets gebracht; ich will auf meinen Langlaufschiern entlang der East Kootenay Fire Road den Nationalpark nach Norden queren und auf Höhe der ersten Brücke über den Kootenay River Richtung Westen abbiegen und damit auf den Highway stoßen, wo Danny mich am Ende des Tages abholen soll. So der Plan.

Der Kootenay-Nationalpark grenzt im Norden und Osten an den berühmteren Banff-Nationalpark und erweitert somit das Schutzgebiet in die Provinz British Columbia hinein. Er wird manchmal auch etwas abfällig »Highway-Nationalpark« genannt. Denn seine Entstehung verdankt er nicht einem Schutzgedanken weitsichtiger Naturliebhaber, sondern der Tatsache, dass während des Baus der ersten Ost-West-Straßenverbindung über die Rockies der Provinz British Columbia das Geld ausgegangen ist und sie sich an die Regierung in Ottawa für eine Finanzspritze wenden musste. Die Regierung sprang ein unter der Bedingung, dass British Columbia dafür das Gebiet drei Kilometer rechts und links entlang der neuen Straße der »Krone« in Ottawa abtreten und einen Nationalpark schaffen muss. Gesagt, getan.

Heute schneidet der Highway 93 den Kootenay-Nationalpark der Länge nach in der Mitte durch. Er ist die kürzeste Verbindung zwischen den kalten Prärien mit der boomenden Großstadt Calgary und dem klimatisch lieblichen Columbia Valley mit dem großen Lake Windermere. Viele Einwohner Calgarys rasen übers Wochenende schnell mal zu ihren Zweitwohnsitzen am See oder den Schigebieten von Panorama. Und wenige bleiben unterwegs stehen. Auch die meisten Touristen beschränken ihren Besuch auf Banff und Jasper und so bleibt der Kootenay-Park selbst – abgesehen vom furchtbaren Highway – relativ ruhig. Die Straße ist geradlinig und hat keine Einzäunung. Der Blutzoll unter den Wildtieren ist extrem hoch. Auf halbem Weg liegt die Kootenay Crossing, wo ein Parkranger lebt, Park-Straßentrupps und im Sommer auch die Feuerwehr stationiert sind und ein kleines »Bunkhouse« steht, in dem gelegentlich Wissenschaftler, die im Park arbeiten, untergebracht sind. Das nächste Geschäft ist in Radium Hot Springs im Columbia Valley, siebzig Kilometer entfernt. Seit wenigen Wochen bewohne ich das Bunkhouse und seit Kurzem teile ich es mit Danny und seinem Brokkoli fressenden, alten Labrador Barkley.

Carolyn Callaghan, die Leiterin des »Central Rockies Wolf Projects« mit Sitz in Canmore, zirka hundertzwanzig Kilometer entfernt, hat mich in den Kootenay-Nationalpark geschickt: »Gudrun, unsere Wölfin Willow ist verschwunden. Sie war das einzige Tier des Kootenay-Rudels mit einem Sender. Nun ist es schwierig geworden, den Rest der Wölfe zu orten. Ich erwarte, dass wir nun viele Kilometer nach ihr suchen müssen. Daher möchte ich dich in den Kootenay-Park versetzen. Du bist gut auf Schiern und es macht dir nichts aus, allein im Busch zu arbeiten.« Das war der Anfang eines ereignisreichen Winters und meiner Lehrzeit als Feldforscherin.

Vierundzwanzig Kilometer, so sagt mir die Landkarte, ist mein heutiges Vorhaben lang. Ich rechne um: Dafür brauche ich zwei Stunden, mit abweichendem Spurensuchen und Pausen, um bestimmte Markierungen ins GPS-System einzuspeichern, vielleicht drei? Meiner Erfahrung nach laufe ich fünfzehn Kilometer pro Stunde, großzügig bemessen. Oder soll ich sagen »europäisch bemessen«, auf gut gepflegten Langlaufloipen? Hier sinke ich bei jedem Schritt in den Schnee, von Gleiten keine Spur. Auch die Funktion des Feuerwehr-Zugangswegs, nämlich, dass sie der Feuerwehr schnellen Zugang zu Waldbränden am linken Ufer des Flusses garantieren soll, stelle ich bereits nach einem Kilometer infrage: Da liegt ein Baum neben dem nächsten und entweder robbe ich auf allen vieren unter ihnen durch oder steige drüber. Die dichten Äste machen alles noch schwieriger. Bald schwitze und fluche ich, vor allem nach jedem Blick auf das GPS-Gerät, das mir anzeigt, dass ich nach einer weiteren Stunde wieder nur 1,4 Kilometer vorangekommen bin. Jede neue Zeithochrechnung verschiebt meine Ankunftszeit empfindlich nach hinten, und ich werde etwas nervös: Ich habe keine andere Wahl, als weiterzustapfen, ich muss es bis zur Brücke schaffen, und zwar heute noch.

Murphy scheinen meine Sorgen nicht im Geringsten zu stören. Fröhlich springt er vor mir her. Plötzlich aber bleibt er wie erstarrt stehen und fixiert die dichten Büsche zwei Meter vor uns: Sein Gebell wird aggressiv, was mich verunsichert: »Was regt dich da so auf, Murph? Komm – let's go –, wir müssen weiter, unser Weg ist noch verdammt lang.« Der kleine Hund aber bleibt wie angewurzelt stehen. Ich beginne mit meinen Stöcken durch die Luft zu fuchteln und laut und bestimmt diesen Geist hinter den Ästen zu vertreiben. Nach ein paar Minuten beruhigt sich Murphy, und ich kann ihn zum Weitergehen bewegen. Kaum zehn Meter hinter der Wegbiegung kreuzen superfrische Cougarspuren unseren Weg. Ein Puma also. Ich drehe mich zu Murphy um und stoße einen tiefen Seufzer der Erleichterung aus: »Jesus – Murphy. Jetzt hast du mir aber gscheit geholfen.« Im dicht verschneiten Wald hätte ich das Tier nie wahrgenommen. Wie alle Katzen schleicht sich auch der Puma an seine Beute heran, meist von hinten und auf ganz leisen Pfoten – trotz seines Gewichts von bis zu hundert Kilogramm. Er ist ein Meister der Heimlichkeit. Und er ist mir unheimlich.

Zwei Wochen später kommt es zu einem ganz tragischen Vorfall auf einer frequentierten Loipe in der Nähe von Banff. Eine junge Frau geht alleine Langlaufen und kommt nicht mehr zurück. Man findet Blut- und Ziehspuren und die getötete Langläuferin im Busch ein paar Meter von der Loipe entfernt. Und Pumaspuren. Später finden die Parkranger den vermeintlichen Täter, er ist abgemagert und krank und zeigte daher offensichtlich abartiges Verhalten. Trotzdem ist es für uns alle ein Schock.

Gott sei Dank weiß ich auf meiner Tour mit Murphy noch nichts von diesem Ereignis, und ich habe andere Sorgen, denn das Licht verlässt uns langsam und ich kann noch immer keine Funkverbindung mit irgendjemanden aufbauen. Auch Murphy zeigt erste Erschöpfungserscheinungen. Aber wir sind auf uns allein gestellt, und jeder Schritt, den ich jetzt nicht mache, wird mir am Ende fehlen. Ich erlebe zum ersten Mal – und es folgen noch viele Male –, dass die Zeit nur noch eine Dimension hat, dass nicht mehr Vergangenheit und Zukunft, ja nicht mal mehr Gegenwart, sondern nur noch das »Sein« all meine Zeit bestimmt.

Solche Extremsituationen in der Einsamkeit verschieben meine Grenzen. Jedes Mal finde ich durch die Erinnerung an vergangene haarige Momente wieder neue Kraft, es auch dieses Mal zu schaffen. Einmal breche ich durchs Eis des Kootenay River, und sofort erfasst die starke Strömung des Gebirgsflusses meinen gesamten Körper. Ich bin total eingesunken, das Eiswasser lähmt mich, aber meine Gedanken sind glasklar: Schnell raus, irgendwie! Ich klammere mich mit beiden Oberarmen an die Eiskanten, kann der Kraft des Wassers kaum standhalten, weiß aber, dass es, wenn ich den Halt verliere, mich unter die Eisdecke spült und dass dies das sichere Ende wäre. Die Eisränder halten, vorsichtig und doch schnell stemme ich mich daran hoch und hoffe und bete. Zuerst schiebe ich meine Brust langsam nach vorne. Das Eis hält. Flach liegend robbe ich mit weit weggespreizten Armen und Beinen ans rettende Ufer.

Mein Schutzengel bleibt weiter bei mir. Denn mein Auto könnte ja Stunden entfernt geparkt sein. Aber es ist in Sichtweite. Als ich es erreiche, ist meine gesamte Kleidung steif gefroren. Und mein Engel lässt mich weiterhin nicht im Stich. Denn bis zu meiner Unterkunft brauche ich nur fünf Minuten mit dem Auto. Dann erst flattert er davon und überlässt mich der heißen Badewanne.

Ich gewöhne mir bald ab, solche Abkürzungen zu nehmen. Weil es immer einen sehr guten Grund für die Normalroute gibt, für den Weg, den die Hausherren und -damen mit ihren Wildpfaden vorgeben. Sie kennen die Abgründe und steilen Felsbänder, die Sümpfe und die richtig undurchdringlichen Abschnitte. Nichts in der Natur ist »einfach so« – alles hat seinen Sinn und Ursprung. Mit der Zeit lerne ich diese Zusammenhänge auch wieder zu sehen und zu verstehen. Und ein neuer innerer Pfad entsteht.

Irgendwann – und es ist wirklich egal, wann – sehe ich vor mir die Umrisse der ersehnten Brücke auftauchen, kann Danny anfunken, aber er ist ohnehin schon auf der Suche nach mir. Zusammen mit Murph sinke ich ziemlich erschöpft in den Autositz. Nie wieder werde ich meine altgewohnten Maßstäbe von Zeit und Distanz auf die Wildnis Kanadas übertragen! Dies habe ich nun auf die harte Weise gelernt. Danny schüttelt nur den Kopf: »Ich hab dir doch gesagt, das schaffst du nie in drei Stunden. Wir sind in Kanada!« Er ruft die Rangerstation an, um Entwarnung zu geben. Sie sind nämlich auch schon alarmiert.

Daheim tritt Barkley ein paar Tassen Hundefutter an Jesus Murphy ab und frisst dafür die nächsten zwei Tage noch mehr Brokkoli. Solange dauert es, bis der ausgebüxte Jesus Murphy nach meinem Telefonat mit seinem Besitzer abgeholt wird. Dann fährt ein Auto vor, und der kleine Hund springt freudig auf, als sein Herrchen aussteigt. Ein sportlich gekleideter Mittfünfziger mit jugendlichem Aussehen und dynamischem Auftreten. Ein George Clooney, nur noch attraktiver. Ich mache ihm einen Kaffee, und viele, viele Hunderte sollen in den nächsten Jahren noch gemeinsam getrunken werden. Und er beginnt zu erzählen. Wir lachen viel. Es wird eine Schicksalsbegegnung. Bereits nach ein paar Minuten wird uns klar, dass wir uns eigentlich schon zehn Jahre früher hätten treffen können: In Finnland, bei den Nordischen Weltmeisterschaften der Junioren. Lyle Wilson, so der Name des Sonnyboys, war damals als Trainer der kanadischen Damenmannschaft dort, ich als Athletin für Österreich. Wir sind auf einer Wellenlänge, das merken wir sofort. Als er spät am Tag endlich seinen Hund ins Auto steckt, dreht er sich noch einmal um: »Und melde dich, nun weißt du ja, wo wir sind!«

Während des Winters im Kootenay-Nationalpark fahre ich regelmäßig nach Canmore zu Carolyn, um eine Fortbildung für uns Feldforscher zu besuchen oder einfach um einzukaufen und unter Menschen zu sein. Auch Danny fährt regelmäßig diese Strecke zu seiner Freundin. Manchmal bekommen wir auch Besuch von Mel,

Melanie Percy, einer erfahrenen Feldbiologin, die uns vor Ort Tipps gibt. Auch wenn die Entfernungen hier weit sind, ich habe immer das Gefühl, gut betreut zu werden, und merke, wie stark uns unsere gemeinsamen Ziele und Interessen zusammenschweißen.

Alle Tracker arbeiten nach strengen moralischen Regeln: Wir nennen das Verfolgen der Spuren »back tracking«, denn sobald wir auf Spuren stoßen, werden diese in die Gegenrichtung verfolgt. Das Motto heißt: Jene Forschung ist die beste, bei der die Forschungs-objekte gar nicht merken, dass sie untersucht werden. Denn nur dann zeigen sie unbeeinflusstes Verhalten. Für die Informationen, die wir brauchen, ist es egal, in welche Richtung wir gehen. Daher folgen wir den Wölfen rückwärts. Man muss nur umgekehrt den-ken. Zum Beispiel, wenn ich frischen dunklen Kot finde, weiß ich, dass ich bald auf einen Kill stoßen werde; wenn ich einen Kill finde, erwarte ich als Nächstes eine Jagdsequenz … Alles speichere ich ins GPS-Gerät und lade es am Abend in den Computer. Ein Haupt-augenmerk legt Carolyn auf das Überwinden von Barrieren. Diese können vielgestaltig sein: Flüsse, Zäune, aber vor allem Straßen. Wie verhält sich die Wolfsfamilie, wenn sie zu einer Straße kommt? – Denn das ist der Hauptüberschneidungspunkt von menschlichen Aktivitäten und dem Alltag der Wölfe. Und nicht wenige, vor allem junge, unerfahrene Tiere kommen nicht auf der anderen Seite an. Wir wollen die Regelmäßigkeiten herausfinden, wo und wie die Rudel die Straßen kreuzen, um sichere Möglichkeiten für Mensch und Tier zu erarbeiten.

Wann auch immer Barrieren auftauchen, wird die Einheit des Rudels zu einer Ansammlung von Individualisten. Jeder löst das Hindernis auf seine Weise; einige lässt das ganz cool und sie mar-schieren gerade hinüber, manche queren diagonal, wieder andere drehen ab und laufen einige Meter den Straßenrand entlang, andere schlüpfen zurück in den Wald und tauchen erst dann auf, wenn die meisten Kumpel schon auf der anderen Straßenseite sind und hetzen dann mit ein paar schnellen Sprüngen hinterher. Diese Momente, in denen ich die unterschiedlichen Persönlichkeiten der einzelnen Wölfe im Schnee niedergeschrieben sehe, faszinieren mich besonders.

An Tagen nach frischem Schneefall, wenn die Kristalle an der Schneeoberfläche unter der Wintersonne wie Millionen von wertvollsten Diamanten funkeln und nur durch eine Perlenschnur aus Wolfspfotenspuren durchbrochen werden, dann könnte ich stundenlang auf dieses Kunstgemälde schauen, das die Natur da vor mir hingemalt hat. Und dann bringe ich es oft auch nicht fertig, es durch meine eigenen plumpen Stiefelabdrücke zu zerstören. Es ist einfach zu schön, als dass ich jetzt da reinsteige. Es überkommt mich so ein Respekt vor diesen Tieren und wie harmonisch ihre Spuren in die Landschaft passen, dass ich ihnen in einer eigenen Spur daneben folge. Der Mensch muss nicht immer den letzten Pinselstrich machen.

Der Highway im Kootenay-Nationalpark folgt für eine lange Strecke dem Kootenay River mit seinen Mäandern, Seitenarmen und Sandbänken, mit seinen steilen, hohen Wänden aus glazialem Schotterwerk und sanften Uferwiesen. Er ist, wie jeder Fluss auf dieser Erde einmal war und eigentlich für immer sein sollte, eine Lebensader. Entlang seines Verlaufs wandern die Wildtiere, und herangeschwemmte Pflanzen blühen auf. Man kann die Dynamik der Natur beobachten. Ich liebe diesen Fluss, vor allem weil er so vielgestaltig und lebendig ist und an seinen Ufern so viele Nachrichten in den Sand gedrückt sind. Immer wenn ich – ein paar Jahre später auch als Co-Guide für Touristen – hinunterpaddeln kann, entdecke ich den Park neu. Das Reisen auf dem Wasserweg war in der Wildnis immer schon das relativ einfachste. Die menschliche Besiedelung des Westens von Nordamerika hat sich entlang der Flussläufe entwickelt. Auch für die Indianer und die späteren »Entdecker« waren sie die Hauptwanderrouten. Auch die Kootenay-

Wölfe folgen dem Flusslauf und bringen mich an Plätze im Park, die ich ohne sie nie gesehen hätte. Wölfen zu folgen, das habe ich gleich in meinem ersten Winter im Kootenay-Nationalpark gespürt, heißt auch, vertrauensvoll in eine unbekannte Richtung zu gehen.

Wolfspirit 1

April 2006 *Durch das Zugfenster glitzert die Morgensonne. Sie gibt dem frischen Frühlingsgrün der bayerischen Wiesen einen zusätzlich saftigen Anstrich. Alles sieht so sauber und aufgeräumt aus. Wie in einer kitschigen Tourismus-Werbebroschüre liegen ein paar Kühe auf den Weiden und genießen die ersten warmen Sonnenstrahlen. Und ein paar Krähen picken sich auf den Feldern ihr Frühstück zusammen. Die schneebedeckten Alpen rücken langsam, aber sicher in die Ferne. Die Morgenstunden sind in dieser Jahreszeit besonders schön, da paart sich das große jährliche Erwachen mit dem alltäglichen kleinen Aufleben. Die Schlüsselblumen und Krokusse öffnen ihre Blüten und grüßen in Richtung Sonne. Auch die Obstbäume stehen in voller Blüte und verwandeln sich in irdische Abklatsche der weißen Wolken am strahlend blauen Himmel. Verstreute Bauernhöfe schmiegen sich an die sanft hügelige Landschaft, und die wenigen größeren Orte entlang der Reise werden regelrecht von der üppigen Natur verschluckt.*

Der Zug hält und mehrere junge Menschen steigen ein; es ist die Zeit der Schüler und Arbeiter. Schräg gegenüber setzen sich zwei gesprächige junge Frauen. Die eine holt – noch während sie sich auf den Sitz fallen lässt – ihr Kosmetiktäschchen aus ihrem Beutel und beginnt sich intensiv ihrer Verschönerung zu widmen. Sie und der ungefragte Rest des Zugabteils werden unterhalten von ihrer Freundin, die uns über den Besitzer eines weißen Mercedes aufklärt, der einen Buben samt Mutter anzeigen will, weil er einen kleinen schwarzen Punkt auf seinem Luxusauto entdeckt hat. Mir gegenüber sitzt nun ein junger Mann, allzu viel männliches Deo. Wer es schafft, Geschwätz und Geruch zu ignorieren, schaut gelangweilt vor sich hin. Machen sie das täglich? Ist dies die Art, wie ein Großteil von uns Menschen in unserer Zivilisation den Tag beginnt? Während sich da draußen auf der anderen Seite der Zugfenster alles auf den neuen Tag und das Leben freut? Bin ich die Einzige, die um sich herum alles spannend findet, der alles so wertvoll erscheint, es aufzunehmen? Wie ein Kind? Noch sensibel, noch interessiert an der Umwelt. Weil ich gerade erst wieder nach Mitteleuropa gekommen bin, in diesen Überfluss. Zurückgekehrt aus einer Welt, die mit ihren Reizen unsere Sinne noch nicht so überfordert; wo es noch einfacher ist, wahrzunehmen, zu hören, zu riechen und zu fühlen, wofür unsere Sinnesorgane geschaffen worden sind, an was sie sich über Jahrtausende angepasst haben. Uns so unser Überleben gesichert haben. Und weswegen wir uns noch wie Menschen fühlen können.

Wie reich sind wir eigentlich? Und wie verarmt? Was haben wir erreicht und was haben wir verloren? An was sollen wir uns gewöhnen und was sollen wir lieber niemals vermissen? Was sollen wir noch akzeptieren und wogegen sollen wir uns auflehnen? Was braucht jeder Mensch, um Mensch zu sein?

Zuggedanken. Und die Gleise bringen mich geradlinig ans Ziel. So einfach ist das. Sich in den richtigen Zug setzen und ankommen. Ohne Alternativen. Wenn doch das Leben selbst so einfach und geradlinig wäre.

Ich erreiche die Endstation meiner Zugfahrt, das Dörfchen Markt Berolzheim im Altmühltal. Auch hier ist alles romantisch – ich bin jedes Mal überrascht, dass Deutschland so ländlich sein kann. Kinder spielen auf der Straße, die mehr einem Feldweg gleicht, zwei kleine Bäckereien versorgen die Bevölkerung mit dem Notwendigsten. Ja, und dann ist da das große, alte Gebäude direkt neben dem

Misthaufen des benachbarten Downtown-Bauern. Das ursprüngliche Pfarrhaus beherbergt nach schöner Renovierung die Praxis von Dr. Arno Thaller. Es ist das Heim der Hoffnung vieler Krebspatienten aus der ganzen Welt.

Im Rhythmus der Gezeiten – Küstenregenwald

Mitteilung aus der Luft

September 2001 Endlich. Endlich ist es so weit: Ich bin auf dem Weg zur alten Zeder. In der kommenden Nacht wird sie mich in luftiger Höhe mit ihren langen, tanzenden Ästen vor Regen und Wind schützen, während ich auf fischende Wölfe im Morgengrauen warte. Beim letzten Tageslicht ankere ich das kleine Boot in der einsamen Bucht. Ich schultere meinen Rucksack und mache mich vorsichtig auf den Weg Richtung Zeder. Der grobsteinige Uferstreifen zwischen Flussmündung und dichtem Wald ist zurzeit sehr schmal. Es ist Flut, und das Meer hat sich den Teil des Landes zurückholt, den es in sechs Stunden wieder ausspeien wird – verfeinert mit all den vielen »Goodies«, den Nährstoffen aus dem Meer. Zweimal täglich beschenkt das Meer diesen Küstenabschnitt, und wenn es sich wieder zurückgezogen hat, dann kommen die Tiere des Waldes und der Lüfte zum reich gedeckten Tisch in der Gezeitenzone.

Vor allem jetzt, Mitte September, schiebt das Meer Millionen Lachse vor sich her in die Flussmündungen, die wie offene Mäuler auf die Fische warten. Aus Sicht der Lachse hat das Ganze aber einige kleine Schönheitsfehler: Sie müssen gegen die manchmal gnadenlos starke Strömung anschwimmen, sogar Wasserfälle müssen mit aller Kraft hinaufgesprungen werden. Für uns immer wieder ein atemberaubendes Naturschauspiel, für die pazifischen Lachse ein tödliches. Die terrestrische Tierwelt erwartet sie jedes Jahr mit großem Hunger: Die Bären müssen sich ihren Winterspeck anfressen, die Raben sind sowieso immer hungrig, und die Wölfe haben sich zu dieser Zeit auch vor allem auf das ungefährliche Fischfangen spezialisiert. Die Lachse, die es bis zu ihren Laichabschnitten schaffen, haben gerade einmal einen Vorteil – wenngleich einen entscheidenden – gegenüber jenen, die etwas früher zu Bär-und-Co-Futter werden: Sie dürfen mit dem ruhigen Gewissen, dass sie sich reproduziert haben, in die ewigen Fischgründe eingehen. Nachdem sie abgelaicht haben, sterben sie alle.

Die Flussmündung, an der meine Zeder steht, ist lieblich, denn das Gelände ist flach. Die Strömung des Flusses ist sanft. Das Wasser plätschert regelmäßig vor sich hin. Aber dazwischen höre ich in unregelmäßigen Abständen immer wieder ein Rauschen, das langsam abschwillt und nach wenigen Sekunden versiegt. Es sind die Lachse, die in Kleingruppen ihre Kraft bündeln, um wieder einige Meter gegen die Strömung hinaufzuschwimmen. Dann ist es kurz wieder ruhiger, bevor die nächsten Fische »Luft geholt« haben und Richtung Landesinnere ziehen. Um diese Zeit höre und vor allem rieche ich die Fische im Fluss mehr, als dass ich sie noch sehen kann.

Leider geht es mir mit der Zeder ähnlich: Sie ist kaum noch zu sehen, und ich weiß nur ungefähr, wo sie sich befindet. Mein Projektleiter Chris hat sie mir beschrieben, aber unter der Voraussetzung von Tageslicht. Ach ja: Ich weiß zumindest, dass an ihr ein Seil herunterhängt und dass ich mich daran bis zum ersten starken Ast heraufarbeiten und danach entlang der dicken Seitenäste nach oben hangeln muss, bis ich an der Plattform angekommen bin. Der Plan war gut, weil logisch, die Realität sieht anders aus. Die Dunkelheit hat das Land eingehüllt. Ich taste herum, finde tatsächlich ein herunterhängendes Seil, und weil solche Infrastrukturen in einem Regenwald relativ selten sind, vertraue ich darauf, dass ich vorläufig mal Glück gehabt habe. Schnell wird mir klar: Davon brauche ich jetzt noch viel mehr. Ich habe einen geräumigen Rucksack mit Schlafsack und warmen Sachen auf meinem Rücken. Der muss da mit hinauf. Schemenhaft sehe ich immer nur gerade den nächsten Ast über mir. Irgendwann erscheinen die Umrisse der Plattform, die – genauer abgetastet – nur aus ein paar einfach zusammengenagelten – das hoffe ich zumindest! – Holzbrettern und großzügigen Löchern dazwischen besteht.

Da ich mir schon beim Hinaufklettern versprochen habe, in der Dunkelheit sicher nicht noch mal hinunterzusteigen, ist mein Schicksal besiegelt. In weiser unbewusster Voraussicht habe ich ein Seil mitgenommen, mit dem ich mich nun in meinem Schlafsack an Plattform und Baumstamm anbinde. Für den unwahrscheinlichen Fall, dass ich mal einnicken würde, was dann sehr spät auch geschieht. Ich erwache in den frühen Morgenstunden. Das rhythmische Geräusch des langsamen Flusses war das Letzte und ist nun wieder das Erste, was ich höre. Konzentriert versuche ich, irgendwelche abnormalen Geräusche herauszufiltern. Geräusche, die Wölfe beim Fischen machen.

Zögernd zieht das erste Licht in die Flussmündung ein. Nun kann meine Arbeit beginnen: Haben sich Wölfe am Fluss eingestellt, um Lachse zu fischen? So wie es Chris in vielen vorherigen Morgenstunden beobachtet hat? Ich weiß, die Vorzeichen dafür stehen nicht allzu gut, der Meeresspiegel ist hoch. Aber man nimmt Chancen, wie man sie kriegen kann. Nun fängt es leise zu nieseln an. Es ist nass und kalt. Ein heißer Schluck aus der Thermoskanne tut jetzt gut. Vorsichtig schälen sich die ersten Umrisse des Waldes und der Flusswiese aus der sich zurückziehenden Dunkelheit. Es ist die wunderbare blaue Stunde, in der alles in verschiedenen Blautönen erscheint. Nebel steigt still vom Fluss auf. Einzelne Raben und Krähen kündigen sich selbst an. Und plötzlich beginnen sie in der Ferne: langsam ansteigend, dann immer mehr und immer lauter. Nach kurzer Zeit ist das gesamte Flusstal vom Geheul der Wölfe erfüllt. Lang gezogen und nicht enden wollend. Ich stoppe die Zeit, gebe es wieder auf, denn das Geheul will und will nicht aufhören.

Wenn es kurz abbricht, fängt es sofort wieder an. Ich habe so eine Art Geheul noch nie erlebt und bin gefangen von den wölfischen Frequenzen. Irgendetwas ist anders daran, es ist lang gezogener, klagend, ja, klagend ist es. Und es will nicht enden. Es will auch nicht näher kommen. Es hängt in den Bäumen, schwebt über dem Fluss und verdickt die gesamte Luft im Tal. Die Vögel sind verstummt. Es scheint, als hielte alles den Atem an und lausche der Mitteilung aus der Luft.

Da die Quelle des Geheuls nicht näher kommt und es langsam hell wird, mache ich mir kaum noch Hoffnungen auf Wolfsbeobachtungen an diesem Morgen. Ich beschließe, mein Nachtlager Richtung festen Boden zu verlassen. Ich sehe ungläubig nach unten. Wo hört denn dieser Baum auf? Alles, was ich erkenne, sind Äste und nochmals Äste, überzogen mit dicken Schichten aus Bartflechten und saftig grünen Moosen. Kein Boden weit und breit. Ich beginne hinunterzuklettern und muss schlucken. Ich bin froh, dass ich gestern Abend nicht gesehen habe, wie tief es tatsächlich zwischen den Plattformlöchern nach unten geht.

Das Wolfsgeheul über dem Tal ist inzwischen ganz verstummt, in meinem Inneren hallt es aber immer noch auf eigenartige Weise nach. Ich habe schon viel Geheul gehört, aber dieses hatte eine zusätzliche Dimension. Tief beeindruckt komme ich am kleinen hölzernen Dock der McAllisters, meiner Gastfamilie, an. Rob, ein Freund, steht am Ende des Docks und wirkt verwirrt. Das passiert bei Rob öfter. Ich will ihm gleich von meinem wunderbaren Wolfsgeheulerlebnis berichten. Aber als es aus ihm herausbricht, erkenne ich schnell, dass er unglaubliche Nachrichten hat: Ein Flugzeug sei gerade ins World Trade Center geflogen, alles sei explodiert, totales Chaos in New York, noch ein Flugzeug in Washington, auch explodiert, alle Radiosendungen unterbrochen, die Neuigkeiten überschlagen sich. Der Weltstaat steht unter Schock, gelähmt und orientierungslos.

Ich laufe ins Haus hinauf, alle sitzen und stehen sprachlos um das Radio herum, lauschen den Liveberichten aus New York. In den nächsten Stunden und Tagen werden wir alle, so wie der Rest der westlichen Welt, die unglaubliche Reichweite des Ereignisses vom Morgen (pazifischer Zeit) des 11. Septembers 2001 schmerzhaft erkennen. Ich bin wie vor den Kopf gestoßen, hole meine Notizen heraus, ja, es besteht kein Zweifel. Das ungeheuerliche Wolfsgeheul fand genau in denselben Minuten statt, in denen ein Gebäude, eine Weltmacht und eine Weltanschauung zusammengebrochen sind. Was haben die Wölfe da draußen in dem einsamen, friedlichen Flusstal gewusst und gespürt? Das wird wohl immer ihr Geheimnis bleiben. Ich aber ringe darum, diese zwei so gegensetzlichen, zeitgleichen Ereignisse für mich zu ordnen.

In solchen Situationen kann man nicht an Zufall glauben, dafür sind zu viel unterbewusstes Wissen und Gefühl beteiligt. Wie kann es sein, dass genau in denselben Minuten, in denen ich mich so wohlig und sicher in der Natur aufgenommen gefühlt habe, mit menschlicher Technik so gezielt, so effizient tödlich gegen Menschen vorgegangen worden ist? Dass in denselben Momenten, in denen ich so von einer inneren Zufriedenheit und Friedlichkeit erfüllt war, so viel Hass und Terror in unsere Welt gebracht worden ist.

Ich muss an die alten Wolfsmythen denken. Schließlich wird der Wolf in vielen Kulturen als Vermittler zum Totenreich verehrt. Man glaubt, dass er zwischen den Welten hin- und zurückkreisen kann. Und in der alten Edda symbolisiert der Wolf das Ende der Welt oder die Niederlage der Götter.

Am Ende meiner Vorträge über meine Arbeit als Wolfsforscherin werde ich jedes Mal gefragt, ob es denn nicht sehr gefährlich sei, allein im Wolfs- und Bärengebiet umherzustreifen. Manchmal beantworte ich diese Frage mit einer kleinen Geschichte von einer wackeligen Plattform hoch oben in einer alten Zeder und der Mitteilung aus der Luft.

Verschwendung

Sommer 2002 »Wir kaufen einfach die 3,5-prozentige Milch und können sie dann mit Wasser auf ein Prozent verdünnen. Da sparen wir einiges.« Yoey verdreht die Augen. Und ich denke mir noch: Chris, jetzt übertreibst du es aber! Wir stehen im berühmt-berüchtigten Band Store in Waglisla, oder Bella Bella, wie der Ort auf den kanadischen Landkarten heißt. Berühmt, weil das einzige Lebensmittelgeschäft der Insel, und berüchtigt, weil das einzige Lebensmittelgeschäft der Insel: Teuer und man sieht Paprika und Co die weite Anreise an. Aus Kostengründen haben wir den kleinen Toyota von Chris noch in Victoria mit Nahrungsmitteln vollgestopft. Jeder Quadratzentimeter der nicht von uns selbst, den vielen Sammelutensilien für Wolfskot, eigenem Toilettenpapier – ja, man kann bei interessanten Dingen Preisvergleiche machen – oder Regenjacken besetzt ist, wird mit Nudeln, Dosen, Krautköpfen oder Studentenfutter vollgestopft. Entlang des Insel-Highway von Vancouver Island kaufen wir noch frisches Obst und Gemüse ein und ganz obendrauf balanciert ein Glas Honig direkt vom Imker.

An der Anlegestelle der Fähren in Port Hardy müssen wir alles auf die Inside-Passage-Fähre umladen, die uns nach siebenstündiger Fahrt in der McLoughlin Bay, dem Dock zwei Kilometer vor Waglisla, ausspuckt. Es ist ein Uhr nachts. Im Finsteren laden wir wiederum alles aus, bringen die Boxen zum kleinen Seitensteg, wo Ian mit seinem Boot schon wartet, laden alles wieder darauf und zoomen über das dunkle Meer auf die Nachbarinsel Denny Island. Dort laden wir die Boxen ein letztes Mal aus und bringen sie hinauf zu der kleinen, dafür nicht einmal feinen – vor Jahrzehnten mal – grün-weiß gestrichenen Hütte. Im Folgenden nur noch »Sugarshack« genannt. Das Dock ist ein wahres Abenteuer und hat mehr Löcher als Bretter. Nun ist auch noch Ebbe, und der kurze Anstieg

zur Hütte ist sehr steil. Aber irgendwann sind Toilettenpapier und
Co gut verstaut im Vorraum der Hütte untergebracht, und wir liegen in unseren Betten aus Flaschenkisten und Brettern.

Während der nächsten Tage versuchen wir, unsere Sugarshack
ein bisschen menschenwürdig herauszuputzen. Später kommen
auch noch zwei »Volunteers«, Phil und Claire, zum Team dazu. Die
Hüttenbretter ächzen, aber die Atmosphäre ist bestens. Claire ver-
ziert die Wände mit Malereien, Yoey ist unser Discjockey und
besorgt alles, was wir zum Zusammenhalten der Hütte brauchen.
Phil bastelt eine Regenwasser-Sammelanlage aus einer Plastikplane
und einem Kübel, unsere Regenwaldversion eines Trinkwasserkol-
lektors. Einmal in der Woche können wir eine Badewanne einlas-
sen: Nach gegenseitigem Abschnuppern legen wir die Reihenfolge
für den Badewannenbesuch fest. Die Sauberen zuerst, danach die
nicht mehr ganz so gut Duftenden. Egal wie viel Holz wir in den
alten Eisenofen stecken, unsere Sugarshack ist und bleibt feucht.
Irgendwann investiert Chris in unsere Gesundheit und bestellt
einen großen Luftentfeuchter. Dessen Sammelbehälter ist jeden Tag
voll. Ich male einen großen Totenkopf auf ein Plakat und hänge
es an die Tür unseres antiquarischen Kühlschranks: Er sendet –
berührt man ihn an der falschen Stelle – Stromstöße aus, die jeden
Bären der Insel lahmlegen würden.

Yoey ist ein richtiges Coastal Girl, sie findet ständig was Nütz-
liches auf dem Wasser treiben oder am Strand. »Beach Combing« ist
eine offizielle Arbeit vieler Westküstler: Man fährt oder »kämmt«
langsam die Strände ab auf der Suche nach angeschwemmtem Zeug.
Davon gibt es viel. Die wahre Kunst dabei ist, dass man noch einen
Nutzen in einem Stück abgerissenem Seil oder interessant geform-
ten Bootsteilen erkennen kann. Rob sucht wie viele andere auch,
vor allem nach guten Baumstämmen; daran, wie tief sie im Wasser
liegen, kann man ihre Holzqualität erkennen, und die kann sehr gut
sein. Vor allem aber lagert Unbrauchbares, Kaputtes und einfach

Müll entlang der Küsten. Der Pazifik ist groß, und viele Menschen, ganze Städte und Industrieanlagen entsorgen ihren Müll auf ein vermeintliches Nimmerwiedersehen ins Meer.

Seit Kurzem weiß man aber: Weit weg von allen Augen treibt ein über eine Million Quadratkilometer großer Plastikteppich inmitten des Pazifiks. Und langsam zersetzt sich das Plastik und schwebt wie natürliches Plankton im Meerwasser. Im Pazifik kommen inzwischen bereits sechs Plastikteilchen auf ein Plankton. Fische und auch Meeresvögel »ernähren« sich daher immer mehr von Plastik. Und kommen dann, wenn sie daran nicht schon vorher sterben, auf unsere Teller. Ja, die Welt ist rund und das kanadische Sprichwort »Goes around, comes around« – also: Was man (weg)gibt, kommt auch wieder zurück – passt auch in diesem Fall. Waren es früher schöne Glaskugeln, die japanische Fischer als Bojen für ihre Fischernetze verwendet haben, die – davon losgelöst – nach einer weiten Seereise an die kanadische Westküste geschwemmt worden sind, so sind es heute Geschenke anderer Art, die dort landen.

Und seit der Reaktorkatastrophe im japanischen Fukushima denke ich besonders oft an meine Freunde der Küste und an alle Wildtiere, die ihre Nahrung aus dem Meer und ihre Luft zu atmen aus den Westwinden holen. Wenn es sogar Glaskugeln von Japan an die nordamerikanische Westküste schaffen ...

Unser Müll, also alles, was wir produziert haben und nicht mehr benötigen, wächst uns über den Kopf. Unnötige Verpackungen als ein Symptom unseres verschwenderischen Lebensstils. Das, was wir hinterlassen, macht nur Probleme. Dagegen ist das, was in der Natur übrig bleibt, ein wichtiger Teil im Kreislauf des Werdens und Vergehens. So ist es keine Verschwendung, wenn die Küstenwölfe fast ausschließlich die Köpfe der Lachse fressen und den Rest am Ufer liegen lassen. Die vielen Vögel, Kleingetier und Insekten ernähren sich davon, ja sogar für die Pflanzenwelt des Regenwaldes sind diese eiweiß- und damit stickstoffhaltigen Kadaver essenziell.

Oder die Beutereste eines Wolfkills in den Rocky Mountains: Ich muss wirklich Glück haben, einen Riss so bald zu entdecken, dass all die anderen Tiere, die von den Resten profitieren, noch was übrig gelassen haben. Wir haben achtundzwanzig andere Tierarten als »Putztrupp« gezählt, die sich nach dem Wolf oder sogar schon während des Wolfsschmauses vom Kadaver ernähren. Kleine Nager holen sich das wertvolle Kalzium der Knochen, während die frechen Raben sogar versuchen, den Wölfen die besten Stücke abzuluchsen. Und daneben gibt es noch die vielen kleinen sogenannten »Zerleger«, die das Übriggebliebene in direkt wiederverwertbare Einzelteilchen, Moleküle oder Stoffgruppen umwandeln. Immer wieder fasziniert mich die schnelle Verwandlung eines gerissenen Beutetiers in neues Leben. Nichts wird verschwendet, nichts bleibt zurück, der volle Stofffluss kann wieder von vorne beginnen.

Auch die Heiltsuk-Indianer waren bis zum Eintreffen der Europäer Selbstversorger oder haben einfachen Tauschhandel mit den Stämmen des Inlands betrieben. Später gab es auch wertvolle Glasperlen, die wie Geld verwendet wurden. Aber die Kulturform der Westcoast-Indianer wird hauptsächlich durch eine Ressource geprägt: durch die »Western Red Cedar«. Sie machten aus diesen Bäumen ihre Häuser und Boote, aus der Rinde und Wurzeln Kleidung, Decken, Aufbewahrungsbehälter oder Seile. Und sie schälten die Rinde so geschickt, dass sie den Baum dadurch nie großflächig verletzten. Viele dieser Bäume stehen heute noch in den Wäldern und verraten ihre einstige Verwendung durch Rindeneinschnitte in rechteckiger oder dreieckiger Form. Stumme Zeugen einer respekt- und verantwortungsvollen Beziehung zwischen Menschen und ihren Ressourcen.

Das »seaweed«, eine essbare und sehr gesunde Algenart, Heringsrogen, als Luxus auch mal ein paar Möweneier, Muscheln und vor allem das wertvolle Eulichan-Öl der kleinen, extrem fettigen Kerzenfische, aber auch Wurzeln so mancher Wildpflanzen, alles wurde mit Achtung und dem Bewusstsein seines hohen Werts verwendet, und sein Verzehr wurde zelebriert.

Die Kootenay-Indianer westlich der Rocky Mountains schlichen sich jedes Jahr über die hohen Berge ins Gebiet der Blackfeet-Indianer, um dort ein paar Bisons zu jagen. Sie schleppten jeden Knochen zurück über die steilen Wege ins heutige Columbia Valley. Alles war zu kostbar, um es zu verschwenden. Für Deutschland schätzt man, dass jährlich Lebensmittel im Wert von zehn bis zwanzig Milliarden Euro oder bis zu 235 Euro pro Person weggeworfen werden. Mit dem Essen, das in Europa im Müll landet, könnten wir alle Hungernden der Welt gleich zweimal ernähren.[1]

Schon bei meinem ersten Aufenthalt merke ich sofort: Man lebt nicht zufällig an der Central West Coast. Die wenigen weißen Menschen, die sich dort angesiedelt haben, leben bewusst dort. Bewusst einfach und im Rhythmus der Natur und der Gezeiten. Immer wieder treffe ich neue Charaktere, die mir jedes Mal eine neue Art zu Leben vermitteln. Und irgendwie schaffen sie es alle. Ihr Motto: »Was ich nicht brauche, das brauche ich auch nicht zu verdienen«, lässt eine andere Geschwindigkeit des Lebens zu. Und wenn der Sturm irgendwo ein Dock wegreißt, dann sind alle zur Stelle und bauen es gemeinsam wieder auf. Jeder Einzelne ist wertvoll. Auch der alte, ehemalige Hausmeister der Fischkonservenfabrik. Er ist der letzte Einwohner der Brookdale Siedlung, nachdem die Fabrik geschlosssen wurde. Regelmäßig legt er mit seinem kleinen Boot und seinen zwei alten Huskys Cash und Credit an der Shearwater Marine an – zwei Buchten von unserer Sugarshack entfernt –, hebt dort sein Bier und erfährt ein paar Neuigkeiten. Falls es keine gibt, wird über die neue Kellnerin im einzigen Pub im Umkreis von hundert Kilometern gemunkelt. Und das ist meistens der Fall.

Yoeys Bekannter Danny kann alles und am besten Jamsessions à la *The Grateful Dead*. Jerry, Mike, Louise, Lise – die Liste der Central-Coast-Bewohner ist nicht allzu lang. Aber ihre Geschichten sind farbenfroh. Eine eigene kleine Welt, in der man nicht allzu viel braucht, um glücklich zu sein.

Aber Shearwater ist gleichzeitig das Tor zur Kontrastwelt: Mit einem der wenigen Jachthäfen entlang der Central Coast ist der Ort Anlaufpunkt der Superreichen und ihrer schwimmenden Luxusboote. »Tupperware-Boote«, wie wir sie nennen, denn meist zeugen sie von viel Geld und wenig Geschmack. Ihre Besitzer steigen aus und kaufen ein paar Dinge im kleinen Lebensmittelgeschäft ein. Sie waschen ihre Wäsche, während sie einen Trip in den Pub machen oder Bootsteile im Marineshop und in der Werkstatt ersetzen lassen. Eigentlich mag ich den verrückten Mix von so unterschiedlichen Menschentypen auf so kleinem Raum. Das umgebende Meer gibt das Gefühl, dass genug Platz für alle da ist. Für die Sparsamen, die Verschwender, die Gesellschaftskritischen und Aufmerksamen, die Aussteiger und die Einsteiger, die Genießer und Auszeitnehmer.

Und der Pub-Heilbutt-Burger ist ein Klassiker, den wir uns nach meist nasskalten Übernachtungstrips leisten. Dann springt auch mal unser »Chef« Chris über seinen Schatten und lädt das Team zu Burger und Bier in den Shearwater Pub ein. So wird ein Burger zu etwas ganz Besonderem.

Ian und Karen McAllister, die Gründer der schlagkräftigen Umweltschutzorganisation »Raincoast Conservation Society«, leben seit zehn Jahren auf Denny Island. Sie finanzieren ihre Tätigkeiten durch Unterstützer wie sehr reiche Stiftungen. Ian und Karen schauen dabei auf eine gute persönliche Beziehung zu ihren Geldgebern. Diese werden zu Trips in den Regenwald eingeladen und übernachten im Haus der McAllisters. Mit der Zeit geben sich Unterstützer und internationale Filmteams die Klinke in die Hand. Und regelmäßig finden dann Partys statt, die mit reich gedeckten Tischen voll Lachs und anderem »Seafood«, Wein und sogar frischem Gemüse und Obst beginnen und mit ausgelassenem Tanzen im Wohnzimmer enden. Es ist immer so ein mitreißendes Gefühl, ein paar Stunden mit Gleichgesinnten zu verbringen. Genau das feiern wir. Den Zusammenhalt und den Beitrag, den jeder leistet, ob durch wissenschaftliche Forschung, ob durch Umweltschutzaktionen, durch Medienberichterstattung oder durch großzügige finanzielle Unterstützung. Wir sitzen alle an einem Tisch, geben uns die Hand, und jedes Mal dankt ein anderer für den Reichtum aus der Natur, der nun mit guten Freunden geteilt wird.

Und irgendwann muss jeder aufs gewisse Örtchen. Bei McAllisters hängt darüber eine kleine Anweisung: »Is it yellow – leave it mellow, is it brown – flush it down!« Sogar hier gibt es Bewusstseinsbildung, in diesem Fall, die Ressource Wasser zu sparen. Und das gilt für alle gleich.

»Wenn wir schon draußen sind, dann sammeln wir doch alles, was uns interessant und wichtig erscheint.« Chris ist weitsichtig, interessiert und ein wirklicher Biologe: Alles ist mit allem verbunden, und daher kann jede Bemerkung weitere Informationen liefern, warum Wölfe das tun, was sie tun. Feldarbeit ist extrem zeitaufwendig. Vor allem in diesem Gebiet. Schnell lernen wir, mit unseren Ressourcen gut umzugehen: Um sechs Uhr morgens läutet Chris' Wecker – das erste Mal. Denn er braucht noch seine Nachschlafrunde. Ich bin sofort hellwach und fluche wie jeden Morgen über seine blöde Routine. Irgendwann quietschen auch die Betten von Claire und Phil, und bald darauf schlurft jeder in den zehn Quadratmeter großen Küchen-Ess-Wohnraum. Chris als Letzter. Yoey hat sich das »Vogelhaus« neben der Sugarshack eingerichtet und kommt von dort zum Frühstück.

Während der Kaffee kocht und der aktuelle Wetterbericht läuft, besprechen wir die Arbeiten des heutigen Tages. Die Teams sind festgelegt. Da ich neben Chris als Einzige die Wolfspfade kenne, führe ich Yoey in dieses Thema ein. Claire und Phil werden auf Rehlager und -haare geschult. Chris geht mit Lone Wolf, der eigentlich Chester Starr heißt. Wir holen ihn am Dock von Bella Bella ab. Chester ist Heiltsuk-Indianer und macht uns mit dem lokalen Wissen über Wetter, Landschaft und Bewohner bekannt. Sein Zeitempfinden lässt Chris manchmal die Wände hochgehen. Wenn Chester gar nicht kommt, dann hat er die vorige Nacht wohl wieder zu viel getrunken. Dann fahren wir unsere »Mandarine«, das Double-Eagle-Boot mit entsprechender Farbe, besonders vorsichtig. Das Wasser verbirgt viele Felsen und Riffe. Chester kennt sie alle – auch bei Nebel weiß er immer genau, wo wir gerade sind. Er beobachtet seine Umwelt noch sehr genau. Wie alle Naturvölker hat er noch diese innige Beziehung zu Natur und Landschaft. Einige Trips machen wir wirklich nur, wenn er mit im Boot ist.

Nachdem wir an Land gegangen sind, trennen wir uns. Manchmal sind wir sogar auf verschiedenen Inseln unterwegs. Was uns einmal fast zum Verhängnis geworden wäre, als Chris, der allein war und das Boot hatte, von einem Schwarzbären ernsthaft verfolgt wurde und nur um Haaresbreite durch einen Sprung ins Boot einen Angriff verhindern konnte. Yoey und ich waren auf einer anderen Insel ohne Boot unterwegs und Phil und Claire waren außer Radio-Empfangsweite.

Danach war für lange Zeit niemand alleine unterwegs. Obwohl es aus Gründen der Effizienz immer sehr verlockend ist, alleine auf Spurensuche zu gehen.

Das Tolle dabei ist, dass man so ganz anders durch den Wald geht, so viel eingestimmter und aufmerksamer. Und ich komme immer so voll mit Eindrücken am Abend zurück zur Hütte. Ich merke, Chris geht es ähnlich, und manchmal werden wir zwei bereits in der zweiten Feldsaison melancholisch und erinnern uns an die so intensiven Tage vor einem Jahr. Mehr als einmal sind wir damals nach einem langen Tag in die kleine Hütte auf dem Hügel hinter McAllisters Haus, in der wir beide damals noch gewohnt haben, hinaufgekrochen. Und haben die Rache der Nordamerikaner an allen Gourmettempeln mit letzter Kraft aufgerissen und uns das Fünfzig-Cent-Kraftdinner mit gockerlgelbem Käsesaucepulver in zwei Minuten gekocht. Es war schlimm. Nicht mal die paar draufgestreuten Brokkoliröschen zur Vitamingehaltsaufbesserung um zweihundert Prozent haben da noch was ausrichten können. Durch und durch nass und kalt, sind wir dann auf die Couch gesunken und haben es einfach gewusst: Opfer der Wissenschaft.

Aber solche Erlebnisse schweißen zusammen und wir sind heute noch beste Freunde. Dank der Struktur unseres Menschengehirns, das sich mit Vorliebe an die schönen Seiten des Lebens klammert und die zweifelhaften Erlebnisse irgendwo weiter hinten deponiert. Aber trotzdem abrufbar.

Ich erinnere mich auch an die vielen deprimierenden Tage. Als ich frierend, einsam und erfolglos unterwegs war und mir am Abend eine Frage alles weitere Denken blockierte: »Wozu tu ich das noch mal?« Ein Déjà-vu aus meinen Spitzensportjahren. Die Antwort gibt mir meine Tumorerkrankung vier Jahre später. Spätestens dann bekommen nicht nur die Tage, an denen ich wichtige Wolfs- und Ökosystemdaten habe sammeln können ihre Bedeutung, sondern vor allem die Tage, an denen ich meine Ziele nicht erreicht habe, die Tage, die ich zunächst als vergeudete Zeit angesehen habe: Ich brauche sie, um Luft zu holen, um mich auf einen neuen Tag zu freuen und mich auf die neue Aufgabe zu konzentrieren. Sie sind wichtig, um zu lernen, den Erfolg nicht hinter dem nächsten Baum zu erwarten. Und wenn er dann eintritt, ihn entsprechend würdigen zu können. Nein, kein einziger Tag war eine Verschwendung.

Wolfspirit 2

Juli 2005 *Die Sunshine Meadows stehen in voller Blütenpracht, in der Ferne grast ein Grizzlybär. Es ist ein wunderbarer Sommertag. Zusammen mit Magi und Sabrina, »Speedy Sab«, laufe ich über einen*

Pass von Sunshine hinüber ins Brewster Valley und dann hinaus ins Bow Valley. Ich freue mich über diesen Tag, den strahlend blauen Himmel und meine zwei Freundinnen, die mir eine neue schöne Ecke des Banff-Nationalparks zeigen. Der schmale Wanderweg ist uneben, viel Wurzelwerk steht heraus. War nie ein Problem, im Gegenteil, ich liebe abwechslungsreiche Trails. Trotzdem stolpere ich immer wieder mit meinem rechten Fuß über kleine Hindernisse. Kaum bemerkenswert im Moment. Als wir bei einer Wegkreuzung rasten und etwas trinken, will ich etwas sagen, aber es geht nicht. Ich bekomme die Wörter einfach nicht heraus. Weiß genau, was ich sagen will, hab den Satz im Kopf, aber kann ihn motorisch einfach nicht aussprechen. Es irritiert mich ein wenig, aber wahrscheinlich bin ich zu dehydriert. Ich trinke viel, und wir laufen weiter. Ich vermeide, etwas zu sagen. Das Herumgestotter ist mir peinlich. Das war's. Glücklich über unsere Leistung und natürlich etwas müde kommen wir am Parkplatz an.

Einige Wochen später laufe ich mit einer recht fitten Burschengruppe, es sind Freunde von Phil, meinem Freund zu dieser Zeit. Danach trinken wir noch alle zusammen etwas, und ich bemerke, dass mir meine Zunge und mein Unterkiefer wieder nicht gehorchen wollen. Ich bekomme kein Wort auf die Reihe. Wieder trinke ich viel, ich sollte überhaupt mehr Flüssigkeit aufnehmen, schießt es mir durch den Kopf. Phil beschwert sich indes schon seit einiger Zeit, dass ich unkonzentriert und ungeschickt bin. Immer wieder fallen mir Dinge aus der Hand oder ich schütte Getränke aus. Ich bin psychisch etwas angespannt wegen meiner aktuellen Arbeit als Produktionsassistentin für den ZDF-Film über meine Arbeit mit Wölfen an der Westküste. Denn ich muss wildfremde Menschen anrufen und sie um Unterstützungen aller Art bitten. Ich lerne viel dabei, vor allem aber, dass ich keine gute Telefonistin bin.

Trotz dieses innerlichen Stresses freue ich mich riesig auf den Spätsommer 2005, wenn sich diese Mühen dann endlich ausgezahlt haben *werden und ich wieder an die Küste zurückkehren kann. Seit dem Frühling lebe ich nun mit Phil zusammen in seiner Wohnung in Canmore. Wir haben uns näher kennengelernt während einer Wahnsinnsfahrt zu einem Langlaufrennen in Nipika. Die Straßen waren vereist und gesperrt, der lange Umweg hat uns dafür Zeit gegeben. Obwohl er tief im Langlaufsport steckt – während ich meine Vergangenheit hinter mir lassen will – und sogar selbst ein Firmenteam coacht, mag ich ihn sehr, er ist ein sehr verlässlicher, zugleich witzig-verrückter Partner. Er ist sehr smart, plant und tüftelt gerne. Ein typischer Rabe, wie ich mir denke, als wir einmal gemeinsam zu einem Schamanen gehen, der uns mit unseren Krafttieren bekannt macht. Phil wäre alleine nie zu so einem »Voodoo«, wie er es nennt, gegangen, ich habe ihn regelrecht hinziehen müssen. Aber wir haben alle – ja sogar Gerhild, meine Schwester, war mit – viel daraus mitgenommen.*

Meine Vorfreude auf das Filmprojekt mit dem ZDF ließ alle Frustrationen dahinschmelzen, und endlich ist der Tag gekommen, an dem ich meine Sachen packe und an die Küste fliegen kann. Die ersten zwei Wochen soll ich für die Filmcrew zusammen mit Jean Marc auf seinem Schiff Tilsup nach Filmplätzen scouten, bevor das Filmteam eintrifft. Es werden die schönsten zwei Wochen in all meiner Zeit im Küstenregenwald. Schon bald bringt mich Jean Marc auf eine vorgelagerte Insel, die einen wunderbaren breiten weißen Sandstrand hat. Ich bin so voll Lebensfreude und Energie, so zufrieden und ausgefüllt. Auf dem Boot lache ich viel mit und über JM, und zusammen kämmen wir die Strände auf der einsamen Insel nach angeschwemmten Zeug durch und machen uns ein Spiel daraus, wozu man das noch nutzen könnte.

Dann stoßen der US-amerikanische Wildlife-Kameramann Jeff und seine Assistentin und jetzige Frau Karin dazu, sie steigern die gute Stimmung noch einmal. Wir sind auf derselben Wellenlänge, machen gemeinsame Strandausflüge und diskutieren über Gott und die Welt. Wir segeln entlang Stränden und Buchten, ich hüpfe vom

Boot, schaue nach frischen Wolfsspuren, springe wieder aufs Boot, und in der nächsten Bucht das Gleiche. Mir ist bereits als Kind beim Autofahren leicht schlecht geworden, und nun lebe ich auf schwankenden Booten. Mir ist durchgehend leicht übel, und an Land stolpere ich immer häufiger über die großen, glitschigen Felsbrocken des Ufers. Natürlich schreibe ich meine zunehmende Tollpatschigkeit dem ständigen Land-Boot-Wechsel, dem Schlafmangel und den anstrengenden Filmtagen zu. Eine andere Ursache kommt mir nicht in den Sinn.

Hohe See

Sommer 2001 »Bist du sicher, dass dein Boot nicht kentern kann?«, schreie ich etwas hysterisch hinauf zu Jean Marc. Wir nennen ihn JM, den besten Skipper aller Weltmeere. Der Sturm peitscht meine Worte in seine Ohren, und er beugt sich vom Steuerrad etwas nach unten in die Kombüse, die kleine Küche, wo ich wie ein Gecko mit Saugnäpfen versuche, mich festzuhalten und nicht zusammen mit Geschirr, Büchern und Nahrungsmitteln quer durch den kleinen Raum zu fliegen. Die *Tilsup* steht schief, für mich Binnenländerin schon lange viel zu schief. JMs Wundersegelboot aus Aluminium hängt bis zur Reeling im schwarzen wilden Meer. »Nearly sure«, brüllt er mir zu. »Nearly is not enough now!«, schreie ich zurück und verziehe mich in den hintersten Winkel des Boots. Erin kommt aus den Prärien, auch weit weg von stürmischer See. Gemeinsam flüchten wir in unsere Schlafkojen. Erin zieht sofort ihr Sicherheitsnetz an der Bettkante nach oben. Ich schau ihr besorgt zu und denke noch: Soll ich auch … – Bang! Und lande wie ein Stück Holz auf dem Schiffsboden. Okay, tiefer geht's nicht mehr. Ich rühre mich einfach nicht mehr, bis der Sturm vorbei ist oder wir für immer in die ewigen Fischgründe eingehen. Twyla, die energische Filmemacherin mit an Bord, ist auch passionierte Taucherin. Lebt im und am Meer, es ist ihr Element. Nun hangelt sie sich gerade entlang der Masten auf dem offenen Deck zum Kamin hinüber, den der Sturm soeben aus den Angeln gehoben hat. Hoffentlich ist sie nicht die Nächste! Ich habe Riesenangst. Sie lähmt mich und schleust Horrorszenarien in meine Gedanken. Seit ich mit drei Jahren in einem Swimmingpool fast ertrunken wäre und ich mich noch immer so klar an die Unterwasserminuten erinnern kann, ist mein Verhältnis zu allem, was mit Wasser zu tun hat, ziemlich getrübt. Und nun leite ich die Wolfscrew, die entlang der vorgelagerten Inseln von British Columbia eine großflächige Wolfsstudie durchführt. Vor zehn Tagen sind wir mit zwei Segelbooten von Bella Bella aus aufgebrochen, um eine Fläche von über zwanzigtausend Quadratkilometern nach Anzeichen von Wölfen abzusuchen. Chris und seine Crew segeln mit dem zweiten Boot, der *Nawaluk*, zwischen dem Festland und den vorgelagerten Inseln, während wir – jenseits von Gut und Böse – zwischen der Westküste der vorgelagerten Inseln und Japan beziehungsweise Haida Gwaii, den Galapagos Inseln des Nordens, herumschippern.

Nichts weiß ich beim Start der Expedition von den wilden Stürmen, den stark zerklüfteten Felsstränden und den großen Schwierigkeiten, überhaupt einmal an Land der Inseln zu kommen. Sobald ich nur meinen kleinen Zeh nach draußen strecke, bin ich schon durchnässt. Trotzdem oder gerade deswegen – Not schweißt ja bekanntlich zusammen! – haben wir immer Bombenstimmung. Nicht zuletzt wegen JM. Der größte Charakter entlang der gesamten Pazifikküste. Mal dreht er sich nach uns um, und wir starren in ein blutunterlaufenes Auge, mal ersetzt er seinen Unterarm durch einen Armhaken, dann zieht er plötzlich erschreckend naturgetreue Ungetiere und Riesenmuschelmuskeln aus dem Kamin oder ärger: dem Kochtopf. Sein Vorrat an Piratenaccessoires scheint grenzenlos. Natürlich gibt es auch so lahme Dinge wie Piratenfahne mit Totenkopf oder Schatzkiste – der Vollständigkeit halber.

Fast drei Jahre hat JM an seiner *Tilsup* gearbeitet, ehe er sie vom Stapel lassen konnte. Sie ist das schrägste Segelboot unter der Sonne. Wo auch immer wir andocken, drehen sich die Köpfe danach um: Ihr Aluminium-Silber und der aufs Deck gemalte große Tintenfisch, die wehende Piratenflagge und die psychedelische Musik aus den Decklautsprechern sind ja wirklich nicht von der Stange. Vor allem aber beeindruckt jeden, wie millimetergenau JM sein Boot zwischen zwei angedockten Booten einparken kann. Durch die zwei unabhängigen Motoren ist die *Tilsup* wendig wie eine Katze. Zusammen mit ihrem Skipper versetzt sie die Schiffswelt in Staunen. Kein anderer Skipper hätte uns jemals an die Orte bringen können, an die es mit JM möglich ist. Er liebt Herausforderungen, Überraschungen, das Tauchen, sein Junggesellenleben, seine Gitarre, veganes Essen und Barfußlaufen. Weil er der unkritischen Konsumgesellschaft den Rücken kehrt, ist er extrem weltoffen und zukunftsweisend. Jeder kennt JM und jeder liebt ihn. JM ist einfach JM.

Vor dem Start haben wir auf halber Strecke einen Treffpunkt mit der *Nawaluk* in Bernard Harbour ausgemacht. Wir sind zu neunt auf der *Tilsup*: JM, »Southern Chris« (der Geschäftsführer der »Raincoast Conservation Society«), Twyla und ihr Freund und Filmassistent Jeremie, Anne, die freiwillige Helferin, Erin, Lone Wolf, Marven vom Stamm der Gitga'at First Nation und ich.

Erin ist nur aus Interesse an der Forschungstechnik für einen knappen Monat an die Küste gekommen, sie möchte nächstes Jahr selbst eine Masterarbeit beginnen und ihre genetische Datensammlung auch aus Wolfskot gewinnen. Schon nach kurzer Zeit nennen wir uns »Schwestern«. Als sie im Winter 2003 ihre Forschungen im Prince Albert National Park beginnt, werde ich ihre sie betreuende Feldbiologin.

Vorerst aber freue ich mich schon extrem auf das Treffen mit der *Nawaluk*. Wir laufen nicht unvorbereitet in die Bernard-Harbour-Bucht ein: JMs Piratenkiste ist gefüllt mit unseren Schätzen: mit Wolfskot und sogar einem Wolfsschädel von einem Skelett, das wir unter einer großen Zeder friedlich eingerollt gefunden haben. In den letzten Tagen waren Erin und ich auch musikalisch tätig, haben ein Lied von Ben Harper umgedichtet und den Rest der Crew eingeschult. JM und Twyla begleiten uns auf ihren Gitarren. Noch bevor wir die *Tilsup* an der *Nawaluk* anbinden, versammelt sich unser Ensemble auf Deck und gibt die Paradevorstellung. Am Ende des Lieds kommt Lone Wolfs Soloauftritt: ein lang gezogenes Heulen. Dann überreichen wir unsere Schatzkiste der *Nawaluk*-Crew.

Den Rest des Tages sitzen wir auf der größeren *Nawaluk* zusammen und tauschen Erfahrungen aus. Nicht, dass ich es nicht eh schon gewusst habe: Chris und Co haben kaum Schlechtwetter, geschweige denn Stürme erlebt, dafür haben sie volle Videokameras mit Wolfsaufnahmen an mehreren »Rendezvous-Plätzen«. Gierig und ein wenig neidisch sehe ich mir ihre Filme an. Wir haben bloß einmal zwei Wölfe gesehen. Ich nehme es den Wölfen natürlich nicht übel, in so einer unwirtlichen Gegend würde ich mich auch schleunigst auf die wetterfreundlichere Seite der Inseln zurückziehen. Einmal sagt Paul sogar: »Wir haben direkt vor einem Rendezvous-Platz geankert, und die Wölfe waren die ganze Zeit am Strand. Irgendwann ist uns das Beobachten dann schon langweilig geworden.« Na, das Problem möchte ich mal haben.

Paul, Dr. Paul Paquet, habe ich das erste Mal im Keller von Carolyn Callaghans Haus und gleichzeitig Büro des »Central Rockies Wolf Projects« in Canmore getroffen. Sofort hat mich seine warme, geduldige und sehr kompetente Ausstrahlung fasziniert. Er schenkt dem unerfahrensten Studenten denselben Respekt und dieselbe Aufmerksamkeit wie einem weltberühmten Wissenschaftler. Sein großes Herz hat für alle Platz, die für den Schutz der Umwelt und

Wildtiere arbeiten, für die Erhaltung einheimischer Kulturen und traditionellen Wissens. Weltweit hat er sich einen Ruf als »large carnivore conservationist« gemacht, ist assoziierter Professor an mehreren Universitäten und sitzt in vielen beratenden Gremien von Organisationen wie dem »WWF Worldwide«. Wie auch immer, wenn du vor ihm stehst, dreht sich seine Welt nur um dich. Auf jeden Fall war diese Kellerbegegnung für mich eine lebensentscheidende Fügung: Ich war gerade als Volunteer auf den Spuren der Kootenay-Wölfe, und der Winter neigt sich langsam dem Ende zu. Die ersten aperen Flecken kündigen das Ende der Schneespurensuchsaison an und meine innere Stimme wiederholt immer und immer wieder: Gudrun, da bist du daheim. Das gibt dir deinen Lebenssinn und Zufriedenheit. Da fühlst du dich stark. Bleib dran! – Und dann stand Paul das erste Mal vor mir, bei dem alle Fäden aller einschlägigen Großraubtier-Forschungsprojekte zusammenlaufen. Ab diesem Zeitpunkt laufen alle meine zukünftigen Arbeiten unter seiner Schirmherrschaft. Er und seine Frau Anita werden in den kommenden Jahren so etwas wie meine Adoptiveltern. Ich feiere mit ihnen und ihren internationalen, intellektuellen Künstlerfreunden Weihnachten und Neujahr in Sweet Little Meacham, einem kleinem Prärieort in Saskatchewan. Einmal bin ich gerade bei ihnen, als Paul die Nachricht erhält, sein guter Freund, Deutschlands berühmtester Wolfsforscher, Erik Zimen, sei plötzlich während eines Vortrags zusammengebrochen. Kurze Zeit später weiß man, warum: Gehirntumor. Keine zwei Monate später stirbt Erik. Ich habe ihn ein paar Jahre zuvor auf seinem im heimeligen schwedischen Stil renovierten Bauernhof im Bayerischen Wald besucht. Er hat mir danach einen sehr motivierenden Brief hinterlassen. Seine Todesnachricht bekomme ich von Paul am Telefon mitgeteilt. Paul ist zutiefst betroffen, und auf eigenartige Weise geht mir diese Nachricht besonders nahe. Wie eine Art Vorahnung. Und als ich Paul drei Jahre später anrufen muss, sagt er nur: »Nicht schon wieder«, und fängt zu weinen an.

Unsere Boote trennen sich am nächsten Tag. Am Vortag habe ich Geburtstag gehabt, und wir haben bis in die Nacht hinein gefeiert. Anita hat sogar einen Geburtstagskuchen gezaubert, und Paul überreicht mir mitten im Nirgendwo einen schönen, frischen (!) Blumenstrauß. Ich kann sogar ein paar kleine Geschenke auspacken. Erin hat bei jedem Landgang ein paar Beeren gesammelt und ein Glas Marmelade daraus gemacht. Und so kommt es, dass ich mein bis heute schönstes Geburtstagsfest dank meiner so wunderbaren Freunde auf einem Boot in der Wildnis Kanadas feierte.

Die *Tilsup* nimmt Kurs nach Nordwesten, wo zwei kleine Inseln liegen, die knapp zwölf Kilometer von allen anderen Landmassen entfernt sind. Wir sind neugierig, aber erhoffen uns nicht allzu viel: Wie sollten auf diesen Inseln Wölfe leben können und vor allem: Wie sollten sie dort jemals hingekommen sein? Die Inseln zeigen die typischen Merkmale der vorgelagerten Inseln: Sie haben kaum Erhebungen, sind vor allem mit Moos und Kleinsträuchern bewachsen, beherbergen viele Moore, und nur ein paar zwergwüchsige, windgepeitschte Zedern geben dem Horizont Struktur. Es ist die zweite Etappe der Expedition, die Zeit unserer Volunteers ist abgelaufen und die Crew ist geschrumpft. Das Wetter ist stürmisch – wie kann es anders sein –, und so gehen nur Chester und ich an Land. Nach kurzer Zeit kann ich meinen Augen nicht trauen: Wolfskot. Ist das wirklich wahr? Wolfskot, hier? Kann es das geben? Alternativen ausgeschlossen. Ich bücke mich nach dem Häufchen. Dass es zur wohl weltweit am häufigsten erwähnten Wolfslosung wird, kann ich in diesem einsamen Moment im heftigen Regen nicht ahnen. Und doch wird mit diesem Fund erstmals belegt, dass die Küstenwölfe bis zu zwölf Kilometer im wilden, kalten Pazifik schwimmen können. Eine Meisterleistung, die darüber hinaus eines beweist: Diese Wölfe sind extrem gut an ihre Umwelt angepasst. Da, wo sich das Meer so innig mit dem Land verzahnt, da sind beide Elemente ein Teil ihres Lebensraums. Und es ist wichtig, auf Meer und Land gut zu schauen und beides gesund zu erhalten. Daneben stellt sich natürlich auch die Frage: Was haben diese Wölfe noch für Geheimnisse, die sie so besonders machen und die sie und ihren Lebensraum so wichtig und schützenswert machen? Wir befinden uns im Jahr eins des »Rainforest Wolf Projects«, und mit jeder Entdeckung werden neue Fragen aufgeworfen.

Im Jahr 2012 geht das Projekt in seine zwölfte Saison, Teams und Fragestellungen haben sich im Laufe der Jahre geändert, aber nicht die große Erkenntnis von der genetischen und morphologischen Einzigartigkeit dieser Wölfe und das damit verbundene große Ziel: Der Erhalt dieses weltweit letzten intakten Stücks Küstenregenwald, seiner Bewohner und aller ökologisch wichtigen Abläufe. Mit jeder neuen Entdeckung bekommt der Schutz solcher Ökosysteme noch mehr Gewicht, und die Argumentation dafür wird noch fundierter.

Aber in keinem wissenschaftlichen Bericht werden wohl die wichtigsten Eigenschaften solcher Gebiete vermerkt. Jene, die uns Kraft geben, Lebenssinn und Lebensfreude in uns nähren, ausdauernd für etwas zu leben, zu arbeiten – wenn nicht sogar zu kämpfen. Jene Eigenschaften, die Menschen mit gleichen Werten vereinen und sie wortwörtlich gemeinsam in einem Boot die oft raue See zu neuen Ufern queren lassen.

Traditionen

Winter 2002 Nun ist der junge Wolf gerüstet. Zwei Jahre lang hat er von Eltern und seinen älteren Geschwistern fürs Leben gelernt. Deren Wissen wiederum besteht aus der weitergegebenen Kenntnis ihrer Eltern, erweitert um ihre eigenen Erfahrungen. Dasselbe gilt für das Wissen seiner Großeltern und das ihrer Vorfahren.

So wird der Wissenspool immer größer, komplexer und relevanter.

Der junge Wolf ist in einer ungestörten Höhle irgendwo unter einer großen alten Zeder geboren worden. Er kennt keine Menschen, seine Eltern haben ihn nie über dieses Thema unterrichten müssen. Dafür weiß er genau, wo der beste Lachs zu holen ist und wie man ihn am einfachsten herausfischt. Er kann gut schwimmen und hat den Rhythmus der Gezeiten bereits im Blut. Sein Wissen ist die Anhäufung von Erfahrungen seiner Vorfahren über die Jahrtausende. Viele von ihnen sind alt genug geworden, reiches Wissen weiterzugeben zu können. Seinen gleichaltrigen Kollegen in den vergleichsweise dicht besiedelten Gebieten der südlichen Rocky Mountains in Kanada geht es in dieser Hinsicht anders. Seit knapp zweihundert Jahren werden ihre erfahrenen alten Wölfe immer und immer wieder von Menschen getötet. Die Jungen sind noch mitten in der Schule und verlieren ihre Lehrer. So müssen sie eben versuchen, sich so gut es geht selbst durchzuschlagen. Ihre Jagdstrategien sind noch nicht sehr ausgereift, auch haben sie die Gesetzmäßigkeiten im Verhalten ihrer Beutetiere noch nicht ganz durchschaut, und was es mit einer Straße auf sich hat, bleibt ihnen ein Rätsel. So wandern sie ahnungslos kilometerlang auf den Straßen und müssen sich auf die am einfachsten zu erlegenden Beutetiere konzentrieren: die Haustiere der Menschen. Damit sinkt ihre Überlebenschance dramatisch.

Ich fühle mich wirklich privilegiert, zusammen mit Chris und Yoey bei einem großen Potlatch in Bella Bella eingeladen worden zu sein. Dieses Fest, das früher in den Wintermonaten auch über Tage ging, wird immer von einer Großfamilie veranstaltet, die einen Grund zum Danken hat. Dazu wird die ganze Gemeinschaft eingeladen, reich bewirtet und beschenkt. Je mehr man herschenken kann, desto größer ist das Ansehen im Ort. Auf den Tischen stehen Töpfe und Pfannen mit Lachs, Heilbutt oder Heringsrogen – fast unerschwingliche Köstlichkeiten auf dem Weltmarkt. Es gibt Ansprachen voller Dank und Respekt, Musik und Tanz. Das Fest beginnt, nachdem die »Elders«, die weisen Alten, ihren Platz eingenommen haben. Ich bemerke, dass die Jungen, die sonst cool am Straßenrand herumhängen oder neben Rapmusik Basketball spielen, sorgsam die Alten zu ihren Sitzen führen und sich während des ganzen Abends ständig um sie kümmern. Obwohl sie mit einem anderen Zeitgeist aufwachsen, bleiben gewisse Werte des Zusammenlebens lebendig. Die Jungen wissen, was sie an ihren Vorfahren haben. Ihre Kultur, so gebeutelt, wie sie sein mag, hat ihnen diese Tradition mitgegeben.

Die aufgeführten Tänze erzählen Geschichten, die von den Alten überliefert worden sind, die Musikinstrumente, das Bauen der Trommeln und die Melodien sind ihnen weitergegeben worden. Die Jungen suchen Rat bei den Erfahrenen. So geschieht es im Winter 2006, dass die Jungen des Orts wieder einmal eine Party im Wald außerhalb der Siedlung feiern. Wie fast immer fließt zu viel Alkohol. Spät in der Nacht entscheidet einer der Burschen, nun heimzugehen, und verlässt seine Freunde. Er ist aber so betrunken, dass er sich im Dunkeln verirrt, stolpert und liegen bleibt. Es ist eine klare, eiskalte Nacht. Niemand vermisst ihn. Er schläft ein. Wenn er länger hier liegen bleibt, erfriert er. Da spürt er etwas in seinem Gesicht. Es ist ein Wolf, der ihn leicht anstubst. Der Bursche ist sofort hellwach und sieht gerade noch, wie sich das Tier wieder langsam in die Dunkelheit verzieht. Der junge Mann aber läuft schnell nach Hause und erzählt seine Geschichte den Elders. Er will von ihnen wissen, was das zu bedeuten hat. Diese sagen nur: »Du bist Wolfclan, er hat dich vor dem Tod gerettet.«

Zur selben Zeit bin ich über Weihnachten zu Hause in Österreich. Obwohl es schon recht spät ist, möchte ich noch eine kleine Runde im Wald drehen. Als ich auf dem Rückweg den dunklen, einsamen Waldweg entlanggehe, liegt plötzlich ein regloser Körper mit dem

Gesicht nach unten neben dem Weg. Wie elektrisiert bleibe ich stehen, sehe mich um. Das ist mir ziemlich unheimlich. Ist da vielleicht noch jemand? Vielleicht eine Falle? Ich tue so, als ob ich nicht alleine unterwegs bin und rede laut mit meiner imaginären Begleitung. Nichts rührt sich. Ich stubse den Körper an. Ein leichtes Jammern, dann Bewegung. Ich rede die Person an, es ist ein Bursche von fünfzehn oder sechzehn Jahren. Ich frage ihn, was los ist, helfe ihm auf. Er riecht nach Alkohol.

Bruchstückweise erfahre ich etwas über seine vergangenen Stunden im Ort, wo er bei einer Weihnachtsfeier einen über den Durst getrunken und dann beschlossen hat, alleine durch den Wald heimzugehen. Dabei ist er dann irgendwann gestolpert, hingefallen und eingeschlafen. Es ist eine klare, eiskalte Nacht, sein Körper bereits unterkühlt. Ich nehme ihn mit heim, setze ihn an den warmen Kachelofen und mache ihm einen heißen Tee. Er bettelt, dass ich bitte seiner Mama nichts erzählen soll. Ich verspreche es ihm. Ein paar Tage später ruft aber seine Mama an und bedankt sich weinend bei mir. Er hat es ihr erzählt.

Als ich zu Weihnachten mit Pauline, selbst Elder, telefoniere, um ihr »Merry Christmas« zu wünschen, erzählt sie mir die Geschichte vom jungen Heiltsuk-Indianer und dem rettenden Wolf. Und es läuft mir ein Schauder des Déjà-vu über den Rücken.

Ich bin in einer ökumenischen Familie aufgewachsen. Wie fast alle Kinder auf dem Land sind auch wir getauft und haben die Erstkommunion bekommen. Ich bin jahrelang bei der katholischen Jungschar gewesen. War zusammen mit Gerhild, Mutti und Onkel Dieter einige Jahre als »Stub'n Musi« tätig. Wir haben die Weihnachtsfeier im Seniorenheim musikalisch umrahmt und das Adventskonzert in der Stadtpfarrkirche mitgestaltet. Anfang Januar war ich einige Male als einer der Heiligen Drei Könige unterwegs. Als wir Kinder anfangen, verstärkt Sport zu betreiben, sind wir an den Wochenenden meist bei den verschiedenen Rennen. Unser aktives

Christsein heißt nicht »den Gottesdienst besuchen«. Unsere Kirche waren mehr die Berge und die Natur. Unsere Domkuppel das Himmelszelt. Meine Eltern haben uns Kindern menschliche Werte weitergegeben, die das »Gute im Menschen« und »das Gute tun« ganz hoch halten: Respekt gegenüber allem Leben und der Natur, ehrlich sein, nichts verschwenden, bescheiden und dankbar bleiben. Im Großen und Ganzen waren wir sicher gute Kinder.

Auch wenn ich nur Zuschauerin bei den vielen Festen und Brauchtumsveranstaltungen im Jahresablauf bin, ich genieße und schätze sie immer sehr. Die meisten davon werden von Kirche und Bauerntum getragen, und das teilweise schon über viele Jahrhunderte. Beide halten die Traditionen hoch, geben sie weiter. Und schenken damit der Bevölkerung eine Art Orientierung über das Jahr, über die eigene Herkunft, aber auch über die Werte unserer Gesellschaft. Das ist der absolut positive Aspekt des Weitergebens und Weiterpflegens der alten Traditionen. Aber die Welt dreht sich heute schneller als jemals zuvor. Wir Menschen haben so viel mehr Wissen dazugewonnen und uns selbst in viele komplett neue Situationen und Probleme hineinmanövriert. Heute ist es notwendiger als jemals zuvor, auch in der Gegenwart die Offenheit für Veränderungen zu behalten und die Neugierde auf neue Erkenntnisse nie zu verlieren. Unsere gesellschaftlichen Werte sind das Resultat unserer Reaktionen auf das, was wir wissen, und unterliegen daher ebenfalls einer ständigen Veränderung.

Seit der letzte Wolf in Mitteleuropa ausgerottet worden ist, haben wir in anderen Teilen der Erde sehr viel über ihn gelernt, und zwar durch direktes Beobachten und wissenschaftliche Forschung. Und wir haben erkannt, dass er sehr wohl eine positive, nützliche und sehr wichtige Rolle innehat. Es liegt an uns, unsere Taten dem aktuellen Wissen anzupassen.

Die heutigen Rancher im Westen Nordamerikas sind die Nachfahren der Europäer des achtzehnten und neunzehnten Jahrhunderts, die den letzten Wolf vernichteten, ohne mehr über ihn zu wissen, als dass er auch Haustiere reißt. Bis heute ist den meisten die Fülle an neuen Erkenntnissen über den Wolf und das gesamte Ökosystem, in dem er – wie auch der Mensch – lebt, entgangen. Sie verhalten sich so, wie es vor zweihundert Jahren üblich war.

Im heutigen Mitteleuropa sieht es auch nicht besser aus. Sich zu bemühen, Neues über den Wolf zu erfahren, war bis vor Kurzem auch kein Thema, weil der Wolf praktisch ausgerottet war. Aber nun, da er auf dem Vormarsch ist, seine alte Heimat wieder zu besiedeln, sollten wir uns wirklich um das aktuelle Wissen über ihn bemühen und gleichzeitig jene Traditionen wieder aufgreifen, die wir einmal ausgeübt haben, als der Wolf noch unser Nachbar war. Wir haben den Umgang mit den Wölfen verlernt, aber in anderen Regionen Europas, wo der Wolf überlebt hat und daher immer präsent war, wendet man noch heute die tradionellen Schutzmaßnahmen wie Behirtung, Einsatz von Herdenschutzhunden, Einzäunung oder Einpferchung der Haustiere als einen selbstverständlichen Teil der Haustieraufzucht an. Und zwar in konstruktiver Form, nicht destruktiv für den Wolf.

Die Bauern im modernen Europa stehen unter enormem Druck. Auf der einen Seite müssen sie eine wachsende Bevölkerung ernähren, auf der anderen Seite bekommen sie für ihre Produktion immer weniger Geld; einerseits werden sie durch Fördermittel aller Art wirtschaftlich am Leben erhalten, andererseits lockt das schnelle Geld durch Landverkauf oder Umstieg auf Tourismus. Gestern noch Kühe gemolken, heute melken sie die Touristen. Sie posieren als Werbeträger für unsere heile Umwelt und gesunde Nahrungsmittel: »Bei meiner Ehr«. Sie werden als Landschaftspfleger bezeichnet, und gleichzeitig verführen chemische Dünger und Spritzmittel zu Intensivierung der Bewirtschaftung. In ihren Familien steckt sehr viel traditionelles Wissen, das oft nicht mehr aktuell ist und nicht mehr nachgefragt wird. Ein Spagat zwischen

Tradition und Moderne, der manche verständlicherweise überfordert.

TEK, »traditional ecological knowledge«, wird das jahrtausendealte Wissen von Ureinwohnern genannt. Immer mehr Wissenschaftler integrieren dieses überlieferte Wissen in moderne Forschungsprojekte. Die Einheimischen werden mit ins Boot geholt, um mit ihrer Hilfe tiefere Einblicke in lokale und regionale Vorgänge zu bekommen. In Kanada laufen viele Interviewprojekte, in denen die jungen Indianer ihre Elders befragen und das umfassende Wissen dadurch das erste Mal in ihrer Geschichte auch aufgeschrieben wird. Es ist ein Wettlauf gegen die Zeit, denn mit jedem Elder, der stirbt, kann ein Stück einzigartiger Information unwiderruflich verschwinden. Vieles ist schon für immer verloren, so auch viele native Sprachen. Ausgelöscht für immer.

Chester ist unser Träger des TEK der Heiltsuk-Nation. Neben naturhistorischen Überlieferungen kennt er das Meer und die sicheren Bootswege; er weiß, wo es sogenannte »old village sites« gibt, erkennt anhand bestimmter Signale, wie besonderer Baumwuchs oder topografischer Eigenheiten, wo einst eine ganze Siedlung seiner Vorfahren gestanden hat. Er zeigt uns viele »culturally modified trees«, jene Bäume, die für Gebrauchsgegenstände wie Kanus oder Kleidung der Heiltsuk verändert wurden, aber immer noch leben und wachsen. Er führt uns zu »Pictographs«, uralten Felszeichen in roter Ockerfarbe, die an wettergeschützten Felswänden ihre Botschaften auch heute noch an diejenigen Bootsinsassen weitergeben, die ein aufmerksames Auge und einen so tollen Guide wie Chester haben. Es verzaubert mich immer, wenn er uns wieder ein neues Felsgemälde zeigt, das oft überlebensgroß von einer überhängenden Wand herunterschaut. Wie die damaligen Maler da wohl hinaufgekommen sind?

Es wird vermutet, dass einst über zwanzigtausend Menschen hier in der Küstenwaldregion gelebt haben, bevor durch Klimaveränderung und das Einschleppen neuer Krankheiten die Bevölkerung drastisch geschrumpft ist. Ich glaube diese Zahlen sofort, auch wenn sich der Regenwald die einstigen Siedlungsgebiete wieder zurückgeholt hat. Wenn wir mit Lone Wolf unterwegs sind, zeigt er uns in so vielen Buchten und Stränden Anzeichen einer einstigen Hochkultur.

Für uns werden vor allem die sogenannten »fish traps« interessant, Steinriegel, die in der Gezeitenzone einer Flussmündung gebaut wurden, um die während der Flut hineingeschwommenen Fische bei sinkendem Meeresspiegel dahinter gefangen zu halten und ganz einfach aufsammeln zu können. Dort, wo es eine so lange Tradition des Fischfangs gibt, da stehen auch die Chancen gut, unsere Fischer zu finden: Wölfe, so hören wir immer wieder, seien auch heute noch dort, wo früher ihre Verwandten, die Heiltsuk-Indianer, gelebt haben. Interessanterweise finden wir überdurchschnittlich oft Wolfslager an jenen Orten, an denen früher Siedlungen waren. Mit westlich denkender Logik sagen wir, dass diese Areale einfacher zu durchstreifen sind, weil sie ehemals gerodet waren und in wettergeschützten Lagen und in der Nähe von Süßwasser gebaut worden sind – alles Dinge, die auch den Wölfen zugutekommen. Lone Wolfs Erklärung dazu: »Sie suchen ihre Vorfahren.«

Westliches Denken mit der zusätzlichen Dimension des TEK der Ureinwohner und seinem spirituellen Hintergrund kommt der Wahrheit wohl am nächsten.

Nachrichten

Sommer 2001 Ich höre ein scharfes »Wuff«. Ein zweites. Wölfe bellen kaum. Wenn sie es tun, dann sind wir bereits zu nahe dran. Sie verwenden es vor allem als Warnsignal. So geht es der Filmemacherin Twyla und mir, als wir uns endlich entschieden haben, uns den Wölfen bemerkbar zu machen. Seit Stunden sitzen wir beide hinter einem Busch an einer Flussmündung und beobachten das Rudel beim Lachsfischen. Nach einem Hinweis von Chester haben wir uns dort versteckt, noch bevor die Tiere aus dem Wald gekommen sind. Der Fluss ist sofort das Zentrum ihrer Aufmerksamkeit gewesen, und so sind wir unentdeckt geblieben. Nun aber wird es schon verdammt finster, und Twyla und ich haben ein kleines Problem: Wir sitzen hier, und die *Tilsup* ankert da draußen in der Bucht, und dazwischen fischen sechs ahnungslose Wölfe nach Lachs. Und wir sehen kaum noch etwas. Das letzte Licht wird vom Wasser des Meeres und des Flusses reflektiert und gibt uns nur wenige Anhaltspunkte. Lange haben wir gehofft, die Tiere mögen doch endlich satt sein und sich in den Wald zurückziehen. Aber das passsiert nicht. Sie machen keine Anstalten und fischen und lagern fröhlich weiter. Also beschließen wir – weil wir keine andere Wahl haben –, uns bemerkbar zu machen. Wir stehen langsam auf ohne hektische, schnelle Bewegungen und reden in ruhigem Ton miteinander. Sofort ist auch der fetteste Lachs uninteressant und alle bernsteinfarbenen Augenpaare starren uns an. »Wuff.« Aufgeregtes Platschen im Fluss, die Silhouetten der hellen Wölfe kann ich gerade noch wahrnehmen, aber der Schwarze wird von der Dunkelheit verschluckt. »Wuff«, es kommt immer näher. Ich spüre ein gewisses Unwohlsein und fühle es auch in Twyla aufkommen. Sie verlässt sich auf mich. Ich bin ihr Guide und habe eine Verantwortung ihr gegenüber. Daher ziehe ich langsam das Pfefferspray aus der Tasche und entsichere es. Dies ist das erste und einzige Mal überhaupt, dass ich das Pfefferspray in der Nähe von Wölfen bereithalte. Es ist eine Extremsituation, denn wir waren gegenüber den Wölfen nicht ehrlich, haben uns versteckt gehalten und sie nun – in der Dunkelheit – überrascht. Bei so wenig Licht sehen sie aber viel besser als wir und bemerken sicherlich unsere Unsicherheit, während wir uns im Finsteren zum Strand hinbewegen. Wölfe, so scheu und generell wohlgesinnt sie gegenüber uns Menschen sind, werden frecher und mutiger, wenn es Nacht wird. Und so rede ich in die Dunkelheit hinein, wissend, dass da Wolfsohren gespitzt lauschen. Ich erkläre ihnen, was wir beabsichtigen, und entschuldige mich für die Störung. Ich weiß, wenn diese Tiere einen Respekt und eine Art Ruhe und Vertrauen spüren, interpretieren sie das als eine Stärke, und das beruhigt sie. Trotzdem ist es mir sehr mulmig. Den schwarzen Wolf sehen wir nicht, hören ihn aber in unserer Nähe sehr verärgert bellen. Aber wir gehen unbeirrt Richtung Strand, wo ich endlich JM anfunken kann. Die Wölfe haben uns unmissverständlich mitgeteilt, dass sie unser Versteckspiel nicht allzu sehr schätzen.

Ich spüre, wie mein Gefühl für solche Nachrichten während der Jahre in der Wildnis immer feiner wird, wie viel mehr ich aus diesen – manchmal auch nur sehr leisen – Informationen herauslesen kann. Wie sich der plötzliche Warnruf eines Eichhörnchens in einer ruhigen, entlegenen Lagune wie ein Düsenjet anhört oder ein feines Härchen, das an einem kleinen Ästchen sanft in der leichten Brise tanzt, mir plötzlich eine ganz Geschichte erzählen kann. Über die Jahre wird alles um mich herum immer lebendiger, weil meine Umgebung und ich im intensiven Austausch stehen.

Nach meiner Rückkehr in die zivilisierte Welt bekomme ich immer Schweißhände, wenn ich einen fremden Menschen anrufen muss. Ich mag das gar nicht, mir fehlen dann all diese wichtigen Informationen über meinen Gesprächspartner, Informationen, die mir eine Stimme allein nicht geben kann. Ich lerne visuell, muss alles Neue selbst sehen, um es einspeichern zu können. Ich kann mir Fremdwörter oder Vogelgesänge nur durchs Hören schlecht oder gar nicht merken. Ich brauche meine Bilder dazu. Daher muss ich wahrscheinlich auch immer hinaus in die dreidimensionale Welt. Mein räumliches Wahrnehmungsvermögen war immer sehr gut, vielleicht hat mir da mein Papa, der ein exzellenter Bauingenieur war, auch ein paar gute Gene dafür weitergegeben. Ich wollte auch mal Architektin werden, irgendwann nach Afrika gehen und Bewässerungssysteme für die Menschen bauen. Daher war ich auch das einzige Mädchen meiner Klasse in der Oberstufe des Gymnasiums, das sich bei der Zwangsauswahl für das Fach Darstellende Geometrie entschieden hat – und gegen Biologie. Trotzdem habe ich in Biologie das Abitur abgelegt, es war immer mein Lieblingsfach – unterrichtet von meinem Lieblingslehrer.

Aber mein gutes räumliches Denken hat mir nicht nur beim Orientieren im Busch geholfen, sondern auch meine Lebensphilosophie geprägt: Dasselbe Ding kann, je nach Standpunkt, sehr unterschiedlich aussehen. Und um auf einen gemeinsamen Nenner zu kommen, muss man entweder seinen Blickwinkel ändern oder das Ding so lange herumdrehen, bis es den Beschreibungen anderer Beobachter entspricht. Man kann auch Brückenbauen dazu sagen. Nur dann kann der Nachrichtenfluss eins zu eins funktionieren.

Auch wenn ich selbst nie gerne zum Telefonhörer greife, viele der einflussreichsten Nachrichten in meinem Leben habe ich über das Telefon bekommen: Als es im Sommer 1993 geklingelt hat und mich Franz Puckl zur Teilnahme an der World Trophy, den Weltmeisterschaften im Berglauf, eingeladen hat; als im Sommer 2000 Carolyn Callaghan aus den kanadischen Rockies ein Interview mit mir übers Telefon gemacht hat, das mich drei Monate später zum »Central Rockies Wolf Project« nach Kanada gebracht hat; als sich im Winter 2001 nach Abheben des Hörers im kleinen Bunkhouse des Kootenay-Nationalparks Lyle Wilson gemeldet hat, dessen Telefonnummer ich auf dem Halsband von Murphy gefunden hatte. Als im Herbst 2004 am anderen Ende der Leitung Heinz von Matthey für das ZDF dran war mit der einfachen Frage: »Sind Sie interessiert, einen Film über Ihre Arbeit mit den Küstenwölfen zu drehen?« Und schließlich, als es im Frühling 2011 klingelte und sich Heike Hermann vorstellte: »Ich habe den Wolfsfilm mit Ihnen gesehen. Ich arbeite als Lektorin für eine große deutsche Buchverlagsgruppe. Ich möchte Sie fragen, ob Sie Zeit und Lust haben, ein Buch zu schreiben.« All diese Anfragen hatten einen riesen Einfluss auf meinen weiteren Lebensweg. Denn: Ich habe immer »JA« gesagt.

Die allerwichtigsten Anrufe jedoch habe ich selbst tätigen müssen: Zuerst die täglichen Anrufe nach Hause im Spätsommer 1999, als ich mit einem Studienkollegen einen Monat lang einen Roadtrip durch den kanadischen Westen gemacht und unter anderem im Bow Valley meine ersten wilden Wolfsspuren gesehen habe – während es Papa daheim bereits sehr schlecht ging; später, als ich Mutti von Kanada aus daheim in Österreich anrufen musste, nachdem ich die Krebsdiagnose erhalten hatte. Und seither die Anrufe, die ich nach jeder Kontrolluntersuchung mit erhöhtem Puls und einem tiefen Atemzug mache, um die immer so schwerwiegende Nachricht vom Doktor zu erfahren: »Klar?« – »KLAR!« Dann spüre ich wieder, wie riesengroß der Berg ist, der in diesem Moment von meiner Seele fällt. Es gibt Nachrichten, an die gewöhnt man sich nie. Die verändern ein Leben für immer.

Wolfspirit 3

Oktober 2005 *Nach mehreren Tagen mit starken Kopfschmerzen überredet mich Phil, doch zum Arzt zu gehen. Widerwillig befolge ich seinen Rat. Er kommt mit. Der Arzt macht eine Computertomografie meines Kopfes, gerade erst hat das Krankenhaus in Canmore dieses Gerät neu bekommen. Wir gehen einen Kaffee trinken, während wir auf das Ergebnis warten. Es sollte der letzte sorgenfreie Kaffee für eine lange Zeit werden.*

Zurück im Krankenhaus, tritt der junge Arzt ins Zimmer und hängt ein Schwarz-Weiß-Bild auf den Leuchtschirm: »Nun wissen wir wenigstens, warum du solche Kopfschmerzen hast. Gudrun, das hier ist ein Gehirntumor...« Mehr höre ich nicht mehr. Ich werde ohnmächtig und falle in Phils Arme. Durch einen Schleier aus Schock und mit dem Gefühl, einen schlechten Traum zu haben, höre ich noch, dass ich sofort meine Sachen packen und ins große Foothills Hospital nach Calgary fahren soll. Sie warten dort schon auf mich. Gelähmt von der Nachricht, rufe ich daheim meine Mutti in Österreich an: »Mutti, setz dich bitte hin. Ich habe einen Gehirntumor. Nächste Woche werde ich operiert.« Dann Lyle. »Gudrun, ich komm gleich rüber nach Canmore und nehm Nahanni mit mir nach Nipika. Mach dir mal keine Sorgen«, stammelt er. Ich packe meine Sachen, während Phil ein paar Anrufe tätigt. Als ich die Haustür hinter mir schließe, überkommt mich ein seltsames Gefühl des Neuanfangs. Ich weiß nicht, ob und wann ich diese Tür wieder aufmachen werde. Und als wir die Berge langsam hinter uns lassen und sie am Horizont immer kleiner werden, wünsche ich mir, dass sie geduldig auf mich warten mögen. Ich will wieder heimkommen.

Nahanni

Herbst 2002 Ich sehe sie zufällig in einem Garten des kleinen Hillbilly-Dörfchens Edgewater, wie sie mit ihrem Bruder spielt. Unvorbereitet auf diese Begegnung, bin ich dennoch vom ersten Augenblick an total verzückt. Bevor sich der Verstand eingeschaltet hat, klingle ich auch schon an der Haustür. Ein junger Bursche öffnet die Tür.

»Ja?«, fragt er etwas überrascht.

»Habe den kleinen Hund in deinem Garten gesehen. Ist der zufällig noch zu haben?«

»Komm rein.«

»Danke. Ich bin grad auf dem Weg zu Freun …«

Da stürmen zwei ausgewachsene Hunde auf mich zu und begrüßen mich überschwänglich.

»Ach, das sind ihre Eltern. Gehören mir und meiner Freundin. Die Kleine war zusammen mit ihren acht Wurfgeschwistern ein Kletterunfall.«

»Ein was?«

»Ja, Anna und ich hingen gerade im Klettergarten in der Vertikalen, als wir unten unsere beiden Hunde beim Puppymachen gesehen haben. Bis wir wieder am Boden waren, war es zu spät.« Ich muss schmunzeln. »Aber wir leben mit und für unsere Hunde. Die Kleine da, na ja, wir haben sie bereits jemandem in Toronto versprochen.«

»Toronto?«

Der junge Mann dürfte die Bedenken in meinem Gesichtsausdruck gelesen haben, als ich ihm meine Telefonnummer in die Hand drücke und mich mit der Bitte: »Ruf mich doch an, falls ihr es euch anders überlegt«, verabschiede.

Ein paar Tage später fliege ich wieder in den Küstenregenwald nach Bella Bella zu Forschungsarbeiten während des herbstlichen Lachszugs. An einem lauen Spätsommerabend bekomme ich einen Anruf aus dem fernen Edgewater: »Gudrun, wir haben es uns überlegt. Wir denken, unsere kleine Hündin hat es bei dir und deinem Lebensstil besser als in der Großstadt. Du kannst sie haben.«

Ich stehe auf dem Deck unserer Sugarshack und schaue in den verblassenden Abendhimmel. Das Meer ist ganz ruhig. Aber ich merke, wie mich eine riesige Welle der Freude erfasst. Ich habe wieder einen Hund! Jemanden, mit dem ich Erleben, Erfahren, Freuen und auch Zweifeln teilen kann.

Drei Wochen später sind unsere Recherchen im Küstenregenwald für diese Saison abgeschlossen. Die Inside-Passage-Fähre bringt uns wieder in den Süden, in die Zivilisation nach Vancouver Island.

Und wieder sind wir nach den Wochen der Einfachheit und der Natürlichkeit unseres Lebens von der Zivilisation in all ihren Facetten überwältigt. Von den vielen Menschen mit ihren Häusern, Strommasten, Zäunen, Wiesen, Straßen und Autos.

Auto? Ich brauche ein Auto! Ich habe ja jetzt einen Hund und trotz des Namens Greyhound-Bus ist diese Transportmöglichkeit für mich nun nicht mehr geeignet. Also ist Autosuchen angesagt, sobald ich in Victoria angelangt bin. Ich treffe Danny, meinen ehemaligen Teamkollegen vom Kootenay-Nationalpark, der jetzt in Victoria lebt und der neben allem anderen natürlich auch ein Autoexperte ist. Mir ist bewusst, dass es ein vorprogrammiertes Desaster wäre, als junge blonde Frau mit Akzent und sehr limitiertem Budget allein einen Gebrauchtwagen zu kaufen.

Drei Tage später und mit Dannys Sanktus bin ich stolze Besitzerin eines Toyota Allrad 4Runners, 250 000 km, Baujahr 1987. Und als solche mache ich mich auf den Weg, um Nahanni im tausend Kilometer entfernten Edgewater abzuholen. Nahanni, so soll sie heißen, meine kleine, neue Begleiterin für hoffentlich viele, viele Jahre.

Es ist November und saukalt. Und ich kann mein elektrisches Fenster nicht ganz schließen und stopfe den Schlitz mit einem Fetzen Stoff zu; es zieht eisig herein. Die Nacht verbringe ich in meinem rollenden Palast auf einem Tankstellenparkplatz; alles ist gefroren, ich inklusive. Kurz vor meinem Ziel leuchtet das Öllämpchen auf, schon wieder. An einer Tankstelle in Golden kommt die Hiobsbotschaft: Ölwanne kaputt, das gesamte Öl rinnt aus und verteilt sich auf allem, was unter der Kühlerhaube steckt. Aber wenn ich vorsichtig fahren würde und immer zwei bis drei Kanister Öl bei mir hätte, dann würde das schon gehen, versichert mir der Tankwart. Dein Wort in Gottes Ohr, denke ich mir und beende meine Fahrt spät abends im Bunkhouse des Kootenay-Nationalparks. Und – endlich – am nächsten Tag kann ich meine Nahanni abholen. Nahanni, der Name einer Wölfin in einem meiner Lieblingsromane

In the Shadow of the Rainbow, ist ein Cree-Indianer-Wort und heißt übersetzt etwa »die Menschen weit entfernt auf der anderen Seite der Flusses«. Es gibt auch einen Nationalpark in den Northwestern Territories, benannt nach dem Namen des Flusses, der auch der Hauptgrund für den hohen Schutzstatus dieses Gebiets ist: der Nahanni River. Es ist mein Lebenstraum, diesen Fluss einmal zu paddeln. Nahanni, meine zukünftige treue Begleitung, soll mich immer an meinen Traum erinnern, damit er mir nicht davonrinnt.

Nahanni, der Name ist fast wie eine kurze Melodie, verspielt und anhänglich. Und meine Nahanni wird zur Personifizierung dieses schönen Wortes. Ein Headturner in der Hundewelt, voll Anmut und Stolz, und zugleich dieser wilde, natürliche Kern, der regelmäßig ihre Unabhängigkeit und ihren Leitdrang durchscheinen lässt; ein Husky-Schäferhund-Mix mit ungewiss hohem Wolfsanteil. Fakt ist: Sie fühlt sich extrem wohl in der Wildnis, ist immer total aufmerksam gegenüber ihrer wilden Umgebung, sicher und selbstbewusst in der Natur; etwas scheu und Abstand haltend unter zu vielen Menschen, aber extrem freundlich zu Fremden. Wem sie mal ihr Vertrauen geschenkt hat, der wird von nun an mit stürmischem Schwanzwedeln und Geheul begrüßt. Die kräftigen Schwanzschläge sind dabei für Menschen sicher das gefährlichere Ende von Nahanni.

Als ich mit meiner Freundin Piia und dem vier Monate alten Hundebündel auf ihrem Schoß am Abend zurück zum Bunkhouse fahre, erscheint ein Rudel von sieben Wölfen im Scheinwerferlicht meines 4Runners (ja, er fährt noch!) und begrüßt Nahanni in ihrer neuen Welt. Auf dieser Fahrt ahnt sie sicher noch nichts davon, aber in den nächsten sieben Jahren wird sie neben mir einigen Wölfen begegnen. Nahanni ist ein Teil von mir. Und ich denke, ich bin ein Teil von ihr.

Nachtwache – Foothills

Licht am Horizont

Frühjahr 2005 Charles ist ein richtiger Buschmann. Ruhig, mit aufmerksamem Blick aus dunklen Augen und einem verschmitzten Lächeln sitzt er in seinem alten Pick-up-Truck und lehnt sich aus dem heruntergekurbelten Fenster. »Gudy, ich hätte wieder mal ein bisschen Arbeit für dich. Willst du mir beim ›night guarding‹ unten in der Whaleback-Gegend aushelfen? Die U-Ranch hat ein paar Wolfsangriffe auf ihre Jungviehherde gehabt, es sind die Willow-Creek-Wölfe, hab eine von ihnen besendert. Wir müssen sie von der Herde fernhalten, sonst schießen sie sie ab. Hab dort die letzten drei Nächte aufgepasst, muss jetzt für ein paar Tage nach Calgary. Kannst du mich ablösen?«

Charles ist kein Mann der großen Worte, sehr wohl aber der großen Taten. Mit endloser Geduld und oft ohne Bezahlung arbeitet er seit Jahrzehnten für die Erhaltung der Wolfspopulation im Südwesten Albertas. Es ist ein heißes Pflaster für die ansässigen Wölfe. Der wahre Wilde Westen, an Schönheit der Landschaft kaum zu überbieten: Aus dem schnurgeraden Horizont im Osten gleiten die Ausläufer der endlos scheinenden Prärien auf das Rückgrat des Kontinents, die Rocky Mountains, zu. Je näher man der Bergkette kommt, desto mehr wellt und krümmt sich die Landschaft nach oben. Der Graswuchs der Ebenen weicht einer offenen Aspenvegetation, mit Buschdickicht, vor allem entlang der sich frei dahinschlängelnden Bäche und Flüsse. Weiter westlich lösen die ersten Nadelbäume langsam die Laubbäume ab, der Wald wird dichter und steigt in größere Höhenlagen, bis er an den steilen, kargen

Bergflanken an seine Grenzen stößt. Die Gipfel grüßen über den Großteil des Jahres das Flachland mit gleißend weißem Schnee. Dieses Mosaik aus unterschiedlichen Höhenlagen und Klimabedingungen erzeugt verschiedene Pflanzengesellschaften und Ökosysteme, vielfältige Lebensräume, die für fast jede Tierart Nordamerikas das passende Zuhause, das benötigte Habitat, anbieten.

Und genau in diesem schmalen Nord-Süd-Streifen, den sogenannten Foothills, liegen die ergiebigsten Rinderweiden. Eine Ranch reiht sich an die nächste, mit ihren riesigen Weideflächen geben sie die klassische Westernfilmkulisse ab. Und ja, es gibt sie dort, die Clint Eastwoods, die Ranchriders, die Cowboys unserer Westernphantasien. Mit gleichnamigem Hut, Halstuch, natürlich Jeans und dazu passenden Stiefeln und – am wichtigsten in der Szene – einem möglichst auffälligen »buckle«, der großen Gürtelschnalle. Klischees auf zwei Füßen, die mit ihren Pferden und Herdenhunden die Weiden abreiten, die Zäune kontrollieren und die Herden manchmal über große Strecken auf neue Futterflächen treiben. Es ist Chinook Country. Der Chinook ist ein warmer und trockener Wind, der über die Ostflanken der Rockies hinunterstürzt und die berühmt-berüchtigten eiskalten Temperaturen der Prärien innerhalb einer Stunde in T-Shirt-Wetter verwandeln kann. Und er ist so stark, dass die Einheimischen von fliegenden Kühen erzählen; sie sind stolze Bewohner ihres Chinook Country. Heute steht dort Kanadas größte Windkraftanlage.

Das Klima ist trocken im Wetterschatten der Rocky Mountains, die Grasflächen sind karg, die Herden groß: jenseits aller alpenländischen Elisa-und-Martha-Kuhhaltung. 1500 bis 2000 Kühe sind normal für eine Herde. Daher brauchen die Rinder riesige Weidegebiete und verbringen die meiste Zeit weit weg von menschlicher Infrastruktur und menschlichem Schutz. Sie grasen dort draußen, rasten und bringen ihre Kälber auf die Welt. Typischerweise allein in der Wildnis. Und genau zu einer Zeit, wenn hungrige Bären aus dem Winterschlaf erwachen und dringend Eiweiß brauchen, genau dann, wenn auch die Wölfe ihre Jungen gebären, und genau dann, wenn die vom Winter ausgemergelten Wapitiherden versuchen, sich wieder aufzupäppeln, genau auf jenen Weiden, auf denen die Rinder und ihre Neugeborenen stehen. Und mit den wilden Huftieren ziehen alle ihre Beutegreifer mit, auch die Pumas.

Es ist April und Rushhour im Ranchland. Und zu allem Überfluss kommt noch eine Art dazu: der Mensch. Als ob es hier nicht jetzt schon komplizierte Fressen-und-Gefressenwerden-Beziehungen gibt, mischt sich nun der Mensch mit seinen besonderen Ansprüchen und vielschichtigem Werteverständnis auch noch ein. Und das mit zwei konträren Anschauungen. Auf der einen Seite stehen die Verteidiger ihrer Rinder, und das gilt im wahrsten Sinn des Wortes. Sie benehmen sich in echter Wildwestmanier: Sie schießen auf fast alles, was sich bewegt, stellen Fallen auf und schrecken auch vor der abscheulichsten aller Abwehrmethoden nicht zurück, nämlich Giftköder auszulegen. Die andere Seite hat für die nächsten vier Nächte einen Namen: meinen Namen. Ich arbeite im Auftrag der SACC, der »Southern Alberta Cattle Commission«, einer Kooperation von Regierungsorganisationen, Rinderzüchtern, Wissenschaftlern und Umweltschutzverbänden, mit dem Ziel, die Haustierrisse durch Wölfe und als deren Folge das unkontrollierte Morden an den Wölfen zu reduzieren. Und zwar in einer Non-lethal-Weise, also ohne Blutvergießen. Zwar geht es auch darum, die Herden zu schützen, aber mit zeitgemäßeren und gesellschaftlich akzeptierten Methoden. Mit sehr idealistischen oder, besser, verrückten Methoden. Ausgeführt von Verrückten.

Ich sage Charles zu. Ich liebe seine in sich ruhende Persönlichkeit, bewundere sein Wissen und verstehe seine Sprache. Wir kommen sehr gut miteinander aus. Charles spricht viele Sprachen: die der Natur und der Wildtiere und die der Ranchers und Cowboys, er versteht alle Seiten, und alle verstehen ihn. Beste Voraussetzungen, um in diesem Landstrich etwas zu bewegen. Nur in den Vortragssälen ist er nicht zu Hause, und Sponsorenakquise ist für ihn ein Fremdwort. So ist die Arbeit in Südwest-Alberta eher eine Herzenssache für ihn. Ein Einkommen erzielt er damit nicht. Seinen Lebensunterhalt verdient er sich als einer der begehrtesten Grizzlybär-Trapper für große Forschungsprojekte im Norden des Landes. Und früher arbeitete er in den Erdölfeldern, eine dreckige Arbeit, von der er nicht gern spricht. Nun erklärt er mir anhand einer alten, faltigen Landkarte, wo ich die nächsten Nächte auf die Jungtierherde aufpassen soll. Die Karte gibt nicht viel her, aber Charles' Fokus auf das Wesentliche ist Wegweiser genug. »Hier ist das Telemetrieset. Und die Leuchtraketen. Sag mir Bescheid, wenn du wieder draußen bist. Good luck.«

»Na, Nahanni? Bist du bereit? Ohne dich mach ich den Wahnsinn sicherlich nicht!« Nahanni sieht aus dem Fenster und sagt nichts. Nahanni ist drei Jahre alt und schon einiges mit mir gewöhnt. Doch was in den nächsten Tagen und Nächten auf uns zukommen soll, übersteigt unserer beider Nerven. Ich biege in die Anfahrt der U-Ranch ein und passiere den großen hölzernen Torbogen, auf dem ein sonnengebleichter Rinderschädel hängt. Fünfhundert Meter weiter grüßt mich der Rancher, indem er kurz an seinen Cowboyhut tippt. Er macht gerade das All Terrain Vehicle (ATV) für mich fertig. Dann erklärt er mir nochmals den Weg zur richtigen Herde und ich bekomme ein weiteres »Good luck« mit auf den Weg, diesmal zusammen mit einem ungläubigen Blick und einem leichten Kopfschütteln. Er ist einer der wenigen kooperativen Rinderbesitzer, auf dessen Grundstück wir unsere verschiedenen Maßnahmen zur Wolfsvertreibung anwenden dürfen. Er lässt uns machen, aber ohne uns allzu aktiv zu unterstützen. Und: Die ganze Cowboykultur ist männlich, so männlich wie kaum eine andere Gesellschaftsschicht. Allerdings – oder gerade deswegen – habe ich Cowboys generell als große Gentlemen erlebt, wenn man ihnen mit vollem

Respekt begegnet. Sie sind allergisch gegenüber Bevormundung, sei es vonseiten der Regierung oder durch übergescheite, praxisferne Studenten. Am Heck von so manchem Pick-up klebt ein Sticker mit der Zusammenfassung ihrer Werteeinstellung: »NO gun control, NO wheat pool, NO wolves.«

Ich übernehme dankbar das ATV und fahre langsam ins hügelige Land hinaus, Nahanni läuft hechelnd nebenher. Bald sehe ich nichts mehr, was auf menschliche Anwesenheit auf diesem Planeten hinweist. Eine Landschaft, die sich selbst organisiert und ständig neu erfindet. Ein Gefühl von Harmonie überkommt mich. Falls ich mir jemals in meinem Leben frei aussuchen könnte, wo ich in einem kleinen Blockhaus leben möchte, dann genau hier.

Nun sehe ich die Herde. Friedlich grast sie in einem kleinen Flusstal. In einem jungen Aspenhain errichte ich mein Zelt als Schlafstätte für tagsüber. Noch bevor ich den letzten Teil des Zelts aus dem Sack hole, bin ich umringt von vielen neugierigen, großen, dunklen Kulleraugen, und Nahanni ist in vollem Einsatz, die Jungkühe fernzuhalten. Erfolglos. Ich hoffe, dass die bärensicheren Nahrungsmittelboxen auch neugierige Kühe davon abhalten, sich meiner Vorräte zu bedienen.

Für die Nachtstunden klettern Nahanni und ich auf eine kleine Erhebung. Mit Schlafsack, einer Stirnlampe, einem gutem Buch und vor allem einer Telemetrie-Ausrüstung, Bearspray und Leuchtraketen. Hier habe ich einen guten Signalempfang.

Es wird langsam düster, und eine Nacht ohne Mondschein legt sich über das Land. Außerhalb des kurzen Radius meiner kleinen Stirnlampe ist es stockdunkel. Am Fuß des Hügels glaube ich die Kühe wiederkäuen zu hören. Überall knackst es im Land der Bären, Pumas, Wölfe und Kojoten. Alle zwanzig Minuten schalte ich das Telemetriegerät ein, halte die Antenne in die schwarze Nacht und horche nach dem markanten »Piep, piep, piep« des Radiosenders am Hals einer Wölfin des lokalen Rudels. Alles ruhig. Nur der Wind beginnt aufzufrischen. Er verstärkt das Rascheln um mich herum. Ist es nur der Wind? Oder eine Maus oder Kuh? Ein Kojote, Puma oder Bär? Jedes Geräusch kann alle Verursacher haben. Warum hab ich nochmals »Ja« zu diesem Job gesagt? Nahannis Sinne rotieren, ständig verdreht sie ihre Ohren in alle Richtungen, steckt angestrengt ihre Nase in den Wind, versucht die Dunkelheit abzuscannen. Sie ist angespannt. Sie fürchtet sich auch. Wohl eher aus Empathie als aus eigener Furcht, hat sie mir doch schon sowohl Wölfe als auch junge Grizzlys vertrieben. Die Nacht ist lang. Und geht zu Ende, ohne dass etwas passiert. Um vier Uhr leitet ein dünner bläulicher Lichtdunst im Osten den Morgen ein, und eine einsame Vogelstimme entlässt uns aus der tiefen Nacht. Der orangegelbe dünne Kunstlichtstreifen der über hundertfünfzig Kilometer entfernten Ölmetropole Calgary hat mich ironischerweise in den vergangenen Stunden ein wenig über die Einsamkeit hinweggetröstet. Innerlich setze ich zu einem tiefen Seufzer der Erleichterung an. Wenn jetzt noch irgendwer an die Rinder herankommt, dann sehe ich wenigstens die Umrisse. Diese Nächte hinterlassen eine intensive Erfahrung: Wie hilflos und ausgeliefert fühle ich mich doch, wenn ich nicht sehen kann. Die Morgenstunden versöhnen uns mit den Herausforderungen der Wildnis. Und nach dem Frühstück schlafen wir beide erst mal so lange, bis uns die gescheckten Clowns wiederentdecken. Später am Tag durchstreifen Nahanni und ich die mit Büschen durchsetzten Hügel und klettern einen kleinen Hang hinauf.

Ich kann auch zwei Vegetationskorridore in der Landschaft ausmachen, die durchaus als Wolfswechsel taugen. Ob die Wölfe sie nächste Nacht tatsächlich benutzen werden? Bei Einbruch der Dunkelheit beziehen wir wieder Stellung auf dem »Signalhügel«. Die Nacht beginnt wie die vorherige, angespannt und voller Zweifel über meine eigene Lebensphilosophie beziehungsweise mein angestrebtes Lebensalter: sechsundneunzig und gesund. Da passen nicht mehr allzu viele solcher Nächte hinein. Irgendwann nehme ich wieder routinemäßig meine Antenne und erstarre sofort: »Piep, piep, piep« ertönt es, und zwar laut. Sie sind im Anmarsch. Irgendwo da draußen in der kohlrabenschwarzen Nacht. Sie kommen aus den dichter bewaldeten Regionen im Nordwesten. Ich höre die Rinder muhen. Nahanni springt auf, ich packe meine Signalfeuerraketen, Bearspray und Telemetrieantenne. Sehe kaum, wohin ich laufe; hinunter, nur hinunter und schneller, als vernünftige Gedanken mich einholen können. Auf dem kürzesten Weg zum ATV. Schalte, noch bevor ich den Wagen starte, das blendende Fernlicht ein, um die Wölfe abzuschrecken. Wohl auch, um mich ein bisschen sicherer zu fühlen. Das Signal sagt mir, die Wölfe sind bereits in der kleinen Senke, wo sich die Kuhherde aufhält. Das Muhen wird aufgeregter, die Tiere scheinen Gefahr zu spüren. Ich will die Herde nicht sprengen, lasse das ATV stehen. Gehe ein Stück zu Fuß. Zünde eine der Raketen in die Richtung, aus der das Telemetriesignal kommt. Kurz darauf eine zweite. Checke das Signal, es ist nun etwas weiter weg und auf der anderen Seite der Herde. Ich gehe langsam zurück zum ATV. Prüfe permanent die Bewegungen der besenderten Wölfin. Sie zieht sich über die Anhöhe zurück. Ich nicke bedächtig Nahanni zu, wohl wissend, nie im Leben würde ich das alles ohne sie durchstehen. An Schlaf ist für den Rest der Nacht nicht mehr zu denken. Und am Morgen finden uns die Kühe besonders verschlafen vor.

Bei Tageslicht sieht die Welt wieder lieblich aus, und die nächtlichen Bedrohungen sind unwirklich geworden wie ein schlechter Traum. Und doch weiß ich, dass das Ganze in ein paar Stunden nochmals auf mich zukommen wird. Manchmal wäre es tatsächlich besser, man hätte keine Ahnung von der unmittelbaren Zukunft.

Die Gefahr, die von einem unsichtbaren Feind ausgeht, ist beklemmend, auch wenn es Wölfe sind, deren Verhalten mir vertraut ist. Aber es ist diese tiefe Urangst vor der Dunkelheit, gepaart mit der archaisch-menschlichen Erinnerung an potenziell gefährliche

Raubtiere und an die Einsamkeit in der Nacht. Und ich habe an der Pazifikküste auch schon selbst erlebt, dass sich Wölfe in der Dunkelheit frecher verhalten als bei Tageslicht. Sie kommen dann näher heran, bellen und knurren sogar. Psychisch habe ich also einiges zu schlucken, daher suche ich Normalität und fahre zirka vierzig Kilometer in den nächstgelegenen Ort Blairmore auf ein spätes Breakfast. Ich fühle mich behütet in dem kleinen, bunten Café und überlege, was ich noch alles bestellen könnte, um die Rückfahrt hinauszuzögern. Ich stelle mir vor, was wohl die Umsitzenden so für kleine Geheimnisse in sich tragen und was sie bei Einbruch der Nacht vorhaben. Dann bin ich wieder beim Zelt im Aspenhain. Alles ist dort so, als ob ich nie weg war, und trotzdem lag dazwischen ein kleiner Seelenurlaub für mich. Ich freue mich nicht auf die Nacht, aber sie drängt unbarmherzig ihren dunklen massigen Körper in die Landschaft. Das Gras an unserem Checkpoint am Signal Hill ist noch von den vorigen Nächten niedergetreten. Nahanni rollt sich sofort auf ihrem Plätzchen unter den niederhängenden Ästen einer kleinen, vom Wind verkrüppelten Weißkiefer ein. Der Baum zeugt von der Kraft des Chinook, der immer und immer wieder die Flexibilität von allem Lebendigen in dieser Region testet. Ich lese mein Buch, es hilft mir vorzugaukeln, ich sei jetzt ganz woanders. Bis das Signal plötzlich wieder einsetzt. Die Wölfe sind wieder in der Nähe. Mit einem leisen Seufzer schäle ich mich aus dem Schlafsack, Nahannis Gesichtsausdruck passt so gar nicht zu ihrer aufrechten, energischen Körperhaltung. Sie tut einfach ihre Pflicht als Hund, aber fühlt sich in diesem Fall gar nicht wohl dabei. »Ich auch nicht, Nahanni. Ich auch nicht.«

Die Nacht ist gleich schwarz wie die vorige, und ich bin innerlich auch in einer Art schwarzem Loch. Mit dieser Arbeit schütze ich die Wölfe, indem ich sie verjage. Die bizarre Logik von Menschen. Alles verläuft ähnlich stressig wie vor fast genau vierundzwanzig Stunden. Wölfe sind eine Tierart mit Routinen. Wenn man ihr Verhalten ändern will, dann muss man diese Routinen energisch brechen. Das dauert und braucht Wiederholungen. Und: Man muss wissen, was man tut: Viele Rancher verfolgen noch immer die nicht wirken wollende Strategie der »drei S«: »shoot, showel and shut up«. Schießen-schaufeln-schweigen. Und ignorieren damit die grundlegende Biologie von Wölfen. Wenn wahllos in ein Rudel geschossen und gemordet wird, ist dessen komplexe Sozialstruktur ständigen Störungen ausgesetzt. So ein Rudel ist ja vor allem eines: ein gut eingespieltes Jagdteam, in dem jeder seine Stärken zugunsten des gemeinsamen Ziels, nämlich des Beutegreifens, einsetzt.

Jedes Mitglied weiß um die Rolle des anderen, was er besonders gut kann und wie er sich daher verhält. Ein hohes Maß an Kooperation und gegenseitigem Vertrauen sowie schnelle, effiziente Entscheidungskraft über sein eigenes Verhalten hinaus und ausgezeichnete Kommunikation sind bei jeder Jagd unbedingt erforderlich, soll sie erfolgreich sein. So sind es typischerweise die leichteren, schnellen Weibchen, die die Beute hetzen, ehe die kraftvolleren Rüden dann zuschlagen können. Außerdem gibt es Wölfe, die im Rudel als »Clowns« fungieren und so zum Beispiel das Beutetier ablenken oder aufkommende Spannungen innerhalb der Familie durch ihr unbekümmertes Gaukeln wieder entschärfen. Und die Jungtiere beobachten und lernen von den Älteren. Die einzelnen Tiere brauchen genug Erfahrung und damit Zeit, um sich in ihre Rolle zu fügen und das Zusammenspiel einzuüben. Wird dieses höchst kooperative Gefüge durch das Abschießen einzelner Mitglieder immer wieder gestört, verursacht der Schütze unter Umständen genau das Gegenteil von dem, was er beabsichtigt hat: Anstatt die Wölfe von seinen Haustieren zu entfernen, zwingt er nun die Tiere, sich auf leichtere Beute, sprich seine Haustiere, zu verlegen, weil er sie in ihrer Jagdeffizienz beeinträchtigt hat. Diese Zusammenhänge erfolgreich zu kommunizieren bedarf schon einer Menge Überzeugungsarbeit. Allzu oft fehlt der Wille, Wissen, das von außen kommt, auch anzunehmen; vor allem wenn es alte, einzementierte Meinungen erschüttern könnte. So wird es immer eine Bewegung der kleinen Schritte sein, die uns Menschen gegenüber dem offenbar Unkontrollierbaren gelassener macht.

Noch haben wir dieses Ziel nicht erreicht, und deshalb haben Nahanni und ich eine weitere Nacht vor uns, die ähnlich unruhig verläuft wie die vorige. Nur dass die Wölfe diesmal zwar kommen, aber eine beruhigende Distanz zur Weide einhalten. Trotzdem will ich sie wissen lassen, dass es für sie für alle Zukunft gesünder sein wird, sich ein frisches Waipitikalb im Wald zu schnappen, als sich an den Weidetieren zu vergreifen, ganz abgesehen vom hohen Nährwert des Wildtierfleisches. Deshalb feure ich wieder einige laute Leuchtpatronen ab.

Gegen vier Uhr früh möchte ich diesen verlässlichen Lichthauch einfach nur umarmen. Der Morgen bahnt sich an, und ich packe mein Zeltlager so schnell wie noch nie zusammen. »Operation erfolgreich – Patienten leben alle noch!« Vorläufig zumindest. Ablöse. Ich treffe Charles und übergebe ihm die Telemetriegeräte. Wie es war? »Nun ja, also …« Ob ich nächstes Wochenende wieder Zeit hätte? »Nein, kann leider nicht, hab da schon was ganz Wichtiges vor …«

Seit der Mensch begonnen hat, Haustiere für seine eigenen Bedürfnisse zu halten, hat sich die Beziehung zu Großraubtieren sehr zum Negativen verändert. Vor allem der Wolf hat unter der neuen Lebensform der damaligen Menschen am meisten gelitten, er wurde vom Vorbild für soziales Zusammenleben und Gemeinschaftsjagden zum gehassten Haustierfresser. Damals wie leider auch heute noch haben die Menschen mit zerstörerischer Kraft auf fast alle Wolfspopulationen weltweit eingewirkt. Mit dem Ziel der totalen Ausrottung dieser – in den Augen der Viehhalter – nutzlosen Tiere. Sie fanden Verbündete in den Jägern, die auch die natürliche Konkurrenz des Wolfes und anderer großer Beutegreifer um den

Huftierbestand nicht akzeptieren wollten. Und meist sind Viehhalter und Jäger sowieso eine Personalunion.

So hat im »Wilden Westen« auch heute noch fast jeder Rancher ein Gewehr bei sich, neben sich im Pick-up oder auf dem Pferd. Geschossen wird auf alles, was Fell und vier Beine hat. Wölfe und Kojoten trifft es am schlimmsten. Die Prämien von der Regierung für jeden erlegten Beutegreifer waren ein zusätzlicher Anreiz, bis sie aus Mangel an Wölfen eingestellt wurden. Prämien werden zurzeit aber wieder für Kojoten ausgezahlt. Sie vermitteln von offizieller Seite, dass diese Tiere nicht nur für nichts gut seien, sondern dass sie aktiv weggeräumt gehören. Warum glauben die Menschen zu wissen, was wohin gehört, was gut und was schlecht ist? Ist es Arroganz oder nur ihre Hilflosigkeit? Leider glauben auch heute noch viel zu viele Menschen, dass man Probleme mit Gewaltanwendung lösen kann. Wie eine Gesellschaft mit ihren Tieren umgeht, vor allem mit den herausfordernden Tieren, wie es die großen Beutegreifer nun mal sind, ist ein markantes Detail, das einen Hinweis darauf gibt, wie friedfertig, kreativ, großzügig und tolerant diese Gesellschaft als Ganzes ist. Das hat nichts mit herkömmlichem Reichtum zu tun. Im Gegenteil: Kanada ist wie die USA oder die skandinavischen Länder eines der reichsten Länder der Erde. All diese Staaten sind intolerant gegenüber Wölfen. So darf auch im 21. Jahrhundert im Südwesten von Alberta der Wolf ohne Lizenz und ohne ein sogenanntes »bag limit«, also ohne Zahlenbegrenzung, geschossen, in Fallen gefangen oder sogar noch mit Gift zur Strecke gebracht werden. Mit diesem gesetzlichen Rückenwind haben die Rancher freie Bahn, mit den Wölfen zu machen, was sie wollen, oft genug wenden sie Gewalt an. Auszug aus den Jagdregulationen 2011 in Alberta:

Grundbesitzer sowie alle Viehhalter dürfen ohne Lizenz und das gesamte Jahr auf ihrem Landbesitz beziehungsweise (auch auf gepachteten) Weideflächen und auf Flächen in deren Umkreis von acht Kilometern Wölfe schießen. (Anmerkung: Die Voraussetzung

eines Wolfsrisses ist dabei nicht gegeben.) Jeder andere Einheimische darf während der Großwild-Jagdsaison ohne Lizenz einen
Grauwolf schießen. Die Großwild-Jagdsaison beginnt typischerweise am 1. September und geht bis zum 31. Mai oder 15. Juni des
darauffolgenden Jahres (also 9 bis 9 ½ Monate pro Jahr). Auswärtige
Jäger brauchen eine Lizenz. Sie kostet ganze 12,40 Kanadische
Dollar (zirka 9 Euro).

Das morgendliche Licht am Horizont bekommt deshalb eine neue
Bedeutung für mich: Obwohl es mich nach der nervenzehrender
Nachtwache total erleichtert, weiß ich, dass es für die Wölfe in
Alberta der Startschuss zu einem neuen Tag voller Gefahren ist.

Eisig

November 2003 Er kommt direkt auf uns zu. Im Scheinwerferlicht
unseres klapprigen, blauen Government-Wagens sehe ich die großen Lichter und die typische Lichterkette oberhalb der Lenker-
kabine auf uns zurasen. Ein Riesentruck. Ich starre Renee an. Sie
sitzt noch relativ entspannt am Lenkrad. »Spinnst du?«, schreie ich
sie an. »REEEECHTS! Wir fahren r-e-c-h-t-s hier in Kanada!« Im
letzten Moment reißt sie das Lenkrad herum und der Truck don-
nert an uns vorbei. »O, Gott, Renee, das war verdammt knapp«,
stammle ich. »Macht der Gewohnheit … t'schuldige, muss mich
erst anpassen«, ist die verlegene Antwort der kleinen, burschi-
kosen Australierin. Na dann mach das mal schnell, denke ich. Wir
haben noch über hundert Kilometer bis zum Mitarbeiterhäuschen
am Highwood Pass. Es ist November und es weht ein eisiger
Schneesturm um unser Auto. Renee fährt das erste Mal in ihrem
Leben auf, in und durch Schnee. Und ich bereue meine Idee, ihr
diesen Crashkurs »Autofahren unter Winterbedingungen für eben

erst eingeflogene Australier« angeboten zu haben. Die Schneeflocken fliegen wie Sterne im dunklen Universum gegen die Windschutzscheibe.

Irgendwann erreichen wir die Hütte an der Highwood Junction. Eines dieser Wellblech-Rechtecke, in denen sich die seichten US-amerikanischen »Trailertrash«-TV-Komödien abspielen, nichts ist darin echt, alles Plagiat. Sie wird unsere Bleibe für die nächsten Wochen, bis die letzten Jungrinder von den Weiden geholt werden. Dann werden sie in furchtbare Massenbetriebe, die sogenannten »foodlots« gesteckt, wo sie nochmals aufgemästet und dann geschlachtet werden. Ich esse ganz wenig Fleisch, aber in dieser Gegend lasse ich mir gelegentlich mal ein saftiges Steak schmecken, so etwas gibt es in Europa einfach nicht. Dafür, sag ich mir, habe ich auch etwas dazu beigetragen. Nämlich, dass ich bereits attackierte Jungtierherden in diesen letzten Wochen auf der Weide vor Wolfsangriffen geschützt habe.

Es ist für die Wölfe die kritische Zeit des Jahres. Die Hirschkälber und Rehkitze aus diesem Jahr sind nun schon genauso schwer zu jagen wie die erwachsenen Wildtiere. Und die eigenen Wolfsjungen sind zwar schon mit von der Jagdpartie, aber eben erst im Lehrlingsstadium. Dafür haben sie einen echten Wolfshunger. In diesen Wochen tendieren die Wölfe daher dazu, Jungrinder anzugreifen, die sie über den Sommer links liegen gelassen haben. Die Herden, weit draußen auf den endlos scheinenden dürren Grasflächen, brauchen nun Schutz. Vor allem während der Nacht und in den frühen Morgenstunden, der Zeit der Wölfe.

Es ist eisig kalt, und ich lenke den Truck am Hauptgebäude der OH-Ranch vorbei, melde kurz, dass ich auf dem Weg zur Jungtierherde bin, und rattere weiter auf dem rauen, grobsteinigen Weg in Richtung Waldhügel. Schon nach der ersten Kuppe verschwindet die Ranch aus meinem Blickfeld. Zweimal muss ich aus dem Auto springen, um ein Gatter zu öffnen, durchzufahren und es wieder zu schließen. Vorbei an zwei weiteren Herden mit jeweils über fünf-hundert Rindern. Die Weidefläche der bereits attackierten Jung-rinderherde steigt leicht Richtung Wald an, hat einen verbuschten Südteil und eine Wassertränke. Alle paar Tage kommt der Ranch-truck und schmeißt zusätzliche Heuballen von der Ladefläche. Erst dann sieht man, wie groß diese Herde wirklich ist, denn dann laufen sie alle zusammen, um sich die saftigsten Teile des Futters zu holen. Den Rest der Zeit sind sie tagsüber auf der riesigen Fläche verstreut. Ich fahre meistens eine knappe Stunde vor Einbruch der Dunkelheit in die Weide hinein, um noch einen Überblick zu bekommen, wo sich die Tiere gerade aufhalten. Dann suche ich mir einen guten Platz, an dem ich in der Truckkabine die Nacht ver-bringen werde. Neben mir auf dem Beifahrersitz liegt ein großer Scheinwerfer.

Die Nacht legt sich über die Landschaft, und bald höre ich nur noch vereinzeltes Muhen. In unregelmäßigen Abständen schalte ich nun den Scheinwerfer ein und scanne langsam und ohne System die Umgebung der Kühe ab. Das starke Licht reicht fast einen Kilo-meter weit. In seinem Schein erkenne ich, dass sich die Kühe zu-sammengedrängt haben. Es ist Nacht, und sie haben es schon erlebt: Die Wölfe kommen auf die Weide und holen sich eine von ihnen. Seit den ersten Wolfsübergriffen hat der Rancher eine erwachsene Longhorn-Kuh in die Herde gestellt. Sie bildet in der Nacht das Zentrum der Herde. Die Jungtiere suchen instinktiv Schutz bei der alten wehrhaften Kuh. Und ein zusammengeraffter Haufen macht es auch den Wölfen schwieriger, sie brauchen Individuen, die sie als Einzeltier erkennen und »aussingeln« können. Und vor allem Tiere, die die Nerven verlieren und zu rennen beginnen, das löst den Hetz-instinkt der Wölfe aus. Wir nennen die Jungrinderherde liebevoll »die Clowns«, weil sie einfach lustig sind, aber auch, weil sie oft zu laufen beginnen ohne ersichtlichen Grund und ohne ein Ziel. Die Longhorn ist für sie alle eine Art Leuchtturm, an dem sie sich orientieren und bei dem sie sich sicher fühlen. Ein guter Zug des Ranchers.

Die Wölfe versuchen es trotzdem immer wieder, sie hatten ja schon einmal Erfolg, und das motiviert, die Angriffe auf die Jungrinder zu wiederholen. Um die Wölfe davon abzuhalten, drücke ich die Hupe. Ein lang gezogenes »Tüüüüüt« durchdringt die Nacht und verhallt in der Dunkelheit. Danach ist die Ruhe noch intensiver, fast unheimlich. So zieht sich die Nacht dahin. Bei Tagesanbruch ist es inzwischen eiskalt in der Kabine des Trucks, neben mir liegen ein paar Kekskrümel und in mir herrschen lähmende Kälte und tiefe Müdigkeit. Erleichtert drehe ich den Schlüssel im Zündschloss um, fahre eine Runde über die Weide und treffe die beiden Ranchriders am ersten Tor. »Alles ruhig diese Nacht.« Heigh nickt dankbar, dreht sich zu seinem Kollegen um, und sie reiten entlang des Zauns weiter. Auf ihrem täglichen Rundritt kontrollieren die Männer den Zaun, sehen nach ihren Rinderherden und treiben sie in regelmäßigen Abständen auf neue Weidegebiete. Ich fahre zur Highwood Station, wo Renee schon wartet.

»Wie war's?«

»Nichts Besonderes, außer dunkel, lang und kalt. Heute bist du dran. Nimm dir ein gutes Buch mit. Besser zwei.« Renee ist ein Phänomen, sie verschlingt Bücher wie ein australisches Krokodil, mindestens einen *Harry Potter* pro Tag. Sie hat gleich nach ein paar Tagen enge Freundschaft mit der Bibliothekarin im nächstgelegenen Örtchen Longview, zirka fünfundzwanzig Kilometer entfernt von unserer Unterkunft, geschlossen. Voller Charakter, dieses Longview. Ein kleines Straßendörfchen mit Geschichte. Gebaut im klassischen Westernstil, mit einem kleinen Hotel, das einmal weiß gestrichen war und die Bezeichnung »Hotel« nicht mal mehr in Nordamerika verdient, einer Tankstelle, einem Restaurant, dem Café des bekannten Countrysängers Ian Tysen und eben mit der »Library«. Die als Kulturinsel hoffnungslos allein gegen die

Redneck-Atmosphäre des Orts antritt und fast exotisch wirkt. Rednecks werden die »Westernproleten« genannt, es leitet sich von den typischen kleinen, roten Halstüchern ab, die jeder, der ein echter Cowboy sein will, ständig trägt. Es ist eigentlich ein sinnvolles Kleidungsstück, man kann es sich jederzeit über Nase und Mund hochziehen, wenn die Rinderhufe den trockenen Staub aufwirbeln.

Ich kenne viele öffentliche Büchereien, allerdings nicht wegen der Bücher: Sie haben alle kostenloses Internet und sind damit das Tor zur großen Welt, zu Freunden und Familie. In der Highwood-Hütte haben wir, dank Renees Hartnäckigkeit, sogar eine Telefonleitung, und natürlich haben wir beide je ein Funkgerät für die Feldarbeit. Renee zwinkert schelmisch und lacht. Sie lacht immer, sogar beim Zähneputzen. Nur einmal ist das Lachen weg. Als sich eine »pack rat«, eine Buschratte, in den Hohlräumen ihrer Zimmerwände eingenistet hat. Das wünscht man nicht mal seinem ärgsten Feind: schlimmstes Bush-Life-Szenario! Ein Albtraum. Diese eigentlich possierlichen Tierchen stinken wie nichts Vergleichbares auf unserem Planeten. Ich habe sofort mein Zimmer am anderen Ende des Trailers bezogen. Dorthin zieht es mich für ein Vormittagsschläfchen, während Renee in der Nähe ein bisschen die Gegend erkundet – und wieder mal in die Bibliothek fährt.

Zu Mittag tauschen wir die Autos. Renee übernimmt den schweren Government-Truck, ich behalte den alten Toyota Pick-up, Modell RHAZ – Rost hält alles zusammen. Ich war schon seit fast zwei Wochen am Highwood stationiert, als ich Renee am ersten Tag nach ihrer Ankunft behutsam in die wunderbare Welt der Nachtwachen einführe. Wir haben die Nacht gemeinsam durchgemacht. Um danach einstimmig zu beschließen, dass es eigentlich schon recht nett wäre, zumindest jede zweite Nacht schlafen zu können. Also abwechselnde Schichten.

An Normalbett-Tagen wandere ich stundenlang über die Hügel und kreuze offene, karge Hänge. Nach dem ersten Schnee finde ich auch gleich frische Spuren von Wolf und Bär; es ist die Zeit, in der man erstmals nach dem trockenen Sommer abschätzen kann, welche Tierarten sich wo und in welcher Zahl aufhalten. Dann schmilzt der Schnee wieder, bleibt fleckig im Schatten liegen, es kommt der Chinook-Wind, der alles wieder wegfrisst, dann fällt neuer Schnee, wieder Sonne. Die Landschaft zeigt sich um diese Jahreszeit jeden Morgen neu. Und so abwechslungsreich gestaltet sich auch das Spurensuchen. Man braucht schon viel Durchhaltevermögen und Konsequenz, um beharrlich eine Spur weiterzuverfolgen, die man bereits seit einigen Hundert Metern nicht mehr mit dem menschlichen Auge hat wahrnehmen können, weil der Untergrund einfach nichts Eindeutiges hergibt. Und trotzdem gehe ich weiter im Bewusstsein, dass der Wolf ja auch genau das gemacht hat. Über Jahre und zig Kilometer »tracking« entwickelt sich beim Verfolgen der Spuren eine Art inneres Auge, ein Gefühl, das einen zu leiten anfängt. Das mich weiterziehen, mich drehen oder anhalten lässt. Die meisten Tracker erzählen von diesem Gefühl, das aufkommt, wenn man es zulässt und ohne Absicht oder Ziel im Kopf einfach geht.

Heute erlebt das Gehen wieder eine Renaissance, die Menschen nennen es meditativ und beruhigend, viele pilgern neuerdings. Beim Gehen hat man die Geschwindigkeit, an die unsere Sinne am besten angepasst sind, wir erfahren unsere Umwelt dabei am intensivsten. Manchmal fühle ich die Grenzen meines Körpers unscharf werden, wenn ich tracke. Ich registriere jede Veränderung des Geruchs, der in der Luft liegt, der Oberfläche des Bodens, des Standwinkels der Grashalme und der Geräusche um mich herum. Manches Mal habe ich das bedrückende Gefühl, so etwas wie ein Spion zu sein, ein Eindringling, der hier eigentlich stört, weil er zu viel Verstand mit sich herumschleppt, der das innere Wissen meist übertönt. Da draußen ist eine Welt, die von einer inneren Weisheit, die jedem und allem innewohnt, geleitet und gestaltet wird. Das mag man nennen, wie man will. Am besten lässt man es einfach zu. Großzügig. Wertfrei.

Alles hat seinen Platz und seine Wichtigkeit. Irgendwann haben wir das auch alle einmal gewusst, dann ist zu Beginn des neunzehnten Jahrhunderts das Zeitalter des sogenannten Utilitarismus, der Nützlichkeitsethik, angebrochen und der Mensch hat begonnen, alles nach der Frage »Was nützt es mir beziehungsweise der Gesellschaft?« zu bewerten.

Viele Wildtiere, ja die Wildnis selbst, haben durch diese Haltung an Wert verloren, dem Wolf hat sie – nach den bereits seit Jahrhunderten stattfindenden Verfolgungszügen gegen ihn – endgültig den Garaus gemacht. Auch heute noch ist eine der zentralen »Anschuldigungen« gegen den Wolf: »Was nützt er mir oder meinesgleichen?« Eine egozentrische Weltanschauung. Erst seit einem halben Jahrhundert kann man diese Frage objektiv beantworten, seit es die ersten systematischen Wolfsforschungen gibt, begonnen von Adolph Murie Mitte der 1940er-Jahre, dem ersten Wissenschaftler, der Wölfe in ihrer natürlichen Umgebung, am Mount McKinley in Alaska, erforscht hat. Zu dieser Zeit war der Wolf in Mitteleuropa schon ausgestorben, man hatte daher überhaupt noch keine objektiven Informationen über ihn. Alles, was man wusste, leitete man aus den Erzählungen über Zusammentreffen ab, wenn der Wolf aus dem Wald kam, um Haustiere zu reißen. Es standen die negativen Erlebnisse im Vordergrund. Diese verwandelten sich schnell in abstrakte Legenden und überleben auf unserem Kontinent bis heute sehr hartnäckig.

Die Rancher des nordamerikanischen Westens sind Nachfahren jener weißen Siedler aus Europa, die in ihrer alten Heimat Mitte des neunzehnten Jahrhunderts gerade die Ausrottung der letzten Wölfe gefeiert haben und mit diesem Werteprofil im Gepäck nach Nordamerika ausgewandert sind. Das zweite schwerwiegende Gepäckstück waren ihre Rinder. Ihre Ankunft sollte die Natur mit ihrer heimischen Flora und Fauna sowie das Leben der Einheimischen, der »First Nations«, für immer verändern oder sogar total zerstören. Die riesigen Bisonherden von schätzungsweise sechzig bis siebzig Millionen Tieren wurden innerhalb weniger Jahre niedergemetzelt. Im allerletzten Augenblick wurde eine winzige Herde von weniger als hundert Individuen in einer der weitsichtigsten Privatinitiativen überhaupt in Montana unter Schutz gestellt und so die Art vor der Ausrottung bewahrt. Alle heutigen Bisons stammen von dieser Herde ab.

Die Neuankömmlinge setzten ihren Feldzug gegen »alles Wilde« mit unglaublicher Grausamkeit fort. Wölfe, Bisons, First Nations, sie alle vereint das Schicksal der Beinahe-Ausrottung. Der »Mountain-Bison« hat es nicht geschafft. Er gilt offiziell als ausgestorben. Die Siedler arbeiteten sich langsam Richtung Westen vor und schoben damit »the last frontier«, die Grenze gegen die Wildnis, vor sich her. Da sie so das Unbekannte, Unkontrollierbare und Unberechenbare immer vor Augen hatten, wurde ihre Sehnsucht nach Sicherheit geweckt. Und das Gefühl von Sicherheit lässt sich auf verschiedene Weise erreichen: indem man Macht über das Unkontrollierbare ausübt und es damit kontrollierbar macht oder indem man Wissen über das Unbekannte erlangt und es sich dadurch bekannt und vertraut macht. Ersteres geschieht durch Aggression, Zweites benötigt viel Zeit, Toleranz und Offenheit für das Neue. In der Geschichte der Menschheit ist der erste Weg sicher der mehr begangene.

Meine Wege sind die der Wölfe. Manchmal nur von einem einzelnen, manchmal von einem ganzen Rudel, das beharrlich und vergebend immer wieder versucht, in seiner Heimat in Ruhe leben zu können. Ein weltweites Phänomen und auch Tierarten übergreifend. Wenn ich auf ihren Spuren unterwegs bin, bin ich im Augenblick. Ich fühle mich ganz im Hier und Jetzt und dadurch sehr lebendig. Die Wölfe bringen mich an Plätze, die ich sonst nie betreten hätte, sie zeigen mir Dinge, die ich sonst nie wahrgenommen hätte, sie öffnen mir Grenzen, die ich sonst nie überschritten hätte. Sie erzählen von einer gewissen Unbeirrbarkeit, manchmal fast Gleichgültigkeit gegenüber Herausforderungen. Sie machen mein Leben reicher.

Ich besinne mich wieder auf die Umgebung. Während des Nachdenkens bin ich ein gutes Stück vorangekommen, ich habe den höchsten Punkt des Trails erreicht und bestaune die Aussicht. Wolfspirit – was für eine Natur! Und du gehörst dazu. Ich muss umkehren, Renee wartet wahrscheinlich schon auf die Ablöse. Manchmal ist es schwierig, wieder in die Zeitwelt zurückzukehren.

Am Abend bin ich wieder auf der Weide. Der lange Marsch sitzt in meinen Muskeln. Ich kämpfe mit der Müdigkeit. Nur nicht einschlafen, nicht ein … Plötzlich erwache ich von einem lauten Motorengeräusch. Wie vom Blitz getroffen, bin ich sofort wieder putzmunter. Da kommen zwei Paar Lichter direkt auf meinen Truck zu. Und der steht meilenweit entfernt von irgendeiner öffentlichen Straße in der riesigen Weide. Wer kann das sein? Es ist kurz nach drei Uhr früh. Ich bekomme eine Gänsehaut. Ach Gott – ja, um elf Uhr abends waren ein paar Jäger, die mit Heigh unterwegs waren, zu mir eingebogen, die wollten mich unbedingt nach Longview in den Pub mitnehmen. Ich sollte mit ihnen auf die erfolgreiche Wapitijagd anstoßen. Ich habe ihnen gesagt, ich arbeite gerade und sie könnten mir ja auf dem Heimweg ein Bier mitbringen.

Die Burschen hatten bereits vor ihrem Pubbesuch eindeutig einige Promille über 0,5 im Blut, und so war ich überzeugt davon, dass sie meinen Auftrag vergessen würden. Nun bereue ich, die Sache mit dem Bier gesagt zu haben. Denn gerade holpert ein Haufen angetrunkener Jäger mitten in der Nacht und im Nirgendwo auf mich zu. Ich will den Truck starten, der gibt keinen Ton von sich. So ein Mist. Ich bin eingeschlafen und habe das Fernlicht angelassen. Batterie leer. Jetzt brauche ich die Typen sogar noch! Da hüpft auch schon der Erste aus seinem Pick-up und reißt meine Türe auf. Grinsend zieht er eine Flasche Bier aus der Seitentasche seiner Jeansjacke. Ich falle in meine Rückenlehne, atme tief durch und entlasse ein ungläubiges: »Wow – didn't think you guys ...« Weiter komme ich nicht. Er zieht sich mit einem ruckartigen Schwung hinauf in meine Truckkabine und drängt mich zugleich auf den Beifahrersitz.

»Geht nicht mehr an, was?«

»Leere Batterie«, murmele ich vor mich hin.

»Hey, Joe, wir brauchen das Überbrückungskabel! Gib mal rüber!« Im Handumdrehen starten die Ranchriders meinen Truck.

Ich sitze mit weit aufgerissenen Augen neben meinem ungebetenen Chauffeur. »Und was jetzt?«

»Ist wohl das Beste, dich zu unserer Jagdhütte da hinten im Wald zu fahren. Dir ist sicher kalt. Hast du eigentlich schon zu Abend gegessen?«

»Na ja, hab schon was gegessen ...«

»Zu lang her, wir werden dir gleich was Frisches machen. Hey, Heigh, die Lady ist hungrig – wirf den BBQ an!«

Als im Scheinwerferlicht die Jagdhütte auftaucht, erkenne ich daneben zwei große Tierkörper, die aufgespreizt von einem dicken Rundbalken herunterhängen. Ein Elch und ein Wapiti, die in diesem Zustand recht schaurig aussehen. Gentlemanlike reicht mir einer der Jagdhelden die Hand, als ich aus dem Truck springe. Heigh ist schon dabei, den Barbecuegrill auf der kleinen Vorterrasse zu starten. Da sehe ich die aktuelle Jagdbeute vom Pubrevier aus dem zweiten Truck tänzeln. Zwei aufgeblondete Cowgirls, die Jeans enger als die eigene Haut. Oh no, wo bin ich da wieder reingeraten ...? Verstohlen suche ich nach meinem Truck. Soll ich einfach abhauen? Er ist zugeparkt.

Mein Dinner ist fertig, Steak und Pfirsichkompott aus der Dose. Das Steak wirft mich um. So saftig und perfekt gegrillt. Ich merke, dass ich tatsächlich hungrig war, und werfe Heigh einen anerkennenden Blick zu. Der Ranchrider beantwortet ihn mit einer Frage: »Warum machst du das?« Er meint meinen Job auf den Rinderweiden.

Okay, denke ich mir, das war nun die Eröffnungsrunde, und sehe mich bereits neben den zwei Wildtieren da draußen baumeln. Zu allem Überfluss habe ich ausgerechnet heute auch noch das rote T-Shirt an, das mir Lone Wolf vor ein paar Wochen als Abschiedsgeschenk an der Küste überreicht hat. Es hat ein Wolfskopfmotiv vorne drauf. Eines von diesen romantisch-kitschigen Wolfsverherrlichungsbildern. Also entscheide ich mich für die Flucht nach vorn und beginne mit der ersten Lektion: Fakten der Wolfsbiologie. Dann erkläre ich mit einfachen Worten, warum ich diese »crazy« Arbeit mache, und versuche ihm zu erklären, dass die Wölfe nur deshalb Rinder reißen, weil sie durch das Abschießen wahllos getötet werden und somit ihre Sozialstruktur und ihre Fähigkeit, Wildtiere zu jagen, stark beeinträchtigt werden.

Dabei vermeide ich direkte Hinweise auf die aktuelle Situation genau dieser Herde und genau jener Herren, die da zusammengedrängt mit mir um den kleinen abgewitterten Holztisch in der Hütte sitzen. Ich erzähle aber auch von der Landwirtschaft daheim in den Alpen, von österreichischen Biersorten und vom Langlaufen. Alle hören bemerkenswert respektvoll zu. Dann fängt Heigh an zu reden: »Sorry, Gudrun, aber ich hasse Wölfe, ich töte jeden, den ich nur kriegen kann. Weißt du, ich bin da draußen und helfe den neugeborenen Rindern, sich den Weg durch den tiefen, schweren Frühlingsschnee zu ihren Müttern zu pflügen, um zu trinken. Und am nächsten Tag sehe ich die Kälber, wie sie dastehen und ihnen die Gedärme heraushängen. O, Gott, ich hasse diese verdammten Biester.«

Ich nicke. Und fange von vorne an: »Ja, wir wollen beides nicht, weder tote Rinder noch tote Wölfe. Daher versuchen wir verschiedene, nicht tödliche Methoden zu testen, die Rinderrisse minimieren sollen. Ob das nun die Nachtwachen sind oder das Anbringen von Lappenzäunen, also Seilen mit herunterhängenden roten Stoffstreifen, die die Wölfe nicht queren; ob mehr Einstellungen in der Rinderhaltung oder die Reduzierung der Jagd auf die natürlichen Beutetiere der Wölfe, wie Wapiti und Reh in den Gebieten von betroffenen Rinderherden.« Es dämmert mir, dass keiner an diesem Tisch jemals über den Wolf nachgedacht hat, außer, dass der Wolf weggehört. Dank der immer wirkenden Faszination, die der Wolf auf jeden ausübt, der zumindest ein bisschen objektive Information zu Sozialstruktur, Familienleben, Kommunikation oder Jagdstrategien hat, habe auch ich interessierte Zuhörer.

Nach einer kurzen Stille sagt einer plötzlich: »Hey, Joe, she's right, she's goddamn right!« Ich werde diesen Ausruf nie vergessen, trage ihn als ständigen Funken Hoffnung in mir, der sich immer dann wieder entzündet, wenn man gegen Betonmauern von menschlichen Einstellungen anredet. »Hey, Joe, she's right!« Für mich steht dieser Satz für die immer vorhandene Möglichkeit, etwas in den Köpfen zu verändern. Für die Kraft des gegenseitigen Respekts und des Brückenbauens, für die Chancen, die sich ergeben, wenn man das Gemeinsame über das Trennende stellt. Und für die innere Weisheit, die uns allen mitgegeben worden ist. Ich habe im Verlauf meiner Arbeit für den Wolf wiederholt ähnliche solcher »Flash«-Momente bei Wolfstötern erlebt. Sie sind oft nicht einmal Wolfsgegner, sie sind nur Wolfstöter aus Routine.

Das berühmteste Beispiel ist Aldo Leopold: [2]

»Es war ein Wolf. Sechs weitere, offensichtlich die Jungen des Vorjahrs, sprangen aus den Büschen und machten beim fröhlichen Aufeinandertreffen mit freudigem Schwanzwedeln und spielerischem Maulschnappen mit … In diesen Tagen konnte man solch eine Chance zum Töten von Wölfen nicht auslassen. Innerhalb der nächsten Sekunde pumpten wir, mehr aufgeregt als zielsicher, unser Blei in die Körper der Tiere… Als unsere Munition verschossen war, lag die alte Wölfin da und eines der Jungen schleppte sich mit dahinschleifendem Bein ins unwegsame Gelände.

Wir erreichten die alte Wölfin gerade noch rechtzeitig, um ein leidenschaftliches grünes Feuer in ihren Augen ausgehen zu sehen. Da habe ich etwas erkannt und weiß es seitdem. Es war etwas für mich Neues in ihren Augen, das nur sie und die Berge wussten. Ich war damals jung und liebte es, den Abzug meines Gewehrs zu betätigen, und ich dachte, wenn weniger Wölfe mehr Rehe heißt, dann heißt gar keine Wölfe Paradies für Jäger. Aber als ich das kämpferische Feuer in ihren Augen sterben sah, erkannte ich, dass weder die Wölfin noch die Berge dem zustimmen.

Seitdem erlebte ich das Ausrotten der Wölfe in einem Staat nach dem anderen, habe dichte Netzwerke von neuen Rehwildwechseln an den Südhängen der nun wolfslosen Berge beobachtet. Ich habe gesehen, dass alle neuen Keimlinge, Triebe und Büsche bis zu deren Absterben niedergeäst worden sind. Solche Berge sehen aus, als ob jemand Gott eine kräftige Gartenschere in die Hand gegeben hätte und ihm alle anderen Tätigkeiten außer dem Stutzen der Pflanzen verboten hätte. Am Ende bleicht die Sonne die Gebeine der ersehnten Rehmassen und ihre Überreste verschimmeln unter den Wacholderbüschen. Sie sind verhungert, weil sie sich selbst zu viel wurden.«

Rechtzeitig zur Morgendämmerung bin ich zurück auf der Weide. Alles ist ruhig. Gott sei Dank. Ich warte noch die nächsten kritischen Stunden ab, dann starte ich meinen Rückweg Richtung Highwood-Hütte. Müde, aber beeindruckt sitze ich am Steuer, als mir Heigh, bereits wieder auf seiner Morgenkontrolle bei den Rindern, entgegenreitet. Er deutet mir an, stehen zu bleiben. Ich kurble das

Fenster hinunter und warte. »Gudrun, ich möchte mich nur ent-
schuldigen für gestern Nacht. Ich war ein bisschen zu aufgebracht
wegen der ganzen Wolfssache.« Ich lächle. Ihm zu und in mich
hinein. Das Eis ist gebrochen.

Coal

Frühling 2003 Und schon wieder ist Coal verschwunden. Dieser
dunkle Wolf hält mich ganz schön auf Trab. Er ist der Weitwanderer
unter unseren besenderten Wölfen. Heute da, morgen fast achtzig
Kilometer weiter im Süden. Wie macht er das bloß, noch dazu mit
einer Pfote, der eine Zehe fehlt? Er hat sie geopfert, als er in eine
Fußfalle getreten ist. Hat sie sich selbst abgebissen, damit er in Freiheit weiterleben kann. Seitdem treibt er sich unruhig entlang der
Foothills an den Ostflanken der Rockies herum. Neben der Nachtwache südlich des Kananaskis Country versuche ich tagsüber mit
Coal mitzuhalten. Für diese Arbeit muss ich oft den Tank nachfüllen.
   Coal hat uns über Monate vorgeführt, wozu ein Wolf imstande ist.
Er ist für mich ein Paradewolf, der leider auch die typische Geschichte
der Wölfe in dieser Landschaft mit sich herumträgt: permanent auf
der Suche, ständig auf der Flucht. Er kennt jeden Baum entlang der
Foothills und hat doch nie eine Heimat gefunden. Ich habe ihn Hunderte Kilometer verfolgt, ihn aber nie gesehen. Er ist die zu Fleisch
und Blut gewordene Projektionsfläche des menschlichen Hasses auf
das Unkontrollierbare. Wenn er auftaucht, ist er schon wieder weg.
Er entspricht dem Mythos vom geisterhaften Wolf.
   Über die Monate entwickle ich ein tiefes Gefühl der Freundschaft
zu ihm. Durch ihn habe ich gelernt, dass es nicht unbedingt nötig
ist, jemanden ganz nah und immer im Blick zu haben, um eine
Beziehung aufzubauen. Aber dass es wichtig ist, dem Gegenüber

immer mit Respekt zu begegnen, den man beim Wolf mit räumlicher Distanz zu ihm ausdrückt. Nur dann bekommt man das wahre Bild von ihm. Seine Spuren verlaufen dann unverfälscht, so wie er sie mit seinem freien Willen zieht.

Gerade bei Coal, bei diesem Wolf, den ich so sehr schätze und bewundere, mit seiner geschmeidigen Schlauheit, überschreite ich einmal selbst die respektierende Grenze. Für mich bis heute das Ereignis, das mir am meisten leidtut.

Ich habe sein Signal in den steilen Flanken des Livingstone Range geortet. Von der staubigen Schotterstraße aus war eine sehr gute Peilung möglich. Ich parke sofort am Rand, springe aus dem Auto, schultere meinen Rucksack und laufe über die letzten, sich unter der warmen Frühlingssonne langsam auflösenden Schneefelder schnurstracks auf das Signal zu. Die Lautstärke verrät mir, dass ich noch weit genug entfernt bin, um den Wolf nicht auf mich aufmerksam zu machen. Aber schnell wird das Signal lauter. Ich beginne, mich geduckt von Deckung zu Deckung vorwärtszubewegen. Dann stoße ich auf seine Spur. Eindeutig in den Schnee gedrückt, zieht sie sich schräg den steilen Nordhang hinauf. Der Schnee wird sehr tief, hier liegt noch der permanente Winterschatten über dem Gelände. Vereinzelt ist es so steil, dass Coal sich mit Sprüngen nach oben gearbeitet hat. Auch ohne Signal hätte mir diese Spur erzählt, dass es seine Spur ist: ein Pfotenabdruck ist dreizehig. Und regelmäßig finde ich etwas Blut darin.

Ich stecke stellenweise bis zur Hüfte im Schnee. Dass es sich um einen Lawinenhang handelt, ist eindeutig. Spätestens jetzt hätte ich umkehren sollen, aber das wird mir erst später bewusst. Ich weiß alles, was ich für mein Monitoring wissen muss. Und: Coal befindet sich auf dem Gelände einer Ranch, deren Besitzer pro Wolf sind. Also ist er hier sicher und soll möglichst lange hierbleiben. Aber ich stapfe weiter. Die Steilheit des Geländes und die Schneetiefe machen es unmöglich, regelmäßig Coals Signal zu checken. Endlich erreiche ich einen kleinen Zwergbirkenhain außerhalb der Lawinenschneise. Das Gelände ist hier etwas flacher. Ich verschnaufe und mache wieder eine Peilung. Ganz nah, er ist so nah, dass der sogenannte Attinuator, also das Signal, das man nur in unmittelbarer Nähe des Senders bekommt, ausschlägt. Er muss da im Hain vor mir irgendwo kauern. Mit einem Schlag fällt mein Adrenalinspiegel und stille Ernüchterung tritt ein. Ich erwache. Ich habe ihn vor mir her getrieben. Ihn, den ich so bewundere in seiner Geisterhaftigkeit und Widerstandsfähigkeit gegenüber allen Gefahren, ihn habe ich vor mir her gehetzt.

Im tiefen Schnee und steilen Gelände hat er wieder einmal seinen Lebenswillen zeigen müssen und diesen mit seinem Blut in den Schnee geschrieben. Plötzlich weine ich. Aus Erschöpfung, aber vor allem aus Mitleid mit Coal. Ich bin von mir selbst enttäuscht, dass ich der Gier, Coal endlich einmal mit eigenen Augen zu sehen, nicht habe widerstehen können. Sie ist zulasten des ohnehin schon so getriebenen Wolfes gegangen. Für ihn ist es vielleicht schon Routine, wieder einmal flüchten zu müssen. Für mich ist es eine neuartige, einzigartig traurige Erkenntnis.

Ich beginne mit ihm zu reden, langsam entschuldige ich mich in Richtung Gebüsch, in dem sich zwei aufmerksame Ohren versteckt halten. Ich rede beruhigend weiter, während ich bedächtig meinen Rückzug antrete, Coal soll wissen, dass ich nicht eine von denen bin.

Als ich wieder am Auto ankomme, spüre ich die volle Kraft der Frühlingssonne. Ich blicke in den schattigen, kalten Hang, wo Coal, der Wolf, nun seine Ruhe findet.

Wenige Monate später wird er zum letzten Mal verfolgt. Für Coal endet es tödlich.

Stille

Winter 2002 Ich habe noch etwas Zeit, bevor ich wieder auf die Weide zur Nachtwache fahre. Und nach den besenderten Wölfen habe ich auch schon länger nicht mehr gesucht. Bei ihren extremen Wanderungen ist es sowieso immer wie ein Sechser im Lotto, wenn man ihr Signal aufschnappt. Aber wer den Lottoschein nicht einmal ausfüllt, der gewinnt auf keinen Fall etwas. Also lenke ich den schon so vertraut knatternden schwarzen Pick-up Richtung Norden ins Kananaskis Country, ein teilgeschütztes Provincial-Park-System entlang der östlichen Flanken der Rocky Mountains. Und der Wochenendspielplatz von einer Million Einwohnern von Calgary und Umgebung.

Es ist spät im November, kalt, und die Straßen sind eisig. Ich fahre den Sheep River entlang. Der Fluss mäandriert nach seinem freien Willen durch sein ausgeschürftes Tal. Er wirft Schotterbänke auf und öffnet Wiesenflächen, auf denen nun die ersten Eiskristalle funkeln. Es ist eines meiner Lieblingstäler, sobald die vielen Tagesbesucher wieder in ihren warmen Häusern in der Großstadt sitzen und Ruhe eingekehrt ist. Um diese Jahreszeit ist es hier sehr einsam. Kein einziges Auto kommt mir entgegen. Langsam verlässt mich auch das Tageslicht. Irgendwo sehe ich ein kleines Licht aus einer Hütte scheinen. Sonst nichts. Ich verlasse das Sheep River Valley und biege in den Gorge Creek Trail ein. Eine enge, gewundene Schotterstraße steigt steil bergan. Entlang der linken Straßenseite fällt ein felsig-steiler Hang tief ins Sheep Valley ab. Nomen est omen. Perfektes Gebiet für das Rocky-Mountain-Bighornschaf und außerdem Pumaland.

Die Straße wird flacher, und auf der Anhöhe steht dichter Wald. Nun geht es auf der Nordseite des Hügels wieder steil nach unten. Die kleine Straße ist eine wertvolle Abkürzung zum nördlich gelegenen Elbow River Valley. Entlang dieser Verbindung habe ich schon einige Male Wölfe aufgespürt. Auch Wölfe lieben Abkürzungen. Oh, die Straße ist ja total vereist!, denke ich noch und schalte in den ersten Gang hinunter. Als ich die Kupplung loslasse, fängt mein Truck an zu rutschen. Sofort verliere ich die Kontrolle über das Auto. Es hat keinen Halt mehr. Reagiert überhaupt nicht. Außer auf die Schwerkraft. Und die zieht den Truck erbarmungslos nach unten. Im Scheinwerferlicht erscheint eine scharfe Linkskurve. Der Truck rast nach rechts. Auf den Gorge Creek Canyon zu. Einen tiefen Abgrund. War's das?, schießt es mir durch den Kopf. Und zugleich reiße ich in äußerster Verzweiflung das Lenkrad nach links. Im letzten Moment ändert das Auto seine Richtung. Und saust auf die Hangböschung am linken Straßenrand zu. Dort stößt es mit voller Wucht frontal in den Hang. Überschlägt sich. Es ist kurz totenstill. Dann sackt die Kabine mit einem lauten Krach in sich zusammen. Ich atme das erste Mal. Aus. Es ist aus. Es ist total finster um mich herum. Und still. Druckgefühl am Kopf. Ich hänge mit dem Kopf nach unten im zerschmetterten Auto. Will an mir selbst gar nicht hinuntersehen. Noch spüre ich nichts, keinen Schmerz, nichts. Ich will nur raus, schnell raus aus dem Auto, nur weg. Ich klettere durch die zerbrochene Windschutzscheibe, greife davor noch zu meinem Funkgerät. Das ist jetzt überlebenswichtig. Dann stehe ich auf meinen zwei Beinen neben dem Truck. Ja, ich kann stehen. Ich kann gehen. Es ist finster, kalt und vollkommen still. Dann sehe ich nach oben. Man sieht automatisch nach oben, wenn man aus einem auf dem Dach liegenden und eindeutig als Totalschaden erkennbaren, alten Truck steigt. Seine vier Räder hängen deplatziert in der Luft. Wie eine hilflose Schildkröte auf dem Rücken. Und weit oben sehe ich nun die Sterne. Es ist eine klare, kalte Nacht, die nur von den Billionen Sternen lebt. Ich gehe. Die Straße, die mich noch vor Kurzem zu den Wölfen bringen sollte, gehe ich wieder zurück. Ich muss mich sofort bewegen. Sonst fang ich vielleicht noch an, Schmerz zu spüren oder zu frieren oder – am schlimmsten – zu denken. Ich funke immer und immer wieder verzweifelt nach Hilfe. »Ist irgendwer da draußen? Dispatch. Dispatch.« Die Nacht bleibt still. Ich bin frustriert. Ich weiß, wie weit es bis Turner Valley ist, will gar nicht daran denken. Sogar das Sheep Valley selbst ist weit entfernt und menschenleer. Halt, stoppe ich meine eigenen Gedanken. Da war doch dieses Licht, das ich beim Herfahren gesehen habe! Mir war zwar noch nie zuvor ein bewohntes Haus im Sheep Valley aufgefallen, aber heute habe ich dort ein Licht gesehen. Da muss ich hin. Bis dahin muss ich es einfach schaffen. Ich gehe. Nach vorne. In die ungewisse Dunkelheit.

Nun beginnen Wald und Nacht zu sprechen. Geräusche überall. Ich denke an die Pumas und Bären. Vor allem an die Pumas. Sie sind mir gar nicht geheuer. Sie sind mir nicht vertraut. Ich habe noch nie einen Puma in freier Wildbahn gesehen, bin mir aber sicher, dass mich schon viele mit ihren Katzenaugen aufmerksam verfolgt haben. Sie schleichen sich an in Katzenmanier. Von hinten. Und sie sind nachtaktiv. Es fröstelt mich. Ich denke daran, dass keiner weiß, wo ich bin, und dass mich niemand vermisst, zumindest bis morgen Mittag nicht, wenn ich eigentlich von meiner Nachtwache wieder zurück in unserer Hütte sein soll, wo Renee auf mich wartet.

Ich gehe. Und bin komplett allein. Ein Schritt nach dem anderen. An die gesamte Strecke bis zum Licht denke ich nicht. Nur an den nächsten Schritt. Er ist jetzt der wichtigste. Er bringt mich Richtung Licht. Plötzlich muss ich an meinen Papa denken. Ganz stark. Ich bekomme das Gefühl, dass er da in den Sternen sitzt, ganz sicher sitzt er da. Und zeigt mir den Weg auf seine Weise. Auch für ihn hat es kein Aufgeben gegeben. Er war ein ruhiger, beharrlicher Kämpfer. Sein Weg durch seine schwere Krankheit hat fast sechs Jahre gedauert, bis er sich erschöpft hat. Sein dritter Todestag jährt sich morgen. Ich muss das Licht erreichen, bevor ich erschöpft bin. Die Kälte ist unbarmherzig. Das Lied, das mein Bruder innerhalb weniger Stunden nach dem Tod unseres Vaters geschrieben hat, schießt mir durch den Kopf: »Papa, you did it your way ...« Ich singe es über Kilometer und Stunden. Immer und immer wieder. Ich habe eine Beschäftigung. Und es ist nicht mal so schlimm. Die Dunkelheit gibt mir eine wohlige Geborgenheit. Sie fängt nirgendwo an und endet nirgendwo. Sie ist ganz nah und überall. Ich kann damit leben. Denn ich lebe noch. Und so gut, dass ich ganz allein dem Licht näher kommen kann. Ich verfalle in eine Art Highzustand, fühle mich frei und sorglos. Vielleicht macht das auch der Schock mit einem, aber es fühlt sich alles leicht an. Ich gehe durch eine andere Raumzeit. Singend. Stundenlang.

Da taucht das kleine Licht auf. Und was, wenn es nur die automatische Beleuchtung einer kleinen Wetterstation ist? Im selben Moment, als ich endlich das ersehnte Licht sehe, kommen große Zweifel in mir auf. Ich habe Angst, dass mir das Licht nicht das liefert, worauf ich während des dunklen Weges gehofft habe: Hilfe und Erleichterung. Ende der Strapazen. Was, wenn niemand da ist, der aufmacht? Ich zögere, will noch ein wenig länger hoffen dürfen. Okay, es ist kalt. Stehen ist Stillstand. Ich muss mich so schnell wie möglich aus meiner Situation hinausbewegen. Ich klopfe. Warte. Nach mir endlos scheinenden Sekunden höre ich Schritte im Inneren der kleinen Baracke und endlich das verheißungsvolle Geräusch im Schlüsselloch. Ganz langsam öffnet sich die Tür, nur einen dünnen Spalt. Ein junges verschlafenes Gesicht späht vorsichtig und misstrauisch durch den Schlitz. Eine große Frage ist ihm ins Gesicht geschrieben. Aber bevor er sie aussprechen kann, beantworte ich sie ihm. »Ich habe einen Autounfall gehabt. Am Gorge Trail. Mein Auto ist total hinüber. Hab beim Hinfahren euer Licht gesehen. Brauch eure Hilfe.« Es sind Studenten der Universität Sherebrook aus Quebec. Sie machen mir heißen Tee, wirken sonst aber eher hilflos. Später erzählen sie mir, sie hätten sich gefürchtet, als sie das Klopfen gehört haben. Und als dann einer von ihnen die Tür aufgemacht hat, hat hinter ihm ein zweiter mit einem Küchenmesser gestanden. Für den Fall des Falles. Sie wissen um die entlegene Lage ihrer Forschungsstation. Ich frage sie, ob sie mich zur nächsten Telefonzelle fahren könnten. Gut, dass sich meine Arbeitskollegin Renee so für eine Telefonverbindung in unserem Trailer am Highwood eingesetzt hat. Sie wird in diesem Moment sicher ein wenig anders drüber denken, denn ich reiße sie aus dem Schlaf.

Eine knappe Stunde später holt sie mich an einer einsamen Telefonzelle an einem Parkplatz im Sheep Valley ab. Nach ein paar Stunden Tiefschlaf beginne ich mit den Telefonaten. Ich rufe Carolyn Callaghan an, für die ich arbeite. Sie ist auch die Besitzerin des Pickups beziehungsweise von dem, was noch davon übrig ist. Carolyn macht sich sofort zur Unfallstelle auf. Inzwischen organisiere ich einen Abschleppdienst. Und kontaktiere via Funkgerät den Notruf des Provincial Park. Ich will wissen, warum ich gestern Nacht niemanden erreicht habe. Die lapidare Antwort lautet: »Wir sind nur bis achtzehn Uhr besetzt.« »Aha, werde meinen nächsten Notfall während der Arbeitszeiten der Behörde planen.«

Wir alle wollen uns beim kaputten Truck treffen. Renee und ich kommen als Erste an. Dann hören wir den Abschleppwagen näher kommen. Quietschend und rutschend. Seine Reifen drehen durch, er kommt nicht durch bis zum Truck. Der Fahrer muss umdrehen und seinen LKW gegen ein anderes Gefährt mit Ketten eintauschen. Es ist spiegelglatt. Renee steht mit offenem Mund da und verstummt, und das ist selten. Ich stehe entsetzt neben ihr. Starre auf das auf dem Kopf liegende Auto. Jetzt, im vollen Tageslicht, sieht es wirklich übel aus. Ich kann es gar nicht glauben, dass ich da drinnen gesessen habe. Und nur mit einem Schock und einer nicht mal nennenswerten Abschürfung am linken kleinen Finger davongekommen bin. Es ist mir klar, dass mich etwas beschützt hat, etwas, das wollte, dass ich weiterlebe. Ich denke an mein Papa-Gefühl letzte Nacht und an die innere Ruhe und Zielstrebigkeit, die sich während des Gehens in mir ausgebreitet haben. Wolfspirit – danke für deine Unbeirrbarkeit!

Wolfspirit 4

Oktober 2005 *Mein Zimmer ist ganz oben im elften Stock, Abteilung Neurologie. Einmal schaffen es meine Freunde, Nahanni während eines Ablenkungsmanövers für die Krankenschwestern zu mir ins Zimmer zu schmuggeln. Cheers for that! Aus meinem Fenster kann ich ganz im Westen die Silhouetten der Rocky Mountains erkennen. Das gibt mir eine Vertrautheit mit meinem neuen Platz hier im Krankenbett. In den nächsten Tagen machen sie alle möglichen Voruntersuchungen für eine Gehirnoperation. Phil baut sein Büro-Laptop neben meinem Bett auf. Er ist fast durchgehend bei mir. Alles geht so schnell. Das ist mein Glück. Zu schnell, als dass in mein Bewusstsein einsickern kann, was ich da so unvorbereitet und plötzlich habe hören müssen. Komplett unverständlich für mich. Wieso gerade jetzt? Ich habe endlich einen wunderbaren Partner, liebe meine Nahanni; ich komme gerade vom Erlebnis meines Lebens zurück, habe mit den wilden Küstenwölfen einen ganzen Nachmittag auf einer Wiese verbracht und spüre noch immer den sachten Touch der wilden Wölfin. Wir haben einen tollen Film zum Schutz der Wölfe gemacht, und ich fühlte mich endlich »angekommen«. Und dann diese Diagnose: Gehirntumor, golfballgroß, Grad III, aggressiv; durchschnittliche Lebenserwartung eineinhalb Jahre.*

Wilde Begegnungen – Livingstone

Morgennebel

Frühsommer 2004 Feuchter, dicker Morgennebel steigt langsam vom Livingstone River auf. Das Livingstone-Gebirge liegt inmitten des internationalen Ökosystems »Crown of the Continent«, das die Rocky Mountains von Alberta, British Columbia und Montana umfasst. Es bildet eine wichtige Verbindung zwischen den Schutzgebieten des internationalen Glacier-Nationalparks Waterton im Süden und des Kananaskis-Banff-Komplexes im Norden. Entlang der Ostflanken der Rockies gelegen, besteht es aus verschiedenen Ökosystemen; von den sanften und eher grasig-offenen »Foothill Parklands« über die montane und subalpine bis hin zur alpinen Stufe beinhaltet es eine große Habitat- und damit Artenvielfalt. Gleich östlich davon grenzt das Ranchland an, wo ich wiederholt Nachtwachen in unterschiedlichsten Formen durchgeführt habe.

Ich kauere verpackt im großen, blauen Daunenanorak auf meinem Camping-Klappsessel. Die warme Wollmütze tief ins Gesicht gezogen, halte ich mit beiden Händen die metallene Thermoskaffeetasse. Der heiße, duftende Dunst tut gut. Bedächtig nippe ich daran und ich spüre das wohlig warme Gefühl im Inneren meines Körpers. Die Nächte sind noch sehr kühl hier auf 1200 Meter. Obwohl es schon Juni ist. Aber es hat ja auch keiner von mir verlangt, dass ich jeden Morgen in den Fluss eintauche, um mich zu waschen. Aber ich liebe dieses Zeremoniell. Danach wird es einem heiß, der ganze Körper prickelt und man fühlt sich so richtig bereit für den Tag. Ein zweiter Kaffee kann nicht schaden, vor allem weil sich in Daves Zelt noch nichts rührt.

Langsam lichtet sich der Nebel und gibt portionsweise den Blick auf den Grashang am anderen Flussufer frei. Ich sehe gerade noch meine Kojotenfamilie in die Aspenbüsche, die wie Inseln am Hang verstreut wachsen, entschlüpfen. Sie sind mein Morgenentertainment. Manchmal kann ich sie länger beobachten, oft nur einen kurzen Augenblick. Aber immer genieße ich den Anblick ihrer Leichtigkeit und Verspieltheit. Sie sind so wunderbar unbekümmert – vielleicht gehen sie auch jeden Morgen baden? Aber eigentlich haben sie überhaupt keinen Grund, so fröhlich durchs Leben zu trippeln: Sie sind sicher die am wenigsten respektierten und am meisten verfolgten Säugetiere in Nordamerika. Weil sich diese Beutegreifer schnell vermehren können und sie im Rudel ihre Scheu – auch vor menschlicher Nähe – verlieren können, scheinen sie fast allgegenwärtig zu sein. Daher werden sie als Pest verstanden und auch so behandelt. Seit ich einmal einige Stunden lang eine ganze Kojotenfamilie entlang des Athabasca River nördlich von Jasper beobachtet habe, weiß ich, sie sind viel reizender als ihr Ruf. Eigentlich gelten sie eher als Einzelgänger, aber wenn sie einen Familienverband gründen, dann wird der Clown in ihnen geweckt, und sie vergnügen sich miteinander.

Ich habe mal einen Jäger auf Wapitijagd kennengelernt. Seitdem schickt er mir jedes Jahr im Frühling seine jährliche Kojotenquote: Jeden Winter hat er das Ziel, hundert Tiere zu töten. Und jedes Jahr erreicht er diese Zahl auch. Dieser Jäger ist ein pensionierter Volksschullehrer. Kein einfacher, ungebildeter Mann. Und er erzählt mir auch immer, wie sehr er diese Tiere bewundert, wenn er sie beobachtet. Und dann tötet er so viele von ihnen wie möglich. Genau wie die Rancher. Sie glauben, die Kojoten reißen ihre neugeborenen Kälber. Was sie in Ausnahmefällen auch tun, wenn diese ungeschützt von Muttertier oder Mensch auf der Weide stehen. Aber ihre Hauptbeute sind Nagetiere, vor allem »gophers«, die kleinen Erdhörnchen, die zu Millionen auf den Weideflächen ihre Höhlensysteme bauen. Neben Greifvögeln sind die Kojoten ihre natürlichen Feinde. Die Raubtiere regulieren den Bestand und reduzieren damit auch die Anzahl der Höhlen. Die Löcher der Höhleneingänge verursachen große Schäden in der Rinderzucht; wenn die Rinder in die Löcher treten und sich das Bein brechen. Dann kommt genau derjenige Rancher, der zuvor die Kojoten geschossen hat, und schießt nun die Erdhörnchen. Beziehungsweise seine Kinder tun das. Das »Gopherschießen« ist eine beliebte Freizeitaktivität unter jungen, pubertierenden Nachwuchsranchern. So lernen sie früh, was im Weltbild der Rancher weggeschossen gehört, welche Tiere schaden. Aber sie lernen nicht, dass dableiben muss, was nützt. Sie lernen nicht, *was* eigentlich nützt. Und sie lernen auch nicht, dass ihr Tun eine Kaskade an ungünstigen Folgen auslöst. So werden sie groß im Sog der Erwachsenen. Und im Sog des Irrtums.

Die Kojoten sind nun total aus meinem Blickfeld verschwunden, und es wird Zeit, dass ich Nahanni zu Daves Zelt hinüberjage. Er soll mal aufstehen, und Nahanni lässt ihm mit ihren überschwänglichen Schwanzschlägen auf seine Zeltwand auch keine andere Wahl. Das ist ein weiteres Morgenritual, das ich liebe! Ich höre Daves verschlafenes Murren aus dem Zeltinneren, aber sehr bald darauf schält er sich daraus hervor, streckt sich und geht schnurstracks zum Kaffee, der, von der guten Fee bereits gemacht, auf ihn wartet. Nun ist das Wissenschaftsteam vollständig, wenn auch noch nicht vollständig einsatzbereit. Während wir gemeinsam ausgiebig frühstücken, studieren wir die Karten unseres 1200 Quadratkilometer großen Forschungsgebiets. Wir arbeiten im Auftrag des Miistakis Instituts. Das an die Universität von Calgary angehängte Institut hat seinen Forschungsschwerpunkt im Bereich Umweltfragen in den ungeschützten Gebieten von Südwest-Alberta. Es besteht aus einem interdisziplinären Team junger Wissenschaftler unter der Leitung von Professor Dr. Mike Quinn. Ich fühle mich sehr wohl in dieser Gemeinschaft. Mike hat mich im Frühling direkt von meiner

Forschungsarbeit in den Prärien angeheuert. Es war einer der wenigen perfekten Übergänge von einem abgeschlossenen in ein neues Projekt. Zunächst war ich alleine, aber es war von Anfang an klar, dass ich Verstärkung brauche. Die kam dann in Form von Dave. Wir haben uns schon flüchtig gekannt, unsere Wege hatten sich im Zuge des Wolfsmonitorings im Kootenay-Nationalpark gekreuzt. Wir können sehr gut miteinander.

Es wird ein schöner Sommer. Vielleicht mein schönster. Ich liebe diese Landschaft. Und mein »Heim«, unseren wilden Zeltplatz direkt am Abbruch zum Livingstone River, der sich hier ungefähr dreißig Meter tief eingegraben hat. Lachend beantworte ich die Frage, wo ich denn wohne, mit: »Highway 40 – Forestry Trunk Road, km 46.« Entlang der staubig-schottrigen Forststraße gibt es, wie bei allen Forststraßen, jeden Kilometer eine kleine Kilometeranzeige, damit man sich gegenseitig zufunken kann, wo man sich gerade befindet beziehungsweise – noch wichtiger – via Funkgerät erfährt, wo einem in Kürze ein Truck entgegendonnern wird. Dann kann man hoffentlich noch rechtzeitig ausweichen. Also, bei »km 46« für diesen Sommer. Zwischen zwei Aspen haben wir eine Plastikplane gespannt und darunter unsere Küche eingebaut. Dave ist sehr praktisch veranlagt. Er ist ein erfahrener Camper und weiß auch, wie man eine Wohnungseinrichtung ohne vier Wände oder viel Zubehör zusammennagelt. Nur das Problem mit unseren Essensresten können wir nie ganz zufriedenstellend lösen. »Km 46« liegt mitten im Bärengebiet – und zwar von Schwarz- und Grizzlybär. Ein Besuch dieser Pelztiere ist damit vorprogrammiert. So stopfen wir zwar jeden Morgen nach dem Frühstück alles Essbare in unsere Autos, aber so ganz bärensicher ist unser Camp nie. Aber vielleicht schreckt Nahannis Präsenz und Duft die »Tierchen« genug ab. Oder eben die donnernden Trucks. Jedenfalls haben wir keinen Bärenzwischenfall im Camp. Sehr wohl aber tagsüber während unserer Arbeit: Dave und ich betreuen vierundzwanzig Kamerafallen, die wir systematisch an Bäumen entlang der Wildwechsel und an den parallel dazu verlaufenden ATV-Wegen aufhängen.

So schön der Livingstone ist, so sehr steht das Gebiet unter Druck: Riesige Holzeinschläge vernichten nicht nur Lebensraum, sie hinterlassen auch Forststraßen in die tiefsten und bis dahin noch sehr wilden Täler. Suchtrupps für Erdgasvorkommen und sogenannte »seismic lines« schneiden schnurgerade Öffnungen kreuz und quer in die Landschaft, entlang derer die Gegend nach absichtlich herbeigeführten Bodenerschütterungen auf Erdgasvorkommen untersucht wird. Breit genug, dass sie ein ATV bequem benutzen kann. Und davon gibt es hier, vor allem in den Sommermonaten und den Wochenenden, Tausende.

Die vierrädrige, extrem geländegängige Maschine ist eines der beliebtesten Spielzeuge der Albertaner. Sie ziehen sie hinter ihren meist monströsen Wohnmobilen auf eigenen Trailern bis in die letzten Winkel des Livingstones. Oft vier Stück für eine vierköpfige Familie: Kinder-ATVs sind der Hit bei den Kleinen. Sie parken wild am Fluss, wo auch immer Platz ist, laden ab und los geht der moderne Familienausflug in die Natur. Die Kinder tragen Helme, sie hören, sehen und riechen nichts außer Motorenlärm, ihr Lenkrad und den Auspuffgestank. Dann fahren sie wieder heim. Das war ihr Naturerlebnis. Es macht mich jedes Mal extrem traurig, wenn so ein Familienausflug an mir vorbeidröhnt. Die Motoren sind oft Zweitakter, extrem laut und umweltverschmutzend. Wenn es das ist, an was sich die Kinder erinnern, wenn sie erwachsen sind und an ihre Naturbeziehung denken, dann sorge ich mich sehr um unsere Umwelt. Denn was haben diese Kinder tatsächlich von der Natur mitbekommen, auf ihren ATVs mitten durch die Natur rasend und doch so weit entfernt? Nicht den süßlich-warmen Geruch des subalpinen Nadelwaldes, in dem sie ihr Wochenende verbracht haben, auch nicht die vielen Vogelstimmen, die wie das »Facebook des Waldes« ständig von den unterschiedlichen Momenten erzählen, mal aufgebracht, mal leise, mal heiter, mal ärgerlich. Und sie werden sich auch nicht an Wildtiere erinnern können, denn die haben sich bei so viel Lärm schon lange zurückgezogen.

Was werden diese Kinder als Erwachsene darunter verstehen, wenn es darum geht, natürliche Lebensräume zu erhalten? Was werden sie als schützenswert ansehen? Und was wird ihnen fehlen, falls es für immer verloren geht? Dinge, die sie nie mit den eigenen Sinnen wahrgenommen haben, werden ihnen immer entfernt und fremd sein. Sie werden ihnen egal sein.

Umgekehrt wird sich die Natur sehr gut und sehr lange an ihren Besuch erinnern: Sie hinterlassen in ihr Narben, die – wenn überhaupt – erst nach langer Zeit wieder heilen können: tiefe Erosionsrinnen in jahrtausendealten Mooren und an steilen, nur mit dünnem Humus bedeckten Hängen, großflächige Abschürfungen an Wurzeln, neue Wege – mit der Motorsäge von Daddy ausgeschnitten. Wenn sie wieder daheim sind, dann haben die Kinder von ihren Eltern gelernt, wie sie die Natur ausnutzen können. Nicht, wie ihnen die Natur nützen kann. Ja, es macht mich traurig, genau hier im Livingstone Zeuge dieser schon so weit fortgeschrittenen Naturentfremdung zu sein.

Während ich die ATV-Trails entlangwandere, fühle ich mich wie ein Alien, so ganz ohne Motor, nur mit Wanderschuhen, leise und langsam. So sehen mich auch viele der ATV-Fahrer: Sie bleiben stehen und sind neugierig, warum ich da »wandere«? Fragen, ob denn mein ATV eine Panne hätte und ob ich Hilfe bräuchte. Jedes Mal denke ich mir: Hey, ihr seid ja ganz nette Menschen, wie kommt es, dass ihr gegenüber der Natur so gedankenlos seid? Wir sind doch alle eins. Verbunden mit allem, was ist. Aber dann stoppe ich meine eigenen Gedanken und erinnere mich daran, dass wir in einer Fun-Gesellschaft leben, die den eigenen Spaß über alles andere stellt, ohne Konsequenzen, ohne Verantwortung, vielleicht sogar ohne Rücksicht. Fun ist die zeitgemäße Übersetzung von falsch verstandener »Freiheit«. Ich darf alles, was mir Spaß macht. Und davon braucht man immer mehr, immer intensivere Erlebnisse. Bis zum Thrill, zum extremen, zum totalen Risiko. Zur gleichen Zeit prangt im nicht allzu weit entfernten Canmore in der Auslage eines Sportartikel-Shops ein großes Plakat. Es zeigt einen cool gestylten Kletterer, der einhändig in einer vertikalen Wand hängt. Daneben der zweideutige Werbespruch: »I don't need friends.« Die Zeichen der Zeit.

Ich komme an den GPS-Punkt, den wir im Camp auf der Karte nach einem ausgeklügelten Zufallsprinzip bestimmt haben. Dort hänge ich eine erste Kamerafalle auf. Dann gehe ich im rechten Winkel vom ATV-Trail in den Wald, bis ich auf einen gut frequentierten Wildwechsel stoße, dort hänge ich eine zweite Kamera auf. Die dritte soll dann an einem weiteren Wildwechsel aufgebaut werden, der sich mindestens zweihundert Meter vom Hauptweg entfernt befindet. Nach zwei Wochen werde ich sie wieder herausholen und nach gleichem Muster an einer neuen Stelle errichten. So weit die Untersuchungsmethode. Unsere Fragestellung dazu? Wir wollen herausfinden, inwieweit der motorisierte Tourismus Auswirkungen auf das Verhalten der heimischen Wildtiere hat. Fühlen sie sich dadurch gestört? Wenn ja, in welchem Ausmaß? Ziehen sie sich zurück? Verlassen sie die Gegend? Viele relevante Fragen. Wichtig deswegen, weil kein Ende des ATV-Booms absehbar, sondern eine starke weitere Zunahme zu erwarten ist.

Die Region vor den Toren der Millionenstadt Calgary bekommt diesen Trend ganz massiv zu spüren. Die ATV-Industrie ist Milliarden Dollar schwer und hat eine dementsprechende Lobby. Nur mit harten Fakten und unbestechlichen Daten hat man vielleicht eine kleine Chance, diese Entwicklung zumindest ein bisschen regulieren zu können. Mit ausgewiesenen Ruhezonen zum Beispiel. Diese Daten sollen uns die Kameras liefern: Sie machen Fotos von allem, was sich an ihnen vorbeibewegt und ihren Infrarotstrahl durchbricht: Wildtiere, Reiter, Jäger und natürlich alle motorisierten Gefährte. Und Kühe, Kühe, Kühe … Zugleich speichern sie Informationen über die genaue Uhrzeit und Wetterdaten für jedes einzelne Bild.

Jeden Abend sitzen wir vor einer Unmenge an Daten, die nach einem langen Tag im Feld dann auch noch in den Computer eingehämmert werden will. Aber das Herunterladen der Bilder ist immer das Highlight jeden Tages, es ist wie Weihnachten und Ostern zusammen: Was wird wohl diesmal darauf auftauchen? Viele leere Rahmen, fehlgetriggert durch Zweige, die sich im Wind bewegen, oder durch Regentropfen. Oder aber durch zu schnell vorbeilaufende oder -fahrende Dinge. Diese Geheimnisse werden wir nie auflösen. Aber es bleiben trotzdem viele Tausende Bilder, die uns in das wilde Leben der Gegend einweihen. Was wir finden, ist verblüffend: alle nur erdenklichen Tierarten der Rockies, außer dem extrem seltenen Bergkaribu, das es nur noch als Miniherde von fünf Exemplaren weiter nördlich in der Nähe von Jasper gibt. Sonst alles: mit Elch, Wapitihirsch, Weiß- und Schwarzwedelhirsch, Schneeziege und dem Rocky-Mountain-Bighornschaf alle vier Huftierarten, mit Schwarz- und Grizzlybär, Wolf, Kojote, Fuchs, Puma, Luchs und Bobcat die vollständige Große-Beutegreifer-Garnitur und mit Wiesel, Marder, Dachs und Vielfraß alle heimischen Marderartigen. Dazu Wildkaninchen, Schneehase, Eich- und Streifenhörnchen und eine Vielzahl an Vogelarten. Und viele von ihnen mit sehr unterhaltsamen Gesichtern, wenn sie so in die Kamera glotzen.

Damit war aber auch klar, dass diese Kameras nicht gänzlich unbemerkt funktionieren, so wie es die Hersteller versprechen. So finden wir auch eine Kamera mit einem schönen Loch im Objektiv; ihre letzten Bilder zeigen einen sich nähernden Schwarzbären. Eine andere hängt windschief am Baum auf der Böschung einer Schotterstraße, die Batterieabdeckung liegt samt Batterien am Boden. Ihre letzten Bilder zeigen eine neugierige Wapitihirschkuh, die plötzlich vom Schotterweg abweicht und schnurstracks auf die Kamera zuklettert. Dann sieht man nur noch ihr Maul. Wie sie die Batterien herausbekommen hat, bleibt ihr kleines Geheimnis. Die Bilder der Nacht sind in Schwarz-Weiß, und der angeblich auch für Wildtiere unsichtbare Infrarotblitz scheint viele Tiere doch zu irritieren. Und uns frustriert es, wenn wir nur einen Hauch von irgendeinem Körperteil erkennen, es beim besten Willen einfach nicht identifizieren können und das Bild mit einem Seufzer in den Papierkorb werfen müssen. Da ist es in guter Gesellschaft mit den mehreren Tausend Kühen, die sich oft stundenlang genau vor einer unserer Kameras aufgehalten haben, arrogantes Volk. Sie haben uns deswegen viel Zeit, Nerven und Speicherplatz gekostet. Aber draußen in der Landschaft auch viel Schmunzeln verursacht.

Was bleibt, wird gegenübergestellt: Wann waren wo ATV und Co unterwegs versus wann fanden Wildtierbewegungen statt? Gibt es Korrelationen zwischen den beiden Datensätzen? Hinweise auf Ursache-Wirkung-Zusammenhänge? Auf eine Veränderung des Wildtierverhaltens unter Einfluss der motorisierten Aktivitäten? Den ganzen darauffolgenden Winter sitze ich vor den großen Tabellen und versuche Antworten herauszufiltern.

Obwohl die Datensammlung noch zwei weitere Sommer- und Herbstsaisons andauert, können wir keine eindeutigen, statistisch abgesicherten Ergebnisse liefern. Dafür verschwinden zwei unserer Kameras spurlos. Unsere Studien sind anscheinend nicht im Interesse aller.

Das Problem ist nicht so sehr der Datensatz. Vielmehr finden wir in der Gegend keine Fläche ohne ATV-Aktivitäten mehr, die groß genug wäre, um uns als Kontrollfläche zu dienen. Kommen wir zu spät? Die Antwort wird uns wohl vorläufig vernebelt bleiben. Aber der Morgennebel lichtet sich immer irgendwann. Man muss ihn nur lange genug beobachten.

Begegnungen

Frühsommer 2004 Aus Effizienzgründen teilen Dave und ich jeden Morgen unsere Arbeit auf. Wir sind tagsüber auf uns allein gestellt, wissen aber zumindest, wo sich der andere ungefähr aufhält. Nachdem Dave einmal einem Grizzlybären begegnet ist, hat er, wenn er alleine ist, ein mulmiges Gefühl. Deshalb sind wir danach für ein paar Tage zusammen unterwegs. Aber mit jeder Stunde mehr, die man draußen verbringt, wird man vertrauter und gelassener, und so trennen sich tagsüber sehr bald unsere Wege wieder. Ich bin ja eigentlich nie alleine, habe Nahanni immer an meiner Seite. Sie ist die kompetenteste Kollegin, die ich mir erträumen kann. Sie öffnet mir die Natur um mich herum, ist meine Dolmetscherin in vielen Belangen. Zeigt mir an, ob ein Geräusch es wert ist, es weiter zu verfolgen, und weist auf wichtige Gerüche hin. Sie ist die Erweiterung meiner Sinne. Und unersetzlich. Nur bei direktem Wolfskontakt und wenn ich ein Flugzeug benutzen muss, lasse ich Nahanni zu Hause.

Wir wandern einen ATV-Trail entlang, als plötzlich ein Grizzlybär um die Wegbiegung trottet. Mir stockt der Atem, obwohl ich natürlich weiß, dass ein solches Zusammentreffen jederzeit möglich ist. Wahrscheinlich kommen in solchen Situationen die menschlichen Urängste wieder ins Spiel, ein unterbewusster Erlebnisspeicher innerhalb unserer Art. Hunde haben einen anderen Zugang dazu. Und auch wenn in all den Touristen-Informationsbroschüren bei Bärenbegegnungen etwas anderes empfohlen wird: Meine Nahanni lasse ich weiter frei laufen. Sie ist ein Hund, der sehr eigenständig seine Entscheidungen trifft, und ich kann darauf vertrauen, dass sie das Richtige tut. Jetzt schnellt sie bellend nach vorne, sträubt ihre Nackenhaare, springt steif und aufrecht mit allen vieren vor dem Bären auf und ab. Der bleibt stehen, schaut verdutzt, dreht sich um und galoppiert in die Richtung, aus der er gerade gekommen ist. Nahanni verschwindet an seine Fersen geheftet. Ich höre es krachen im Busch, dann kommt sie hechelnd, aber stolz zurück. Ich lobe sie. Wir müssen trotzdem genau in dieselbe Richtung, in die der Grizz verschwunden ist. Ich verwende daher meine bevorzugte Methode, um eine weitere Begegnung zu vermeiden: Ich spreche laut, klar und mit ruhiger Stimme den Bären – da irgendwo im Gebüsch – an. Ich erkläre ihm, warum wir nochmals an ihm vorbeimüssen und dass wir ihn in Ruhe lassen werden. Nahanni bleibt für die nächsten Minuten an der Leine.

Ein paar Jahre zuvor hatte ich eine sehr beunruhigende Begegnung mit einem Schwarzbären. Und ich wünsche mir nicht, so etwas Ähnliches jemals wieder erleben zu müssen.

Es ist mein erster Sommer im kanadischen Küstenregenwald. Ich bin alleine unterwegs, ohne Nahanni. Es regnet stark, und ich bin weit ins Inselinnere vorgestoßen. Wie fast überall in diesem Gebiet ist der Unterwuchs sehr dicht, die Sicht daher sehr eingeschränkt. Ich höre noch ein Knacksen, dann steht er schon vor mir: ein großer Schwarzbär – mit dem Kopf nach unten. Das ist nicht gut. Diese Position bedeutet, dass er mich bereits wahrgenommen hat, aber nicht geflüchtet ist. Ich fange an, ihn anzusprechen. Und ihm zu sagen, dass ich auf dem Rückzug bin. »Ich will nichts von dir. Sorry, wenn ich dich gestört habe. Ich bin eh schon wieder beim Zurückgehen.« Der Bär zirkelt um mich herum, dann folgt er mir. Ich bekomme dieses unheimliche Gefühl einer ganz nahen Bedrohung. Ich beginne zu singen. *Hey Jude* von den Beatles, rauf und runter, ohne zu stoppen. *Hey Jude* galt zum Zeitpunkt der Veröffentlichung 1968 mit über sieben Minuten als längste Single aller Zeiten. Ich empfinde einige der längsten Minuten meines Lebens. Der Bär verfolgt mich, er ist nicht mehr nur neugierig, das ist jetzt klar. Schaltet er eindeutig auf Beutezug um, muss ich schnell handeln. Regelmäßig drehe ich mich nach ihm um. Immer noch da und immer näher.

Ich versuche meinen Projektleiter Chris auf dem Funkgerät zu erreichen. Er meldet sich.

»Chris, ein Schwarzbär ist hinter mir her, ich bin auf der linken Flussseite oberhalb des Wasserfalls.«

»Lass den Bär nicht aus den Augen und kreuze sofort den Fluss. Ich komm dir dort auf dem Wildwechsel entgegen.« Seine Stimme klingt besorgt.

Der Regen wird stärker, ich sehe den Bären schlecht, singe noch lauter. Dann erreiche ich den Fluss. Ohne Schwierigkeiten kann ich ihn queren. Der Bär bleibt unentschlossen am Ufer stehen. Ich will gar nicht wissen, ob er auch ins Wasser steigt. Sobald ich auf dem Wildwechsel bin, renne ich nur noch den Hang hinunter. Auf Höhe einer großen Fichte treffe ich auf Chris. Er nimmt mich kurz in seine Arme, aber lange genug, dass ich merke, wie erleichtert auch er ist. Der Bär folgt mir nicht mehr. Für ein paar Augenblicke stehen wir gemeinsam, am großen Baumstamm angelehnt, einfach nur da.

Bären sind intelligente Tiere und entwickeln Persönlichkeiten mit unterschiedlichstem Charakter. Ich gehe nie davon aus, dass es eines der Tiere von Haus aus auf Menschen abgesehen hat. Warum sollte es auch? Bären sind Allesfresser, ernähren sich aber zu über 75 Prozent pflanzlich. Die Bären an der Küste haben einen höheren Eiweißkonsum, aber der schwimmt ihnen drei Monate lang fast ins Maul. Es gibt Lachse im Überfluss. Während dieser Zeit werden die Einzelgänger auch recht gesellig und tolerieren mehrere Artgenossen in ihrer Nähe. Und als Mensch muss man sich in dieser Zeit keine allzu großen Sorgen machen, wenn man ihnen mit Respekt begegnet. Schwarzbären haben aber den Ruf, aggressiver als Grizzlybären zu sein.

In British Columbia hat sich im letzten Jahrzehnt ein regelmäßiger Bärentourismus entwickelt, der Gäste aus der ganzen Welt in sogenannte »bear watching lodges« lockt, von wo aus sie dann auf ganz bestimmte Plattformen gebracht werden, um die fischenden

Bären ungestört für beide Seiten aus nächster Nähe beobachten zu können. Sowohl die Betreiber dieser Betriebe als auch die Umweltschützer dürfen stolz sein auf das Faktum, das in British Columbia diese Art der Bärenvermarktung inzwischen mehr Steuergelder einbringt als die zerstörerische Grizzlybärenjagd. Ganz abgesehen von dem eindrucksvollen Erlebnis, diesen Giganten in friedlicher und sicherer Athmosphäre so nahe sein zu können. Somit sind wieder einmal die Tiere selbst ihre besten eigenen Botschafter für ein mögliches Miteinander. Dean Wyatt, der Besitzer der marktführenden »Knight Inlet Lodge« meint dazu in einem Bericht der Raincost Conservation Society: »Meine Gäste schießen die Bären mindestens zwanzigtausendmal pro Jahr, aber mit dem Fotoapparat.« Wyatt machte im Jahr 2007 allein mit seinem Unternehmen über 3,1 Millionen kanadische Dollar (CAD) Gewinn. Auf seinem Gelände halten sich etwa dreißig Bären auf, der Wert eines Bären kann daher mit hunderttausend CAD bemessen werden. Im Vergleich dazu dürfen Jäger, Jagdführer und ihre Gäste mit behördlicher Genehmigung in British Columbia jährlich bis zu 320 Grizzlybären abschießen. Diese Jagd bringt 3,3 Millionen CAD ein, pro Bär 10 300 CAD, also ein Zehntel des Wertes einer ökologischen Bear-watching-Ökonomie. Das sind natürlich nur ungefähre Schätzungen, aber sie geben einen eindeutigen Hinweis auf die Wahrheit dahinter: Ein lebendiger Bär ist viel mehr wert als ein toter. Und nicht nur rein wirtschaftlich gesehen.

Der viel schwieriger abzuschätzende Wert für das Ökosystem und vor allem der emotionale Wert des Erlebnisses, den jeder Mensch, der einmal einem der großen Bären so nahe war, für immer mit sich trägt, ist da noch gar nicht berücksichtigt. Angesichts solcher Fakten verstehe ich nicht, dass die Jagd auf Grizzlybären überhaupt noch geduldet wird. Typischerweise wird das angeköderte, also angelockte Tier einfach vom Hochsitz aus geschossen. Wer sich dabei stolz und mutig fühlt, ist nur noch bedauernswert.

Ian McAllister gilt als einer der besten Grizzlybärenexperten, seine Anekdoten über Begegnungen mit dem »great bear«, wie man den Grizz auch nennt, überzeugen, weil sie so passiert sind. Und die Elders – die Alten der einheimischen Küstenindianer – erzählen, dass früher die oft schmächtigen Frauen zur Zeit der Beerenernte in den Wald gegangen sind und dort Seite an Seite mit den großen Braunen ihre Früchte gesammelt haben. Wenn sie sich zu nahe gekommen sind, dann haben die Indianerinnen in ihrer traditionellen Sprache mit den Bären geredet. Und die Bären haben erkannt, dass von diesen Menschen keine Gefahr ausgeht. Ähnliches stellt Ian fest: Nach seiner Theorie reagieren Grizzlys von vornherein aggressiver, wenn sie auf einen Jäger stoßen oder einem Menschen mit einem Gewehr begegnen. Möglicherweise nehmen sie mit ihrem ausgezeichneten Geruchssinn das Metall oder andere Teile der Waffe wahr, die sie eindeutig zuordnen können, und fühlen sich dann bedroht. Oder der Waffenbesitzer signalisiert dem Bären im Bewusstsein seiner Waffe, vielleicht auch unbewusst, seine Dominanz und Gefährlichkeit. Oder – der Bär *fühlt* die allzu selbstsichere Einstellung des bewaffneten Menschen.

Seit der italienische Neurophysiologe Dr. Giacomo Rizzolatti und sein Team 1995 ihre Entdeckung der sogenannten Spiegelneuronen – untersucht an Primaten – offiziell vorgestellt haben, haben wir endgültig den Beweis, dass nonverbale Kommunikation ganz reale und nachvollziehbare Reaktionen beziehungsweise Emotionen im Gehirn des Gegenübers auslösen kann. Obwohl noch nicht an anderen Tierarten erforscht, ist es für mich evident, dass diese Fähigkeit nicht nur bei Primaten, sondern auch bei vielen anderen höherentwickelten Säugetieren vorhanden ist. Vor allem bei jenen, die in hochsozialen Gruppen leben, wie die Wölfe, und in jenen, die sich gegenseitig gefährlich werden können, wie eben Bären. Es wird sicher sehr spannend werden, was in diesem Forschungsfeld in den nächsten Jahren noch entdeckt wird. Für mich ist klar, dass der bekannte Spruch »Wie man in den Wald hineinruft, so schallt es heraus« eine alte Weisheit in sich trägt, die man vor allem gegenüber den sensiblen Wildtieren mit ihren feinen Antennen nicht ignorieren sollte. Die First Nations in Nordamerika haben wie alle Naturvölker diese Erfahrung in ihre Legenden, Religionen und schließlich in ihren Alltag eingebaut.

So steht auch der Heiltsuk-Indianer Lone Wolf einmal in seinem neonorangen Regenanzug mitten im Wolfsgebiet. Er trägt das totale Gegenteil eines Camouflage-Outfits, also das Gegenteil dessen, was wir für angemessen halten würden. Als ihn Chris vorsichtig darauf anspricht, hat Lone Wolf schnell eine überzeugende Antwort parat: »Nobody wanna be sneaked on.« Also: »Niemandem gefällt es, angeschlichen zu werden.« Er meint: Es ist viel ehrlicher und zielführender, sich den Tieren offen zu zeigen. Lone Wolf hat nichts weiter getan, als sich in die Tiere hineinzuversetzen und dann seine eigenen Gefühle auf sie zu übertragen: seine Ehrlichkeit und eine Art Gleichgültigkeit ihnen gegenüber. Haben die Tiere vielleicht auch genau diese Emotionen in sich aufkommen gespürt?

Auch ich hatte bei meinen sehr nahen Begegnungen mit Wölfen oft den Eindruck, dass sie meine Emotionen spüren können. Oder noch mehr. Dass sie mir etwas mit auf den Weg geben wollen, das mir bei der großen Herausforderung, die vor mir liegt, helfen wird.

Wolfspirit 5

Oktober 2005 Foothills Hospital, Tom Baker Cancer Centre, Calgary. Erstes Aufklärungsgespräch über die kommende Therapie in einem kleinen, nüchternen Raum ohne Fenster. Mutti, Phil, Mike und ich warten auf Dr. Easaw, meinen betreuenden Onkologen, und auf Dr. Sung, meine Radiologin für die nächsten Monate. Eine kleine, zarte und brutal realistische Asiatin kommt herein, stellt sich vor. »Wie viel willst du wissen?« »Alles.« Dann nennt sie mir die genaue Diagnose, die geplante Therapie und die Überlebensquote. Klar, sachlich, erschütternd. Und zuletzt der Satz: »But hope dies last.« Und draußen ist sie. But hope dies last. Ja, genau das ist es, Frau Doktor. DAS merke ich mir! Ich will keine statistische Nummer sein, ich umarme meine Hoffnung! Und plötzlich kommt es mir vor, als ob ich tief in mir drinnen einen Startschuss spüre. Das Rennen meines Lebens beginnt. Das Rennen UM mein Leben.

Wolfspirit, halte durch! Denn die Hoffnung stirbt zuletzt.

Jeder Schritt zählt – unterwegs in der Welt des Sports

Halte durch

Winter 1997 Wir leben, so lange wir hoffen. Oder: Nie aufgeben! Immer an das Ankommen glauben! Eine der größten Lehren aus dem Ausdauerspitzensport war wohl genau das für mich: Das Rennen ist erst vorbei, wenn die Ziellinie überschritten ist. Während eines fünfzig, siebzig oder gar neunzig Kilometer langen Schirennens hat man bei jedem einzelnen Meter erneut die Möglichkeit, den nächsten Schritt einfach nicht mehr zu machen und aus der Loipe zu steigen. Sich das nicht mehr antun zu wollen, diese Anstrengung bis hin zum Schmerz, und gleichzeitig zu wissen, dass diese Situation noch nicht so schnell zu Ende ist, dass es eher schlimmer wird; dass man mit jedem Schritt der Erschöpfung näher kommt – aber auch dem Ziel. Einen Großteil des Rennens diktiert der Körper die Bewegung, vor allem am Anfang; aber je länger es dauert, desto mehr schwinden die physischen Kräfte. Aber wir sind auch Geist und Wille. Und sie können die Führung übernehmen, sich dramatisch einklinken, wenn der Körper nicht mehr kann. Dann beginnt die Grenzerfahrung, ein Zustand, in dem man etwas Größerem in die Augen schaut.

Oft hat mein Wille in meiner Karriere meinen Körper über meine normale Grenze gepeitscht und jedes Mal diese Grenze ein bisschen weiter nach hinten verschoben. Mir ist einmal gesagt worden: »Pass auf, wenn du einmal ein Rennen aufgibst, dann wirst du das immer wieder machen. Du gewöhnst dich an das, was einfach geht.« Also wurde Aufgeben ein Tabu für mich. Einmal sollte ich dies auch büßen, und zwar beim traditionellen norwegischen Birkebeinerrennet: Ich war in der Gesamtwertung des Worldloppet, des Weltcups der Langdistanz-Schilanglauf-Rennen, bis dahin auf dem dritten Platz und hatte die Chance, noch weiter nach vorne zu kommen. Also flog ich nach Oslo und fuhr von dort nach Rena, einer kleinen Siedlung im Nirgendwo auf der einen Seite des Gebirges, das es im Rennen zu überwinden gilt. Auf der anderen Seite liegt Lillehammer, das Ziel. Dazwischen ein endloser Anstieg, ein weites einsames Plateau und danach eine lange Abfahrt in den Austragungsort der Olympischen Winterspiele 1994, Lillehammer. Die Abfahrt habe ich nie erreicht, da ich mitten auf dem Plateau aus der Loipe gestiegen bin, beim Rot-Kreuz-Punkt an der Kilometermarke 30 – von insgesamt vierundfünfzig Kilometer. Mehr war mit dem Fieber, mit dem ich schon angereist war, nicht mehr zu machen. Was ich nicht wusste, war, dass man von dort mit dem Auto nach Lillehammer zwei Stunden braucht. Man setzte mich – inzwischen stark fiebrig – in einen Fünfzig-Sitzer-Bus und sagte mir: »Wenn der voll ist, dann fahren wir alle nach Lillehammer.« Der Bus war noch leer. Stunden vergingen, und die Langläufer, die genau an diesem Checkpoint ihre Latten hinwarfen, blieben sehr rar. Inzwischen lernte ich in einer kleinen Holzhütte unweit vom Bus die norwegische Art der Fieberbekämpfung kennen: literweise tiefschwarzen Kaffee. Daneben lief ein kleines Transistorradio, das rauschend live vom Rennverlauf berichtete. Natürlich auf Norwegisch. Alles, was mir durch den Kopf ging, war: Ich muss zur Siegerehrung in Lillehammer sein – da dort auch die Siegerehrung der Gesamtwertung des Worldloppet-Cups stattfand und ich trotz allem noch Rang drei belegen konnte.

Für die Nachfahren der Wikinger war das aber kein Grund, den Busschlüssel früher umzudrehen, um mich rechtzeitig nach Lillehammer zu chauffieren. »Kannst ja ein Taxi nehmen«, lautete der emotionslose Vorschlag des Buslenkers. Zwei Stunden Taxifahrt in Norwegen? Das hätte mich mehr gekostet, als mein bescheidenes

Preisgeld für Rang drei abgeben würde. Endlich in Lillehammer angekommen, war alles vorbei. Und als ich den Präsidenten der Worldloppet-Organisation gerade noch am Rockzipfel erwischte, drückte er mir meinen Preisgeldscheck in die Hand, minus 25 Prozent, da ich bei der Siegerehrung nicht persönlich anwesend war.

Auch die Legende des so traditionsreichen norwegischen Birkebeiner-Loppet erzählt von der Wichtigkeit, niemals aufzugeben und bis zum Schluss zu hoffen: Ohne diese Einstellung wären wohl auch die Birkebeiner – die Kämpfer des Königs, die ihre Schienbeine mit den Rinden der Birke vor dem tiefen und oft schneidenden Schnee schützten – nicht an ihrem Ziel angekommen: Im Jahr 1205 tobte in Norwegen ein Bürgerkrieg. Um den kleinen Königssohn Haakon vor den rivalisierenden »Baglers« zu schützen, nahmen die Birkebeiner den kleinen Buben und brachten ihn über das Gebirge in Sicherheit. Bis heute müssen alle Teilnehmer des Birkebeiner-Rennens einen Rucksack mit 3,5 Kilogramm mittragen, das Gewicht des kleinen Königssohns.

Die großen Lehren des Nichtaufgebens überwiegen auch in meiner Geschichte. Transjurassienne 1997, der französische Worldloppet, zweiundsiebzig Kilometer: Regen in der Früh, später nasser Schnee, brutal langsame Bedingungen und bereits viele lange Rennen in dieser Saison in den Beinen. Eine große Schleife ist zu laufen. Papa steht einige Male am Straßenrand und betreut Boti, Mikhail Botwinov, und mich. Bei Halbzeit kann ich kaum noch einen Schritt vor den anderen setzen, und der innere Schweinehund bellt und schreit mir die Frage in meinen Körper: »Warum quälst du dich so, warum tust du dir das an? HÖR AUF!« Und das Verflixte ist, ich habe keine vernünftige Antwort darauf, kein schlagkräftiges Argument, weiterzumachen. Nur ein: »Weil ich schon mal dabei bin.« Es ist eine Art Delirium. Und das alarmiert mich, denn ich weiß, wie schnell sich das »Wurschtigkeitsgefühl« einschleicht, das gefährlichste aller Gefühle. Betäubend und willenraubend. »Nein, geh weg, verschwinde!« Ein Schritt, nur ein Schritt wär's, nicht nach vorne, sondern auf die Seite, hinaus aus der Loipe, hinaus aus dem Rennen, hinaus aus dem Kampf und Schmerz. Ich bleib im Rennen. Und langsam merke ich, dass es meinen Mitstreitern ähnlich geht, ja, teilweise geht es ihnen noch schlimmer. Ich fange an zu überholen, zuerst einen, dann noch einen und immer mehr andere Langläufer. Und irgendwann kreuze ich die Ziellinie. Als Zweite. Das sind wichtige Punkte für den Gesamt-Weltcup. Noch nie war ich so knapp vor dem Aufgeben. Noch nie glaubte ich, so sehr an meine äußersten Grenzen herangekommen zu sein. Und trotzdem war ich angekommen und sogar als Zweite. Was diese Erfahrung acht Jahre später für eine immense Bedeutung für mich haben wird, konnte ich in diesem Augenblick nicht ahnen.

Wolfspirit 6

Oktober 2005 *Ich will wieder gesund werden. Ich verspreche mir selbst, nicht aufzugeben, durchzuhalten. Ausdauer ist etwas, das ich gelernt habe, nicht zuletzt von den Wölfen. Sie sind die Ausdauerathleten im Tierreich. Sie können mit einer Durchschnittsgeschwindigkeit von acht Stundenkilometern bis zu hundert Kilometer am Tag zurücklegen. 1500 Kilometer und mehr entfernen sie sich von der Heimat. Dabei können sie unüberwindbar scheinende Hindernisse oder Barrieren doch immer wieder unbemerkt meistern. Je weiter die Wölfin von ihrem Familienverband wegzieht, desto größer wird die Gefahr für sie, nie wieder heimkehren zu können: Auf ungewissem Terrain lauern viele Gefahren, die sie nicht kennt und die sie im Schutz des Rudels nie erfahren oder von ihren Eltern lernen konnte. Aber sie hält durch. Ausdauer ist wohl eine der legendärsten Eigenschaften der Wölfe. Es ist die Fähigkeit, sich einer Sache bedin-*

gungslos zu widmen. *Beharrlich einem Ziel zu folgen, geduldig seinen Weg zu gehen und sich mit Vertrauen nach vorne zu bewegen. Das Wichtigste und zugleich Schwerste ist: Es braucht Zeit. Zeit, die nicht mit dem Minuten- und Sekundenzeiger gemessen wird, sondern mit der Entwicklung des eigenen Charakters. Ausdauer ist Charakterbildung. Zu Beginn steht das Unerfahrene, das Unreife. Es definiert den Wunsch, irgendwann anzukommen. Dazwischen liegen das Lernen, das Reifen. Der eigentliche Weg.*

Wenn ich stundenlang den Spuren der Wölfe folge, erzählen mir ihre zielstrebigen Wege von ihrer Ausdauer und ihrer Suche nach Beute, meist weit außer ihrer Sichtweite, nach Erfolg hinterm Horizont. Es ist zwar unmöglich, anhand eines einzelnen Pfotenabdrucks einen Wolf eindeutig von einem Hund zu unterscheiden. Folgt man aber der Spur eine Weile, dann weist das geradlinige Muster der einzelnen Trittsiegel bald einen ausdauernd trottenden Wolf nach: Effizient bewegt er sich durchs Gelände und lässt sich kaum von seiner Route ablenken.

Bei meinem Bewerbungsinterview für meinen ersten Job in der Wolfsforschung merke ich sehr schnell, dass Ausdauer auch ein ganz wichtiges Attribut eines guten Feldbiologen ist. Psychische wie physische Ausdauer. Was Letzteres betrifft, waren meine Werte bei sportmedizinischen Untersuchungen immer sehr gut. Ich habe einen außergewöhnlich hohen VO_2max-Wert. Das heißt, dass meine Lunge einen sehr hohen Anteil an Sauerstoff aufnehmen kann. Die Voraussetzung für gute Ausdauerleistungen. Auch wenn mir diese sportmedizinischen Untersuchungen immer ein Gräuel sind, sie zeigen doch gewisse nützliche Eckdaten an. Sonst minimiere ich technische Kontrollen. Ich glaube an die Weisheit in meinem Körper und über die Jahre lerne ich beides, ihn zu verstehen und ihn zu quälen.

Natürlich trainiere ich anfangs auch mit dem Pulsmessgurt um die Brust und mit dazugehöriger Pulsuhr am Handgelenk. Das Ding verleitet aber viel zu sehr zur Technikgehorsamkeit und -abhängigkeit.

Viele verlassen sich auf die digitalen Zahlen an ihrem Handgelenk wie ein Autofahrer auf seine Umdrehungszahl am Armaturenbrett. Wir sind aber keine Maschinen, wir sind Menschen, die nicht auf eine Zahl reduziert werden können. Wir sind Gefühlswesen. Aber wir können auch lernen und verlernen. Daher trainiere ich nicht nur meinen Körper, sondern auch mein Gefühl für die jeweilige Belastungsintensität. Ich lerne mich einzuschätzen. Und ich kann auf kein einziges Rennen zurückblicken, bei dem ich meine Leistung gegen Ende hin habe stark einbüßen müssen. Audauer heißt auch, bis zum Schluss mit seinen Kräften voll da zu sein.

Wie der Wolf, der seine Beute mit großer Ausdauer verfolgt und der nach Stunden oder sogar Tagen noch immer Kraft für den Endspurt, den Jagderfolg, hat. Ich nehme mir den Wolf zum Vorbild. Ich gebe nicht auf.

Waldrand

Sommer 1981 Endlich ziehen wir in unser neues Haus ein. Es ist ein Holzblockhaus und duftet so wunderbar nach Wald. Die großen Bäume gleich dahinter sind dick verschneit. Meine Eltern haben den ganzen Sommer gemeinsam mit Freunden, Bekannten und den neuen Nachbarn am Bau geschuftet. Nun steht es da, unfertig, aber für gut genug befunden, um einer fünfköpfigen Familie ein neues Zuhause zu sein. Außerdem ist morgen Weihnachten. Das neue Haus wird das beste Geschenk überhaupt sein. Es schneit dicht, und die steile Auffahrt zu der kleinen Siedlung oberhalb der Dächer von Radstadt wird zum ersten Mal eine große Herausforderung für alles, was vier Räder hat. Sogar der Traktor vom Kaswurm-Bauern hilft mit, die wenigen Möbelstücke aus der Mietwohnung im Talgrund in die neuen, luftigen Höhen am Hang des

Rossbrands hinaufzuhieven. Es ist alles so spannend für uns drei Kinder. Meine Schwester Gerhild und ich sind gerade mal dreizehn Monate auseinander, Gerhild ist zehn, ich neun, mein Bruder Volker sechs.

Bereits den ganzen Sommer sind wir auf der Baustelle herumgeturnt, waren mehr zusätzliche Belastung als Hilfe – das ist sicher –, vor allem für unsere Mutti. Irgendwann bricht Volli – wie Volker gerufen wird – durch die behelfsmäßig montierten Deckenbretter und stürzt auf den Beton. Er hat schon wieder ein Schutzengerl gehabt. Eines von vielen. Aber eigentlich sind wir sowieso viel lieber im Wald unterwegs. Der fängt am Grundstück meiner Eltern an, gleich hinter dem neuen Haus. Und das finden wir alle am spannendsten. Von nun an wohnen wir am Waldrand. Und die Nachbarkinder sind alle ungefähr in unserem Alter: mindestens neun weitere Spielkameraden mit viel Erfindergeist und Entdeckungsdrang. Die Nachmittage verbringen wir vor allem im Wald. Indianer jagen Cowboys jagen Indianer jagen Cowboys jagen Räuber jagen Polizisten jagen Räuber … Einmal binden mich die Cowboys so fest an einen Baum=Marterpfahl (ich will immer eine von den Indianern sein), dass ich noch lange Blutergüsse mit mir herumtrage. Toll ist auch das Pferdespiel: Die einen sind die Pferde, die anderen die Reiter, die die Pferde an langen Seilen, pardon: Zügeln, durch den Wald kommandieren. Oder das Hundspiel: dasselbe wie das Pferdespiel, nur dass die »Hunde« nicht wiehern, sondern eben bellen und Haxerl heben müssen. Später stellen wir uns tapfer unseren »Feinden« aus anderen Bereichen der Stadt in Schlammschlachten und suchen ihre geheimen Waldverstecke.

In der Hauptschulzeit kommt schon ein bisschen »Systematik« in den Waldaufenthalt. Wir werden zu Limnologen, die penibel jeden Tag den Wasserstand des kleinen Bächleins messen. Daneben sind wir auch Kakteensammler, Kaulquappenzüchter, Schildkrötenbesitzer und Transektbegeher. Letzteres nennen wir zu dieser Zeit

»Barfuß-entlang-einer-geraden-Linie-durch-den-Wald-gehen«, es ist die Krönung aller Aktivitäten, nur etwas für die wirklich Harten. Die »Kleinen« – zum Beispiel mein Bruder – können da natürlich auf keinen Fall mitmachen. Wobei sie sich jedoch bestens bewähren, sind die fast jährlichen Zirkusaufführungen und Theaterveranstaltungen im Garten der Nachbarn. Vollis Meisterauftritt als Kuckuck auf dem Dach des Gartenhäuschens wird für immer legendär bleiben.

Natürlich sind auch wir Kinder unserer Zeit: Wir spielen viel Playmobil – aber oft schleppen wir die Kisten in den Wald und bauen dort Forts und Schlösser und was sonst noch wichtig ist. Bei schlechtem Wetter verschlinge ich alle Bände von *Tina und Tini*, den zwei Freundinnen, die allen Kriminellen das Handwerk legen. So wie die *Fünf Freunde*. Und ich habe meine Pferdebücher, kann alle Rassen auswendig, wie es sich für ein Mädchen in diesem Alter gehört – und für eine zukünftige Pferdebesitzerin. Es gibt meiner Ansicht nach auch keine finanziellen Einwände, denn ich werde sowieso nie ein Auto zu kaufen brauchen, ich kann ja mit meinem Pferd überallhin. Meine Eltern denken etwas kleinräumiger: Schildkröte Elena erweitert unseren Familienverband. Auch sie gehört raus in den Garten. Papa bohrt ihr ein Loch durch das Außenende des Panzers und wir hängen eine lange Schnur dran, so kann sie den ganzen Sommer fast frei im Garten herumlaufen – so wie wir.

Aber einmal pro Woche habe ich einen Pflichttermin innerhalb der Hausmauern: Wenn wieder eine neue Geschichte vom *Mann in den Bergen* – oder *Grizzly Adams,* wie die Serie im Original auf Englisch heißt – im Fernsehen läuft. Sonst bleibt der Kasten meist ausgeschaltet. Seine Zeit kommt im Winter, wenn die ganze Familie gespannt so ziemlich alle Schirennen, die übertragen werden, live anschaut. Papa ist Schiklubpräsident, und das in einem Ort, der – wie kaum ein anderer – Spitzenwintersportler in allen Schidisziplinen, also Alpin, Langlauf, Schispringen, Biathlon und nordische Kombination, hervorgebracht hat und noch immer hervorbringt.

Radstadt selbst liegt eingebettet zwischen den nördlichen Kalkalpen und dem Alpenhauptkamm im Süden, in der sogenannten Flyschzone oder Grasbergregion. Und ist ein Schneeloch. So lebt die gesamte Region gut vom Wintertourismus. Damit der auch international bekannt bleibt, wird die eigene Jugend stark in diesen Sportarten gefördert. Schifahren lernt hier sowieso jedes Kleinkind. Auch Mutti schleppt uns viel auf die Piste. Am Bügellift sieht das dann so aus: Gerhild schlittert neben Mutti, ich zwischen ihren Beinen, und Volli hängt eingeklemmt unter ihrem Arm. Die Legende besagt, dass sie in dieser Position einmal von einem deutschen Feriengast angesprochen wurde, ob sie das beruflich ausübe – er hätte auch noch zwei. Aber aus unbekannten Gründen sind ihr die drei eigenen genug. Mutti wird nicht müde, uns in zartem Kindesalter die Heimat von oben zu zeigen, wir sammeln kleine Gipfel wie andere Briefmarken. Sie hat das wiederum von ihrem Vati, der ist auch an jedem Wochenende nach der Arbeit mit Bahn und Rad in ein Tal reingefahren und dann die Berge raufgestiegen. Dort hat er dann immer seinen lebensfrohen Juchzer losgelassen, den wir Kinder später im Tal vor jedem vollen Schnitzelteller live von ihm hören.

Mutti ist außerdem ausgebildete Drogistin, was zu ihrer Zeit noch geheißen hat, alles, was grün ist und Heilwirkung hat, im getrockneten und zerbröselten Zustand zu erkennen. Auch das geht nicht spurlos an uns vorüber. Na ja, Volli kann sich dem »Thrill« der Bröselbotanik ohne große Anstrengungen entziehen.

Im Winter sind wir auf Schiern unterwegs. Zuerst alpin – klar, aber mit zwölf steige ich endgültig aufs Langlaufen um: Wir sind eine schon fast eingeschworene kleine Gruppe, laufen im Wald, machen Bergtouren. Mir sagen die Art des Trainings und die Atmosphäre sehr zu. Unser Trainer, der »Schinderhannes«, wie wir ihn liebevoll nennen, weiß nicht nur, wie man kleine Teenager durch den Wald jagt, sondern vor allem, wie man sie motiviert. So haben wir ein Teammaskottchen, das zu jedem Rennen mitgenommen und vom gesamten Team in die Luft geworfen wird, wenn einer von uns es aufs Podium geschafft hat. Der passende Teamsong dazu: *Aber bitte mit Sahne!* Im Winter 1985 steckt Hannes die ganze Truppe in den Schiklub-Kleinbus für einen Ausflug zu den Nordischen Weltmeisterschaften in Seefeld, Tirol. Ein Wahnsinn! Wir haben die Chance, die großen Ahtleten Gunde Svan und Grete Ingeborg Nykkelmo vielleicht sogar hautnah zu sehen! Der Papa von Dagmar und Bianca, zwei meiner »Teamkolleginnen«, arbeitet als Schiservicemann für eine große Schifirma aus dem Nachbarort. Er organisiert uns doch tatsächlich ein Treffen mit Grete Ingeborg Nykkelmo, der norwegischen Starläuferin. Und wir kriegen eine unterschriebene Autogrammkarte. Während der Heimfahrt fange ich an zu träumen. Davon, wieder einmal zu einer Weltmeisterschaft zu fahren, aber dann nicht als Zuschauerin, sondern als Teilnehmerin, als ganz erfolgreiche Teilnehmerin, als die Beste überhaupt!

In den kommenden Wintersaisons arbeite ich mich konstant vom Bezirks- über den Landes- bis hin zum Austriacup und den österreichischen Meisterschaften vor. Mit dreizehn überrede ich meine Eltern, mich ins Schigymnasium Stams nach Tirol gehen zu lassen. Papa ist in seiner ruhigen, aber immer sehr unterstützenden Art dafür. Er selbst hat während seines Studiums auch Leichtathletik betrieben. Und lässt uns Kinder daher alles machen, was auch ihm ermöglicht worden ist. Mutti ist eher bremsend. Sie kommt aus einem Elternhaus, in dem sie aus finanziellen Gründen ihren Berufswunsch nicht hat verwirklichen können. Trotzdem, ich gehe nach Stams. Die Aufnahmeprüfung findet im April 1986 statt – wenige Tage nach dem atomaren Super-GAU in Tschernobyl. Wir sind bei schönstem Wetter auf einem Gletscher unterwegs. Dort, wo sich zu dieser Zeit eigentlich keiner aufhalten sollte. Aber so kurz nach dem ersten offiziellen GAU weiß noch keiner so genau, was dieses Ereignis wirklich bedeutet und wie man sich am besten verhalten soll. Es fällt uns nicht ein, plötzlich unsere Pläne zu ändern und unsere Träume zu riskieren, nur wegen eines Vorfalls weit weg im Osten.

Zwanzig Jahre später denke ich wieder an diese Stunden, in denen ich einer enorm hohen Strahlungsbelastung ausgesetzt war. Als ich meinen Onkologen in Kanada gefragt habe, ob er eine Erklärung dafür hat, warum es ausgerechnet mich getroffen hat, antwortet er: »Destiny.« Schicksal. Ich stelle danach nie wieder diese Eine-Million-Dollar-Frage. Es ist klar, es gibt keine Antwort, die im menschlichen Ermessen liegt.

Nach dem Aufnahmetest werde ich nur aufgrund meiner Sprungkraft auf Bewährung aufgenommen. Konditionell habe ich Aufholbedarf gegenüber meinen Kolleginnen, die bereits sehr regelmäßig trainieren. Und ich habe meine erste Anämie. Ein Zustand, der mich während meiner Zeit im Spitzensport regelmäßig begleitet und beeinträchtigt. Manchmal ist es so schlimm, dass Tabletten nicht mehr ausreichen, den Eisenspeicher im Körper aufzufüllen. Ich brauche Spritzen mit einem aggressiven Eisenkomplex. Die verursachen bei den ersten Malen einen systemischen Schock, mir wird plötzlich ganz heiß, und ich bekomme kaum Luft. Die Flüssigkeit brennt innerhalb der Venenwände, verätzt sie jedes Mal ein wenig mehr. Aber man gewöhnt sich an vieles. Vor allem, wenn man ehrgeizige Ziele hat. Ich begreife, ich bin nun in Stams, der österreichischen Schiathletenschmiede Nummer eins. Obwohl ich erst vierzehn bin, sehe ich dieses Privileg als Einstieg in den Profisport an. Und ich weiß, ich muss mich erst bewähren. Sonst fliege ich nächstes Jahr raus.

Es ist das erste Mal, dass ich viel trainiere, und im Winter zeigen sich sofort die ersten größeren Erfolge. Ich will mehr – und daher weniger wiegen. Drei von uns sechs Mädchen fangen an, auf ihr Gewicht zu achten. Unser tschechischer Trainer Josef bestärkt uns darin. Es ist die Zeit, als sich im Langlaufsport die zwei heute üblichen Techniken, die klassische Technik und das Skaten, endgültig trennen. Und gerade beim Skaten, also beim Laufen mit seitlich ausgestellten Schlittschuhschritten, sind nach damaligem Technik- und Wissensstand eher die leichteren Läuferinnen im Vorteil. Es ist mehr ein schwebender Tanz auf dem Schnee, die Loipen sind nur noch breite, festgepackte Schneebahnen, wogegen man beim klassischen Laufen die Schi in zwei parallelen Bahnen führt. Ich liebe von Anfang an die Freiheit des Skatens. Die Leichtigkeit der Bewegung, das Gleiten über den funkelnden Schnee. Es steigt auch ein neues Sternchen am internationalen Langlaufhimmel auf: Die Jahre von Stefania Belmondo beginnen. Die kleine Italienerin wiegt knappe fünfundvierzig Kilo und fliegt in unglaublicher Schrittfrequenz von Sieg zu Sieg. Sie leitet auch eine Ära der neuen femininen Langläuferinnen ein und löst den Typus »Ostblock-Kraftbündel« als Siegesläuferin ab.

Ich bin von Natur aus stärker gebaut, meine Muskeln reagieren schnell auf Aufbautraining. Aber ich möchte dem neuen Ideal entsprechen und erkenne bald, dass mich die Kombination aus viel Training und wenig essen zum Ziel führen kann. Also mache ich genau das. Und da kann kommen, wer mag, ob Trainer, ob Eltern, ob Kolleginnen: Ich ziehe es durch. Ich will es jedem beweisen, dass ich am besten weiß, was das Beste ist. Ich hab alles perfekt im Griff. Aber schleichend beginnt mich ein Wahn zu kontrollieren. Perfekter als perfekt, leichter als leicht sein zu müssen. Im Frühling magere ich stark ab. Am Ende des ersten Schuljahres und nach einer erfolgreichen Wintersaison holen mich Papa und Mutti in Stams ab und bringen mich zurück, heim an den Waldrand.

Niemandsland

Sommer 1991 In Radstadt versuche ich den gesamten Sommer über stark genug zu werden, um wieder nach Stams gehen zu können. Vergebens. Ich werde mein Abitur in Radstadt absolvieren. An den freien Nachmittagen trainiere ich konsequent und ganz alleine vor mich hin. Weil meine Energie und Kraft begrenzt sind, überlege ich genau, welche Technik und Trainingsmethoden am effizientesten sind. Vor allem aber entwickle ich ein Paradoxon, ein feines Körpergefühl, dass ich zugleich ignoriere. Während dieser drei Jahre mache ich keinen einzigen Wettkampf, keine sportmedizinischen Tests oder leistungsdiagnostischen Untersuchungen. Nach meinem Schulabschluss würde ich gerne Forstwirtschaft, Landschaftsarchitektur oder Ähnliches studieren. Eigentlich interessieren mich viele Studienrichtungen der BOKU, der Universität für Bodenkultur in Wien. Und da liegt der Haken für mich. Wien. Ist gleich Großstadt. Und weit weg von Schnee. Aber ich will ja unbedingt eine gute Schilangläuferin werden, das ist meiner Meinung nach mit dem Studienplatz Wien unmöglich zu vereinbaren. Meine strategische Alternative heißt Biologie/Botanik-Ökologie an der Universität Salzburg. So kann ich Studium und Leistungssport noch am besten verbinden. Ich trainiere um meinen Stundenplan herum. Während der ersten Unijahre mieten meine Eltern ein kleines Häuschen südlich der Stadt für uns drei Kinder: Gerhild macht auf der PÄDAK die Volksschullehrerinnen-Ausbildung und Volli trainiert im SSM, dem Schulsportmodell Salzburg/Rif als Leichtathlet.

Im ersten Semester lasse ich kaum Studentenfesterl aus, das Studentendasein ist einfach zu neu, zu interessant und zu verlockend. Ich will nichts verpassen. Während des ersten Winters in Niederalm drehe ich im Hellbrunner Park vor den Toren Salzburgs mit meinen Langlaufschiern viele der kleinen flachen Runden, die im Park Platz haben. Im öffentlichen Bus von Niederalm nach Hellbrunn starren mich die Leute an, als ob ich eine Außerirdische wäre – mit meinen Schiern in der Hand. Aber ich will ja die Beste werden, da ist es mir egal, wie die Menschen mich anschauen. Ich träume von einem Team, bei dem ich dazugehöre, von Gleichgesinnten, die mich verstehen. Von einem Trainer, der mich betreut, vom Teilen meines Ziels. Ich fühle mich wie im Niemandsland, nirgendwo wirklich daheim.

Oft laufe ich zu den Vorlesungen und zurück. Die Strecke führt mich stets über den Hellbrunner Berg, an dessen Fuß der Salzburger Zoo Hellbrunn liegt. Ich freue mich immer auf diesen Abschnitt. Ich laufe zwischen dem alten Löwen und den Przewalski-Pferden durch, und meist zu einer Zeit, in der ich alleine unterwegs bin. Vor allem im Herbst, wenn die Blätter der Bäume in allen Farben leuchten und ich unter meinen Füßen das abgefallene Laub rascheln höre, genieße ich den Lauf sehr. Ich probiere immer neue, kleine Seitenwege aus, und bald finde ich einen Pfad, der mich direkt zu einem Abbruch über dem Wolfsgehege bringt. Immer öfter werde ich von diesem – für andere Waldspaziergänger kaum sichtbaren – Weg angezogen und beobachte die Wölfe von oben. Regelmäßig gleite ich ab ins Träumen und Philosophieren. Wie sinnvoll ist es wohl, dieses Rudel da unten im Zoo zu halten? So ein kleines Gehege für acht Wölfe. Ja, sie können sich verstecken und sich den neugierigen Blicken der Besucher entziehen, aber sie können sich nicht von anderen Rudelmitgliedern zurückziehen oder einfach mal wandern. Ich weiß noch nicht allzu viel über Wölfe, aber ich weiß, dass sie in Gefangenschaft einen betäubten Willen haben müssen, um das auszuhalten. Wie die meisten anderen Tierarten auch.

Und trotzdem gehe ich gerne in Zoos, wo auch immer ich bin. Einmal war ich im Zoo von Seoul in Südkorea. Ich war dort als Teil eines österreichischen Damen-Marathon-Teams, das zu einem großen Staffelmarathon entlang der Olympiastrecke von 1988 eingeladen worden war. Eine große internationale Kosmetikfirma (!) hat sich das viel kosten lassen: die vielen Athletinnen aus aller Herren Länder einzuladen – ich werde niemals die kleinen Malaysierinnen vergessen, die allesamt nur barfuß gelaufen sind und bereits zum Frühstück Berge von diesen kleinen Bratwürstchen verdrückt haben – oder auch die Straßensperren während unseres Wettkampfes inmitten der damals acht Millionen Einwohner zählenden Metropole. Und am Ende jeder Etappe hat jede Läuferin ein Handtuch mit dem Firmenlogo des Kosmetikkonzerns zum Schweißabwischen in die Hand gedrückt bekommen. Es hat so nach Chemie gestunken, dass ich es sofort weggeschmissen habe.

Die Stadt ist so laut. Dicker Smog hängt Tag und Nacht über dem Hexenkessel, in dem die Zivilisation unkontrolliert brodelt. Während der insgesamt neun Tage dort sehe ich kein einziges Mal die Sonne, ja nicht einmal den Himmel. Während des Rennens haben wir einen Fahrstreifen für uns, daneben fahren Millionen Autos Stoßstange an Stoßstange.

Nach ein paar Tagen muss ich raus. Und neugierig geworden, was das Leben allgemein für die so diszipliniert wirkenden Südkoreaner bedeutet, will ich mir ihren Zoo anschauen. Ich habe über die Jahre eine Theorie entwickelt, dass man anhand des Zoos recht gut sagen kann, welche Werte eine Gesellschaft hat. Welchen Bezug zur Natur und welches Verständnis gegenüber den verschiedenen Tierarten. Ich denke immer wieder an einen Ausspruch von Arthur Schopenhauer, dass man am Umgang einer Gesellschaft mit ihren Tieren deren Zivilisationsgrad erkennen kann. Ja, ich muss den Zoo sehen. Ich gehe zur nächsten U-Bahn-Station. Die Züge sind endlos lang und fahren im Dreißigsekundentakt. Ich quetsche mich in ein Abteil. Stoische Gesichter um mich und: Endlich bin ich mal irgendwo die Größte! Und die einzige blonde Nichtkoreanerin.

Der Zoo liegt weit vor den Toren der Stadt, ist großzügig angelegt, man kann mit einer langen Gondelbahn horizontal über dem Gelände schweben. Die Gehege selbst sind klein, einfach und eher Schaukäfige als artgerecht. Nur die Voliere für die wunderschönen und dort heimischen Vögel ist riesig. In unmittelbarer Nähe wohnen zwei Eisbären. Beton unter ihnen, Beton hinter ihnen, Beton um sie herum. Sie stehen nur da und wiegen stereotyp ihre Köpfe hin und her, komplett weggetreten in ihrem Lebensalbtraum. Die Bären sind da und doch nicht da. Niemand interessiert sich für sie, niemand versteht sie, niemand scheint ihre Bedürfnisse zu kennen. Ihr Geist befindet sich in einem Niemandsland.

Es ist entsetzlich. Als ich zurück ins Hotel komme, werde ich sofort von den Veranstaltern herbeizitiert. Es ist nicht erwünscht, dass ich einfach selbstständig etwas unternehme. Verzeihung, aber der Trip in den Zoo hat mir mehr über diese Gesellschaft erzählt, als eine dieser bis ins letzte Minidetail organisierten Bustouren, bei denen man bereits eine halbe Stunde vor dem Einsteigen schon an der Haltestelle stehen muss.

Nein, das ist nicht meine Welt. Trotzdem oder gerade deswegen ist diese Reise extrem bereichernd. Denn ich habe erlebt, dass freies Denken und freier Wille in manchen – auch wirtschaftlich gut dastehenden – Gesellschaften keine Rolle spielen und nicht einmal erwünscht sind. Auch die großen Bären leiden darunter.

Dagegen stellt sich der Salzburger Zoo geradezu idyllisch dar. Tatsächlich ist die Habitatqualität pro Quadratmeter Gehege sicher eine der höchsten europa-, wenn nicht weltweit. Aber die Quantität der nutzbaren Flächen ist in jedem Zoo viel zu gering. Weitwanderer, wie es die großen Beutegreifer sind, leiden am meisten.

Ich kann nie lange am Wolfsgehege bleiben, denn meine Zeit ist durch das Training stark begrenzt. Meist komme ich fünf Minuten zu spät zur Lehrveranstaltung und gehe dafür fünf Minuten früher. Später, als meine Geschwister mit ihrer Ausbildung in Salzburg fertig sind, geben wir das Häuschen in Niederalm auf, und ich wohne wieder bei meinen Eltern in Radstadt. Im Winter habe ich morgens Training, dann muss ich mich beeilen, den Zug nach Salzburg zu bekommen – nicht selten reicht mir Mutti noch ein Mittagessen durch das Zugfenster des schon abrollenden Zugs. In Salzburg schwinge ich mich aufs Zweigangrad, das am Salzburger Bahnhof auf mich wartet, und rein in die Vorlesung. Danach das Ganze von hinten nach vorne, um am späten Nachmittag daheim noch eine Trainingseinheit im Schnee absolvieren zu können.

Gerhild ist auch eine gute Langläuferin. Und so tritt sie dem österreichischen Studentenkader bei und liebt sofort dessen Atmosphäre und Halbprofessionalität. Über ihren Kontakt werde auch ich gefragt, ob ich mitmachen will. Ja, wirklich gerne! Die Mitglieder vereinen beide meiner Leidenschaften: Langlaufen und Studieren. Toll. Ich mache den ersten Trainingskurs mit. Endlich Gleichgesinnte um mich herum. Im Februar finden die Österreichischen Akademischen Meisterschaften in Hall bei Admont statt. Ich darf mit. Es wird mein erstes Rennen seit vier Jahren sein, seit ich – damals noch in Stams – österreichische Schülermeisterin geworden bin. Vier Jahre ohne Leistungsstandsbestimmung, ohne irgendwelchen Anhalt. Ich bin extrem angespannt. Werde ich Letzte? Platzen heute alle meine Träume?

Was schon vor Beginn des Rennens eindeutig feststeht: Das Salzburger Team gewinnt – dank unserer Betreuer Peter und Luggi – den Spaßfaktor-Preis. Ich habe davor noch nie so viel gelacht wie in diesen drei Tagen. Und ich entspanne mich etwas. Am Morgen meines Rennens allerdings geht mir so viel durch den Kopf: Wie viele Stunden habe ich mich allein motiviert und gequält? Wie viele Tränen vergossen aus totaler Erschöpfung und Verzweiflung? Wie viele soziale Entbehrungen habe ich eingesteckt, damit ich mir die Chance bewahre, einmal dort sein zu können, wo ich hinwill? Wie realistisch ist das Ganze überhaupt? Wo stehe ich? Zu dieser

Zeit definiere ich mich fast ausschließlich durch meine sportliche Leistung. Eine Leistung, die vier Jahre lang nie getestet wurde.

Drei, zwo, eins – ab! Ich starte. Und laufe alles aus mir heraus, was ich in mir durch Kleinstarbeit und unter erschwerten Bedingungen über die Jahre aufgebaut habe. Irgendwann überhole ich die erste Läuferin, die Anstiege gehen leicht, und ich habe sogar noch die Reserven, über die Kuppe hinaus auch in die Abfahrt hinein kräftige Schübe zu machen. Ich gewinne das Rennen. Nun erst merke ich wirklich, was mir dieser Sieg bedeutet. Ich bin so unendlich überrascht und vor allem erleichtert. Von da an geht alles sehr schnell. Nach ein paar Sommerkursen im Studentenkader starte ich im darauffolgenden Winter erstmals bei den österreichischen Meisterschaften des Österreichischen Schiverbands. Als Läuferin der Juniorenklasse stehe ich jedes Mal auf dem Podest in der Allgemeinen Klasse. Der Trainer der Junioren, Hermann Wachter, holt mich nach den Meisterschaften zu sich: »Gudrun, in einem Monat beginnen die Junioren-Weltmeisterschaften in Finnland. Ich würde dich gerne mitnehmen, denke, du hast gute Chancen über die fünfzehn Kilometer vorne mit dabei zu sein.« Das heißt für die damaligen Verhältnisse in Österreich, unter die ersten zehn bis fünfzehn zu kommen. Durch mein einsames Training habe ich vor allem durch lange Strecken meine Ausdauer trainiert, kombiniert mit meinem noch immer geringen Gewicht liegen mir daher die kurzen explosiv gelaufenen Strecken weniger. Fünfzehn Kilometer sind die längste Distanz für die Juniorinnen. Ich freu mich wahnsinnig darauf. Das österreichische Damen-Langlauf-Team besteht aus genau zwei Teilnehmerinnen. Neben der Ex-Tschechin Lucie Ptacek mache ich die anderen 50 Prozent der Mannschaft aus. Die Weltmeisterschaften in einem Land mitmachen zu können, wo der nordische Schisport schon fast eine Religion ist, ist für mich ein Traum.

Im Athletendorf sitze ich mit Katharina Neumanova, der späteren langjährigen Dominatorin des Frauenlanglaufs, vielfache Weltmeisterin und Olympiasiegerin, am Tisch oder verfolge die ersten internationalen Erfolge von »Goldi«, Andreas Goldberger. Mein Fünfkilometerrennen ist erwartungsgemäß mies. Ich konzentriere mich auf meine Lieblingsdistanz, die fünfzehn Kilometer im Skatingstil. Mit Startnummer zwei gehe ich in den Wettkampf. Vor mir eine Deutsche, Anke Schulze, noch weiß niemand, dass auch sie eine große Karriere vor sich hat. Ich bin nur etwas frustriert, dass ich sie während des Rennens nie zu Gesicht bekomme, sie ist eine halbe Minute vor mir gestartet. Trotzdem höre ich Hermann am Loipenrand aufgeregt schreien: »Gudrun, du bist super unterwegs, du kannst unter die Top zehn kommen! Zerreiß dich noch mal!« Was ich tu. Und laufe mit der zweitbesten Zeit von vorerst zwei ins Ziel. Aber je mehr Läuferinnen ins Ziel kommen, desto mehr bekommt meine Leistung Bedeutung. Spätere Olympiasiegerinnen wie die kanadische Beckie Scott reihen sich hinter mich ein. Am Ende des Rennens gewinnt Katharina Neumanova vor Anke Schulze. Ich werde Zwölfte und fühle mich wie eine Siegerin. Bei meiner Rückkehr nach Österreich platzt mein Koffer fast vor mitgebrachter Motivation. Ich habe erstmals die dünne Luft des internationalen Spitzensports schnuppern können. Und sie hat verdammt gut gerochen. Kaum packe ich meinen Koffer aus, bin ich schon im österreichischen Nationalkader. Und darf neben meinen bisherigen Idolen, den um einige Jahre erfahreneren Läuferinnen »Mary« Maria Theurl, »Conny« Cornelia Sulzer und Jutta Mainhart trainieren.

Der Langlaufsport fristet in Österreich im Schatten der großen Alpinschidisziplinen ein eher kümmerliches Dasein, was Aufmerksamkeit und Unterstützung betrifft, daher fehlt es an Sponsoren und damit guter Betreuung. Die Leistungen sind international in der hinteren Hälfte des Felds einzureihen. Ein Teufelskreis, der erst unterbrochen wird, als »Woidl« Walter Mayer zum Cheftrainer wird. Der ehemalige Sieger des berühmten Wasalaufs in Schweden, dem »Wimbledon« des Langlaufsports, bringt mit seinen unkon-

Schon früh haben meine Schwester Gerhild (links) und ich (rechts) mit Papa kleine Gipfel gesammelt wie andere Mädchen Puppen.

Der winterliche Pflüger-Zug daheim in Radstadt.

Mit dem Element Schnee per Du, schon mit vier Jahren.

Bei einem der größten und schnellsten Langlaufrennen der Welt, dem »Marcialonga« in Italien, 1996.

Mit kippwütigem Kinderbobschlitten auf den Spuren der Wölfe in Kanada, 2003.

Kanada klassisch: der Oberlauf des »Oldman River« mit Rocky Mountains – mein »Office« im Livingstone-Gebiet, Alberta, 2004.

Zufrieden und glücklich mit meiner Nahanni im »Daisy-Meer« von Nipika.

Heulender Jungwolf im Bow Valley, Rocky Mountains, Kanada.

Mein Lieblingsplatz am Kootenay River.

Abendstimmung an Bord des Forschungsbootes »Achiever«, Great Bear Rainforest.

Der Wolf, die Seele der Wälder.

Kräftemessen der Könige der amerikanischen Wildnis. Grizzlybär und Wolf im Bow Valley.

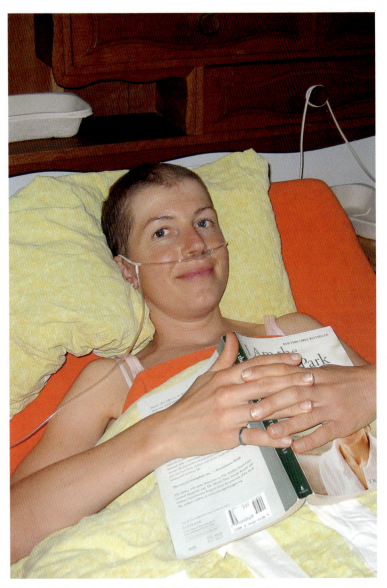

Virentherapie in der Praxis von Dr. Thaller, Bayern, 2006.

Nipika, meine kanadische Heimat.

Besucher in Nipika.

Das goldene (happy!) Dreieck: Nahanni, Conrad und ich, 2012.

Conrad und ich in der Heimat in Radstadt, Winter 2012.

ventionellen Trainingsmethoden und seinem Schmäh erfrischenden Wind in den Nationalkader. Unter ihm werden die Herren Weltklasse, mit dem historischen Höhepunkt des Weltmeistertitels in der Herrenstaffel im eigenen Land, bei der Nordischen Weltmeisterschaft in der Ramsau 1999 und den olympischen Medaillen von Christian Hoffmann, Alois Stadlober, Markus Gandler und Mikhail Botwinov. Die Damenmannschaft wird zur selben Zeit vom ÖSV nur halbherzig unterstützt. Mary zieht als Erste Konsequenzen und verlässt den ÖSV, wendet sich dem Worldloppet, dem Weltcup der Langstreckenläufe oder »Volkslangläufen«, zu und gewinnt bald den Gesamt-Weltcup. Cornelia sucht und findet ihren Erfolg im Mountainbiken und Berglauf. Sie hinterlassen ein Vakuum, in dem »Pisti« Wolfgang Pistotnik eine junge Damenmannschaft aufbaut. Nach ein paar Jahren kristallisieren sich zwei Läuferinnen heraus. Renate Roider und ich.

Wir qualifizieren uns für die Weltmeisterschaften in Thunder Bay, Kanada. Ich bin dreiundzwanzig, und es sind bereits meine zweiten Weltmeisterschaften in der Allgemeinen Klasse. Weltmeisterschaften finden alle zwei Jahre statt, meine ersten waren 1993 in Falun, Schweden. Als eine der jüngsten Teilnehmerinnen überhaupt und als das Küken der Österreicher hatte ich im Mekka des Langlaufsports in der Langdistanz über dreißig Kilometer mit einem 24. Platz debütiert. Jutta und die später eingeflogene Mary waren nicht in Form beziehungsweise krank, so wie die halbe österreichische Männermannschaft. Somit war mein vierundzwanzigster Platz das beste Ergebnis der österreichischen Langlaufmannschaft bei dieser WM. Aufgrund meines Alters und Unerfahrenheit bin ich vollauf zufrieden. Darauf kann ich aufbauen. Insgesamt gesehen aber ist die WM in Falun der Tiefpunkt des österreichischen Langlaufsports. Trainerköpfe rollen. Und der von den Alpinen, aber auch von den Springern und in der Zwischenzeit auch den Kombinierern erfolgverwöhnte ÖSV erkennt, dass sich etwas ändern muss.

Und heuert Walter Mayer an. Eine gute Entscheidung. Denn von nun an wird nichts mehr dem Zufall überlassen: Man mietet ganzjährig ein eigenes Haus in der Ramsau, dem Langlaufzentrum Österreichs, und bestimmt Walters Frau Gerlinde zur legendären Teamköchin. Die medizinische Versorgung wird optimiert und die Presse professionell eingebunden. Walter entwickelt sich durch seine lässigen Sprüche zum Medienliebling und bringt eine neue Art der Leichtigkeit ins Team, hinter der er geschickt versteckt das beinharte Training durchzieht. All das gilt für die Männermannschaft. Wir paar hartnäckigen Frauen sind das Anhängsel.

Bei den Nordischen Weltmeisterschafen 1995 in Thunder Bay stellen sich die ersten Erfolge für die Männer ein. Renate und ich haben dagegen keine eigenen Betreuer. Das österreichische Langlaufteam mietet ein eigenes Haus für die Dauer der Spiele an. Ich vermisse das internationale Flair des Athletendorfs, das ich bei den vorigen Weltmeisterschaften so spannend und motivierend gefunden habe. Ich fühle mich alleine gelassen und unwohl, während ich die intensiven Bemühungen des Betreuerstabs um die Männer beobachte. In mir breitet sich ein Niemandsland aus.

Erst als mein damaliger langjähriger Freund und selbst Trainer »Michi« Michael Grossegger zusammen mit meinem wunderbaren Hund »Sorro« nachreist, geht es mir ein wenig besser. Aber auch die beiden können meine empfundene Gleichgültigkeit des offiziellen Schiteams gegenüber uns Damen nicht wettmachen. Nach den ersten verwachsten Rennen werden wir zwei auch noch von den heimischen Medien als WM-Touristen dargestellt. Ich bin froh, dass ich das erst nach meiner Heimkehr erfahre, diese Abfertigung hätte mich zu sehr frustriert.

Als Antwort auf die Gleichgültigkeit der Betreuer laufe ich in der Königsdisziplin auf den einundzwanzigsten Platz und verfehle die Top zwanzig um 1,4 Sekunden. Zu dieser Zeit sind die Russinnen, Italienerinnen und Norwegerinnen eine Klasse für sich. Die gesamten Weltmeisterschaften werden aber als »Diesel-WM« in die Geschichte eingehen. Wir sind in Kanada, für mich bis dahin das Land der unberührten Natur. Gleich bei unserer Ankunft bekommen alle Athleten Gutscheine, um gratis Trinkwasser in allen Geschäften der Stadt zu bekommen. Man kann das Wasser aus der Leitung nicht trinken, zu belastet. Jeder fährt hier mit dem Auto – überallhin, auch wenn es nur zum Supermarkt gleich um die Ecke ist. Und das Übelste: der Schnee ist braungelblich. Grüße von der großen Papierfabrik. Wir spüren die intensive Umweltverschmutzung bei jedem Schritt unter unseren Füßen. Der verdreckte Schnee macht die Schier ganz langsam. Das ist mein erster Eindruck von Kanada.

Woidl aber, der ewige Tüftler, findet ein Rezept für uns: Diesel. Beim nächsten Herrenrennen schmeißen die österreichischen Betreuer ihren Athleten mit Diesel getränkte Stofflappen vor die Schi. Es wird das bisher beste Gesamtergebnis für die Herrenmannschaft. Mit gemischten Gefühlen enden diese Weltmeisterschaften.

Ich aber weiß nur eines: Ich will raus aus dem ÖSV. Diese Tage im luftleeren Raum haben mich mental total ausgelaugt. Wenn nicht einmal der ÖSV Interesse an unserer Leistung zeigt, wer soll sich dann für das, was ich mache, interessieren?

Meine Welt bricht zusammen. Warum folge ich überhaupt meinem Herzen? Kann ich mir diesen Luxus in der heutigen Zeit überhaupt noch leisten? Vor allem, wenn sich das Herz so überhaupt nicht um den gesellschaftlichen Status kümmert? Wen interessieren meine sportlichen Aktivitäten – was bringt den Menschen mein Wissen um die Biologie und meine Leidenschaft für den Naturschutz? Wie unwichtig bin ich?

Da stehe ich nun im Land meiner Träume, trinke Wasser aus Kanistern, putze den umweltverschmutzten Schnee von meinen Schiern und muss erfahren, dass meine vielen, vielen Stunden des Trainings und Entbehrens kaum Anerkennung finden. Dann nimmt mich Michi in seine Arme: »Du, lass dich nicht entmutigen; du kannst auf den Langdistanzen wirklich Weltklasse werden. Du musst an dich glauben und investieren. Ich setze auf dich. Komm, trainier doch mit mir und meiner Juniorengruppe. Meine Burschen haben das perfekte Leistungsniveau für dich.« Gesagt, getan. Ab nun trainiere ich mit den österreichischen Junioren. Endlich habe ich ein angenehmes und motivierendes Umfeld. Meine Trainingskollegen heißen unter anderem Christian Hoffmann, »Sumi« Christoph Sumann und »Meso« Daniel Mesotitsch, die alle in die Weltspitze aufsteigen sollen. Und ich bin das Umkehrmodell des Hahns im Korb. Michi ist auf derselben innovativen Trainingsschiene wie Walter. Neben hartem Training stehen Seiltanzen, Kanufahren, Holzhacken oder sogar Reiten auf dem Programm. Bisher gab es so etwas nicht. Kreative Highlights sind sicher die Slideboards, die zwei Jahre später offiziell erfunden werden und als neuer Fitnesshit in die Aerobic-Hallen der Welt gebracht werden. Zu der Zeit haben wir schon Unmengen an alten Socken »durchgeslidet« und den gesamten Inhalt des Putzmittelschranks einer reinheitsfanatischen Hausfrau getestet: Was ist wohl das beste Gleitmittel für die Plastikunterlagen, auf denen wir stundenlang seitlich hin- und herschlittern. Als die Welt zu sliden beginnt, springen wir schon lange mit alten Langlaufschiern im Sommer Grashänge hinauf. Aus unerklärlichen Gründen wird das aber nie zum großen Trend.

Was leider auch noch längere Zeit kein großer Trend in Österreich wird, ist die soziale Absicherung von Spitzensportlerinnen in Randsportarten, wo man zum Sterben zu viel, aber zum Leben zu wenig verdient. Während die Herren in Einrichtungen wie dem österreichischen Bundesheer, der Polizei oder dem Zoll mehr oder weniger »für das Trainieren« angestellt sind, gibt es für die Frauen noch keine solchen Möglichkeiten. (Erst gegen Ende meiner sportlichen Karriere öffnet sich das Bundesheer erstmalig für Damen.) Mein langjähriger Sponsor heißt Elternhaus und die Strategie »So wenig wie möglich ausgeben«. Da habe ich doppeltes Glück: Papa unterstützt mich, indem er mir permanent den Rücken stärkt, mich auch mal zu Trainingsstätten bringt und dort abholt oder am Abend die Schi wachst. Am meisten Unterstützung aber finde ich in seinem ruhigen Stolz auf meine Leistungen. Er gibt mir die einzigartige Zufriedenheit, einem Menschen, den ich so liebe, eine große Freude zu bereiten.

Und ich lebe in einer Gegend, die ganzjährig ausgezeichnete Trainingsbedingungen bietet. Ich muss eigentlich nicht in Trainingslager fahren und dort in Hotels wohnen. Im Herbst steht das Gletschertraining auf dem Dachstein auf dem Plan. Die halbe Welt kommt dorthin. Ich habe gerade mal eine gute halbe Stunde zu fahren. Oft nimmt mich »Luigi« Alois Stadlober, der Luftlinie dreihundert Meter von mir entfernt wohnt, mit auf den Gletscher, manchmal »Woidl« Walter Mayer. Ich gehöre nirgendwo offiziell dazu, aber darf überall inoffiziell mitmachen. Schon wieder Niemandsland – aber dieses ist in seiner unkonventionellen Art sogar recht förderlich. Ich habe die Freiheit, meine Pflichtvorlesungen in Salzburg zu absolvieren und daneben auf einem »Okay Level« trainieren zu können. Man muss neue Wege gehen, um weiterzukommen – und um Spuren hinterlassen zu können. Manchmal führen die Wege durchs Niemandsland – und manchmal findet man sogar seinen Platz im Niemandsland.

Gleichberechtigt

Winter 1997 Ich reiße meine Arme in die Höhe. Eben quere ich als Erste die Ziellinie des größten Langlaufevents auf dem amerikanischen Kontinent. Und gewinne damit den »American Birkebeiner« schon zum zweiten Mal – nachdem ich dort auch letztes Jahr gesiegt habe. Ich liebe die Gastfreundschaft der Leute; die rollende Streckenführung durch dichte Wolfswälder kommt mir auch sehr entgegen. Alles an dem Rennen ist auf mich zugeschnitten. Beim Massenstart bekommen die Elitefrauen eine eigene »Wave«, das heißt, wir können zwei Minuten nach den Spitzenmännern und zwei Minuten vor allen anderen wegstarten, ein großer Vorteil: Wir gehen nicht in der Masse von guten männlichen Läufern unter und können daher unser eigenes Damenrennen austragen. Es passiert aber trotzdem, dass wir besten Damen einige der besten Herren vor uns einholen. Das Rennen ist im Skatingstil und die präparierte Loipe im Wald teilweise recht eng. Überholen ist sehr schwierig. Aber jedes Mal passiert dann das für eine europäische Läuferin Unfassbare: Sobald uns die Männer hinter sich auftauchen sehen, fordern sie sich gegenseitig auf: »The ladies are coming – get off the trail!«, und machen Platz für uns. Ich denke an die heißblütigen Rangkämpfe bei den europäischen Massenstarts. Highlights sind der Marcialonga in Italien und der Engadiner Lauf in der Schweiz. Beides extrem schnelle Rennen im Skatingstil und hoch dotiert. Da fliegen beim Start die Ellbogen und rundherum hört man das Knacksen, wenn die fragilen Stöcke brechen. Aber auch bei den Massenstarts von Bergläufen merke ich immer, dass es vielen Männern nicht guttut, wenn sie tatsächlich von einer »schwachen« Frau überholt werden. Viele der ambitionierten Hobbyläufer haben ein persönliches Leistungsziel: schneller als die schnellste Frau zu sein. Bei Massenstarts sind ein paar Minuten nach dem Startschuss generell die Männer vorne, aber je länger das Rennen dauert, desto mehr überhole ich meine männlichen Sportkollegen. Ist es, weil Männer einfach schnellkräftiger sind und damit explosiver vom Start wegkommen als Frauen? Oder ist es, weil sie sich überschätzen und dann eben nachlassen müssen?

Faktum ist, dass wir Frauen uns im Ausdauersport am ehesten von allen Sportarten an das Leistungsniveau der Männer annähern.

Wir sind geborene Ausdauerathletinnen. Eine Schwangerschaft und Geburt erfordern viel Ausdauer und Geduld, das jahrelange Erziehen eines Kindes ebenso oder auch das jahrtausendealte Zuständigsein für das Sammeln von Beeren und anderen Waldfrüchten. Wir haben große Stärken in uns. Die Wölfin erinnert uns daran.

In diesem Jahr gibt es beim American Birkebeiner eine Weltpremiere: Das Preisgeld für die Damen ist erstmals in der Geschichte des Worldloppet gleich hoch wie das der Herren. Ich erhalte einen Scheck über 7500 USD. Extrem viel Geld für mich, auch wenn ich die Hälfte des Preisgeldes dem amerikanischen Finanzamt abliefern muss. Am meisten aber freue ich mich über die damit verbundene Anerkennung des Veranstalters für unsere Leistung. Doch diese Premiere dauert nicht lange: Viele Herren beschweren sich bei den Organisatoren über diese – wie sie meinen – ungerechte Gleichstellung. Im darauffolgenden Jahr müssen die schnellsten Damen wieder ohne Preisgeld auskommen.

Tartu Marathon, Estland: Der Worldloppet-Zirkus macht erst seit ein paar Jahren auch im ehemaligen Ostblock halt. Tartu ist ein aufstrebendes Sportzentrum ein paar Stunden südlich der Hauptstadt Tallinn. Mikhail Botwinov, der Ex-Russe und nun österreichische Staatsbürger, und ich sind zusammen mit unserem Trainer Michi dorthin eingeladen worden. Wir residieren in einem nagelneuen hypermodernen Hotel, so neu, dass es noch nicht ganz fertig ist. Den Besitzern ist knapp vor der Fertigstellung die russische Mafia dazwischengekommen, die angeblich das gesamte Gebäude niedergebrannt haben soll, und daher hat es ein zweites Mal errichtet werden müssen. Willkommen im Osten.

Das Rennen hat sein eigenes Flair. Hier die internationalen Spitzenathleten, da die vielen Einheimischen, die auf breiten, schweren Holzschiern mutig die siebzig Kilometer lange Strecke bewältigen. Mikhail, der den Worldloppet dominiert, gewinnt wieder.

Und ich kann die Damenwertung für mich entscheiden. Bei der Siegerehrung tritt ein großer Elektrokonzern als Hauptsponsor auf: Mikhail steht vor einem Berg aus hochwertigen Entertainmentprodukten wie Riesenfernseher, Videokamera, Luxuslautsprecher. Ich stehe vor einem Häufchen Haushaltsgeräte wie Eierkocher, Mixer, Bügeleisen und Staubsauger. Letzteren schenke ich gleich einer Estin. Die Einfuhr via Flugzeug hätte mich mehr gekostet, als das Ding selbst wert ist. Ich verstehe die Message als »Wir wollen dir, Frau, doch deine Arbeit dort erleichtern, wo du hingehörst.«

Gegen Ende jeder Worldloppet-Saison steht der Höhepunkt an: der schwedische Vasaloppet (oder Wasalauf), das längste aller Rennen, zweiundneunzig Kilometer von Sälen nach Mora. Und der größte Langlaufwettbewerb überhaupt. So wie jeder Inder einmal im Ganges badet oder jeder Moslem einmal nach Mekka pilgert, so muss – wer ein richtiger Langläufer sein will – zumindest einmal den Vasaloppet laufen. Das ganze Land ist im Ausnahmezustand, das Festival dauert eine ganze Woche mit verschiedenen anderen Rennen, unter anderem auch dem Tjejvasaloppet: einem eigenen Rennen nur für Damen, mitten in der Woche und dreißig Kilometer kurz.

Aber es ist das Hauptrennen am Sonntag, das Hunderttausende live am Radio und im Fernsehen verfolgen und bei dem der schwedische König seine eigene Loge im Zielbereich hat. Zehntausende Menschen stehen an der Strecke. Das Rennen ist mit 15 000 Startern limitiert – und jedes Jahr sofort wieder ausgebucht. 15 000 Läufer sind gleich 30 000 Schi und 30 000 Stöcke, die sich alle innerhalb derselben Sekunde im frühen Morgengrauen aus dem riesigen Startbereich hinausbewegen. Die meisten Läufer stehen zu diesem Zeitpunkt schon zwei Stunden auf ihrem Startplatz, um möglichst weit vorne losstarten zu können.

Es ist kalt und finster. Um das Warten erträglicher zu machen, hüpfen und springen auf drei hohen Holzpodesten entlang des viele

Hundert Meter langen Starterfelds bunte Aerobic-Girlies zu heißer, lauter Musik und animieren die frierenden Sportler, sich permanent in Bewegung zu halten. Wir haben das Privileg, eine eigene »Wave« für die Eliteläufer reserviert zu bekommen, und können so erst in den letzten Minuten vor dem Start unsere Plätze einnehmen. Einmal hat Michi die grandiose Idee, ein Wohnmobil anzumieten, in dem wir auf dem großen Parkplatz direkt vor dem Startgelände übernachten. Ich kann noch gemütlich im Warmen frühstücken, während mehr als zehntausend da draußen vor der Tür Aerobic machen müssen. Aber eine halbe Stunde vor Rennbeginn muss auch ich meinen Startplatz einnehmen.

Der Startschuss hallt über die riesige Menschenmasse. Alle versuchen sofort, sich so schnell wie möglich nach vorne zu bewegen. Dem Hauptfeld soll das erst nach einer halben Stunde gelingen. Das Rennen ist im klassischen Stil, daher schiebt sich jeder in der Doppelstocktechnik aus dem Startbereich hinaus, die Strecke steigt leicht an. Das favorisiert die starken männlichen Oberarme. Nach knapp drei Kilometern allerdings laufen die Spuren zusammen, und zusätzlich geht es in die erste Steigung. Plötzlich steht das Feld. Es wird um jede Position gerangelt, auch wenn es für die Männer in meiner Umgebung um nichts Signifikantes geht. Die Spitze ist schon über alle Berge. Ich aber stecke im Feld – wie alle Damen. Wie auch immer. Ich trete dreimal beim Wasalauf an und verpasse dreimal das Podest um einen Platz beziehungsweise wenige Hundert Meter. Und bin trotzdem sehr zufrieden. Während sich die Siegerinnen immer speziell auf dieses Rennen vorbereiten, habe ich schon viele Rennkilometer in den Beinen, fast jedes Wochenende an einem anderen Ort ein Langstreckenrennen, jedes zwischen fünfzig bis achtundsiebzig Kilometer lang. Dazu das Fliegen und die Zeitverschiebung. Nur einmal wurmt es mich: Hätte ich kurz vor dem Ziel nicht unbedingt einen Abstecher hinter einen Busch machen müssen, hätte ich auf dem Podest gestanden. Aber so sehe ich mir die Preisverleihung der ersten drei wieder aus der Zuschauerperspektive an und traue meinen Augen nicht: Beim größten und berühmtesten Langlaufrennen der Welt bekommt der Sieger neben den saftigen Etappenpreisgeldern noch ein Auto oder ein Ski-Doo. Und wird überhäuft mit viel Kleinzeug. Ja fast kann er sich eine der hübschen jungen Damen, die in ihren Schwedentrachten die Preise überreichen, auch noch gleich mitnehmen. Alles okay, ist eine Riesenleistung. Dann kommt die Damensiegerin dran: Auch sie ist die Beste ihres Geschlechts, auch sie hat die neunzig Kilometer laufen müssen. Auch sie hat dafür hart über Jahre trainiert. Sie bekommt eine Nähmaschine. Als Vierte bekomme ich ein Küchenmesserset und ein Bilderbuch. Passt gut zu meiner estnischen Küchengerätekollektion. Aber nicht in die Wertebemessung des Spitzensports im zwanzigsten Jahrhundert.

Durch meine Siege im Berglauf und meine eigenen Wege im Langlaufsport passe ich gut in das Athletenprofil eines gerade durchstartenden Energydrink-Herstellers. Obwohl ich ein relativ kleiner Fisch bin, kann ich mir dank seiner Unterstützung meine Wege und Erfolge auch leisten. Die Atmosphäre ist immer persönlich, bei Besuchen in der Firma ist erst die zweite Frage: »Wie ist es dir bei den Wettkämpfen ergangen?« Die erste Frage aber lautet: »Wie geht's dir?«

Die österreichische Sporthilfe errichtet einen Sonderfond für nicht olympische Sportarten, mit dem ich Trainingslager und andere Sonderausgaben abrechnen kann. Eine soziale Absicherung gibt es zu dieser Zeit für Sportlerinnen wie mich nicht. Es ist mein Weg, meine eigene Entscheidung, diese Dinge zu tun. Somit trage ich die Konsequenzen selbst. Aber zwischendurch bin ich sehr frustriert, so sehr, dass ich mir manchmal denke, ich sollte nochmals den Tartu-Schimarathon laufen, damit ich dann eine komplette Küchenausstattung für meine Hausfrauenkarriere habe. Es wäre wohl ein mehr akzeptierter Lebensstil.

Dass es dann vorläufig doch nicht dazu gekommen ist, verdanke ich einer glücklichen Fügung. Es sind meine dritten Berglauf-Weltmeisterschaften, die diesmal in Edinburgh stattfinden. Ja, man kann das wirklich in Edinburgh machen! Die Strecke führt über den »King Arthur's Seat«, einem erloschenen Vulkan am Stadtrand. Unser österreichisches Team ist wieder gut aufgestellt. Nach den tollen Erfolgen im letzten Jahr rückt der Bergsport endlich ein bisschen mehr in die Berichterstattung. Unter anderem ist der Sport-Chefredakteur des meistgelesenen Kleinformats Österreichs mit dabei. Mein Treffen mit ihm endet mit meinem Wechsel zum Laufklub LCC Wien. Sein Präsident, Dr. Peter Pfannl, glaubt an mich und wird zu meinem langjährigen Unterstützer. Manche finanziellen Auslagen übernehmen der Schiklub Radstadt und der Salzburger Landesschiverband. Auch meine Schifirmen zahlen Siegesprämien, abgestuft nach der Größe des Rennens. Alles bringt ein wenig Geld ein, und so schlage ich mich finanziell durch.

Neues Terrain

Sommer 1991 Das Frühstücksomelett findet beim japanischen Gast großen Anklang. Ich bin erleichtert. Arbeite ich doch erst eine knappe Woche in dem kleinen, feinen Gartenhotel in Salzburg. Es ist überhaupt mein erstes Omelett. Aber bekanntlich soll man keinen Wunsch eines Gastes ausschlagen und überhaupt wächst man ja mit den Herausforderungen. Es ist August und Festspielzeit, Salzburg platzt vor lauter Touristen aus allen Nähten. Gerhild hilft schon etwas länger dort aus, wir putzen Zimmer und legen Mozartkugeln auf die Kopfkissen. Einmal laufen wir beide am Abend nach der Arbeit auf den Untersberg und sitzen bei Sonnenuntergang dort oben, weit unter uns die Hektik der Stadt.

Am nächsten Tag werde ich im Hotel zum Telefon geholt. »Griaß di, Gudrun, i' bin'sch da Puckkl (wer's nicht schon selbst erlebt hat: die Tiroler lieben ihr »k«!) Franz vom Kkitzbühler-Horn-Lauf! War wirkklich ein toller neuer Streckkenrekkord, den'scht da letzte Wochn hinglegt hast.« Ich grinse. Ja, denke ich mir, war wirklich ein Wahnsinn, wie gut es mir da gegangen ist. Mein Antreten bei diesem bekanntesten internationalen Berglauf hat einige Gemeinsamkeiten mit dem Omelett: keine Erfahrung, aber durch die Herausforderung über mich hinausgewachsen. Vor allem aber: gut angekommen! In jeglicher Hinsicht. Ich bin gut auf dem Gipfel angekommen, gerade weil es im oberen Abschnitt extrem unwirtlich war, Eisregen und kalter Wind. Wenn ich die Elemente in meinem Gesicht spüre, dann mobilisieren sie zusätzliche Kräfte in mir. Ich liebe Sturm und Regen, während andere Läuferinnen dabei frieren. Wetterkapriolen sind meine Verbündeten. Sie haben so viel Energie in sich, und ich darf mir immer ein bisschen was davon nehmen.

Seit Kurzem mache ich neben dem Langlauf im Winter in der Sommersaison Berglauf. Im Sommer 1991 gewinne ich mit dem Kitzbüheler-Horn-Lauf das richtige Rennen. Mit einem Schlag kennt man mich in der Berglaufszene. »Gudrun, hascht nextes Wochenende Zeit? Da sind nämlich die Berglauf-Weltmeisterrrschaften in Susa, in Italien. Wir haben a guate Damenmannschaft, aber die Isabelle isch uns grad kkrankk worrdn. Mia bräuchtn no eine für die Mannschaftswertung. Bisch so guat glaufen.« Und so weiter. Franz redet gern. Aber die Zusammenfassung des Telefonats: Ich soll nächstes Wochenende bei den Berglauf-Weltmeisterschaften starten. Und die Konsequenz des Telefonats: Ich frage nach sofortiger Kündigung meines Ferienjobs und sitze vier Tage später im Kleinbus der Mannschaft auf dem Weg ins Aostatal. Während der Fahrt erkundige ich mich bei meinen erfahrenen Kollegen noch schnell nach den »Should-Knows« der WM. In einer Art Word-Rap werden mir die essenziellen Informationen über die Veranstaltung mitgeteilt: Damenklasse 7,5 Kilometer, Rundkurs, zirka dreißig Nationen am Start. Massenstart. Die Italienerinnen sind Favoriten, die Französinnen sind auch nicht schlecht, und die Britinnen treten mit mehreren Teams an. Der Sport ist dort so groß, dass jeder Landesteil ein eigenes Team schickt. Wir erreichen Susa spät am Abend. Am nächsten Morgen schüttet es aus vollen Kübeln. Dann setzt auch noch ein Gewitter ein. Das schlechte Wetter bleibt über Nacht, und am Wettkampftag wird der Rennstart wegen eines weiteren Gewitters zunächst um mehrere Stunden verschoben. Nach dem Mittag hört der Regen endlich auf. Die ganze Rennstrecke ist komplett aufgeweicht, die schmalen Pfade haben sich in Bachbetten verwandelt. Wir starten trotz allem. Ich weiß nichts über die Strecke, über meine Gegnerinnen, über irgendeine Art von Taktik. Alles, was ich weiß, ist, dass jeder Schritt zählt.

Immer wenn ich an Trainern und Zuschauern, die am Streckenrand stehen, vorbeikomme, schreien sie »Ale, ale, Isabelle«. Bald merke ich, dass ich in Führung liege, aber diese Isabelle muss mir ganz knapp auf den Fersen sein. Es macht mich wahnsinnig, sie nicht zu sehen. Fühle mich gejagt von einem widerspenstigen Phantom, das ich nicht abschütteln kann, es nur im Nacken spüre. Der Rennkurs dreht sich an der höchsten Stelle in die Falllinie nach unten in Richtung Ziel. Auf einer rutschig nassen, grasigen Schipiste ist die Lauflinie wie ein Himmelfahrtskommando gesteckt. Nun bin ich so richtig froh über meine Naivität: Ich habe meine Crosslaufschuhe angezogen, was anderes habe ich zu dieser Zeit gar nicht besessen. Sie aber haben lange Spikes unter den Sohlen, was im Berglauf nicht üblich ist. Nun werde ich es dieser Isabelle zeigen, wie man da – besser ohne Nachdenken – hinunterrennt. Ich muss mich voll konzentrieren, bei so einer Unterlage kann jeder Schritt der letzte sein. Und sehe mich daher nie nach hinten um. Das Ziel kommt in Sichtweite. Gleichzeitig werden die Schreie für Isabelle immer lauter und fanatischer. Mein Schritt überquert die Ziellinie.

Und der Lautsprecher verkündet: »Weltmeisterin, winner of the World Trophy: Isabelle Pichler.« Da fällt es mir ein: Ich bin so kurzfristig für Isabelle Pichler eingesprungen, dass sie die Teilnehmerinnenliste nicht mehr umändern konnten. ICH bin Isabelle. Aber vor allem: Ich bin Weltmeisterin!

Neunzehn Jahre und Weltmeisterin in einem Ausdauersport, der Erfahrung und Zähigkeit wie kaum eine andere Sportart verlangt. Als Kirsche auf dem süßen Kuchen gewinnt unsere Damenmannschaft dank der tollen Leistungen von Anni, Sabine und der jungen Cornelia auch Gold! Die Herren um Peter Schatz, Helmut Schmuck, Florian Stern und Markus Kröll schneiden auch hervorragend ab. Es sind die Sterntage des österreichischen Berglaufs.

Aber Michi erinnert mich daran, dass der Berglauf sehr viel Substanz kostet und ich doch noch immer im Langlauf meine Ziele erreichen will. So bestreite ich während der nächsten fünf Jahre nur ganz ausgewählte Bergläufe. Durch mein jahrelanges Training habe ich unbewusst perfekt für eine andere Sportart mittrainiert: Die vielen Stunden im sogenannten powervollen Schigang setze ich innerhalb von fünf Saisons in insgesamt vier World-Trophy-Siege – wie die Berglauf-Weltmeisterschaften offiziell heißen – und weitere Gewinne der größten Bergläufe in Europa um.

Dadurch, dass ich nicht speziell für den Berglauf trainiere, also wenig investiere, habe ich in diesen Wettkämpfen auch nichts zu verlieren. Ich entwickle eine Lockerheit, die sich extrem positiv auswirkt. Ja, eigentlich wird sie – neben meinem allgemein intensiven Training – zum wichtigsten Erfolgsfaktor. Durch diese Art von Unbekümmertheit beginne ich sogar eine für mich bisher nicht allzu präsente Freude am Sport zu spüren. Der große Unterschied zum Langlaufen ist einfach: In das eine habe ich investiert, und beim anderen werde ich dafür belohnt. Später beobachte ich diese Gelassenheit auch bei den weltbesten Langläufern. Und ich bin überzeugt, dass das eines der wichtigsten Elemente des Erfolgs überhaupt ist.

Crosstraining, also verschiedene Sportarten zu trainieren, Querdenken und meine eigenen Schritte zu setzen, gehören zusammen.

Die Erfolge im Berglauf sind zwar meine erfolgreichsten, aber nicht meine ersten Ausflüge in die Leichtathletik. Durch Vollis Verbindung zum Landessportzentrum Rif trete ich bald nach Beginn meines Studiums der Union Salzburg bei und trainiere unter Hannes Langer für 3000 Meter auf der Bahn, Crosslauf und später auch Halbmarathon. Der hat alle Hände voll zu tun, meine automatisierten, lang gezogenen Schritte und Armschwünge ein bisschen leichtathletischer zu machen. Mit über zwanzig Jahren eine sogenannte »Laufschule« zu absolvieren lässt mich darüber nachgrübeln, wie ich mich meine ersten zwei Jahrzehnte wohl fortbewegt habe. Aber das Training wirkt phänomenal. Daneben die Atmosphäre des Sportzentrums Rif, in dem viele Hobbysportler den Spitzensportlern die Klinke in die Hand geben und Fußballer, Schwimmer, Kanufahrer, Läufer, Schispringer – die Liste der Disziplinen ist lang – ein- und ausgehen. Hannes betreut neben mir auch wirklich große Talente wie Laurin Madl und Tanja Burits. Laurin ist schnellkräftig und immer gut gelaunt. Tanja ist jung, hübsch und spezialisiert auf 3000 Meter. Zusammen fahren wir ins Höhentrainingslager nach St. Moritz, in die Schweiz. Der Sinn solcher Ortswechsel ist nicht nur, dass es der Seele guttut, mal eine andere Szenerie um sich zu haben, sondern in diesem Fall vor allem, unter den durch die Höhenlage erschwerten Bedingungen zu trainieren. Der Körper reagiert auf diesen Reiz mit einer vermehrten Bildung von roten Blutkörperchen, die bekanntlich den Sauerstoff aus der eingeatmeten Luft binden und dem Körper für Bewegung zur Verfügung stellen. Ein klassischer Trick aller Ausdauerathleten. Ich teile das Zimmer mit Tanja. Sie erzählt mir von ihren großen Träumen und sportlichen Zielen, hochgesteckt, aber sie kann das erreichen. Im nächsten Sommer zertrümmern Chinesinnen im eigenen Land die bisherigen Weltrekorde über 3000 und 5000 Meter. Tanjas Welt bricht zusammen. Sie erholt sich nicht mehr. Kämpft mit Bulimie, dann Drogen. Eines Morgens wird sie leblos aufgefunden. Todesursache: Überdosis.

Lange läuft Tanja in meinen Rennen mit mir. Jeder Schritt zählt. Auch für dich, liebe Tanja.

Laurin kämpft plötzlich mit einem Gewächs im Gehirn. Und verliert den Kampf. Jeder Schritt zählt. Auch für dich, lieber Laurin.

Kurz vor der Jahrtausendwende stirbt Papa. Auch er kann seinen Krebs nicht besiegen. Jeder Schritt zählt. Vor allem für dich, lieber Papa.

Ich kann nicht verstehen, warum manche Menschen für ihr wunderbares Sein anscheinend nicht belohnt werden.

Meine Schritte werden langsamer. Ihr Sinn wird über die Jahre für mich immer fraglicher. 1998 beende ich mit vier World-Trophy-Siegen im Berglauf, mit dem Gesamt-Weltcup Sieg des Worldloppet, vielen Einzelsiegen bei internationalen Rennen und über fünfundzwanzig österreichischen Meistertiteln im Schilanglauf, Berglauf, Halbmarathon und Crosslauf offiziell meine aktive Karriere als Sportlerin.

Wolfspirit 7

Oktober 2005 Ein paar Tage nach der Operation holen Phil und ich Mutti vom Flughafen in Calgary ab. Sie haben meinen Tumor entfernt. Den Schädel hufeisenförmig aufgeschnitten, dann das Gewächs im linken Temporallappen herausgetrennt. Die Schädeldecke wieder hinaufgeklappt und mit Klammern fixiert. Ich habe nicht mal ein Haar verloren. Den Tag danach lag ich, an Morphiuminfusionen gehängt, im Bett des Foothills Krankenhauses, Phil neben mir.

Angeblich haben mich sogar Freunde besucht, ich weiß nichts mehr. Sehr gut dagegen kann ich mich an die Nacht vor der Operation erinnern: Zuerst der Chirurg Dr. Ian Parey mit der Einverständniserklärung, aus der er mir alle Gefahren dieser bevorstehenden Operation vorlas. Ich musste schlucken. Und ich musste unterschreiben. Am Abend besuchten mich meine Freunde Mike und Shelley und brachten mir eine Kuscheldecke. Ich wollte sie nicht gehen lassen, hatte Angst vor dem Alleinsein und den quälenden Gedanken. Es war spät, als sie endlich gingen. Alles war dunkel und still. Nun war ich allein. Es war nicht mal ein richtiges Zimmer, wo ich meine letzte Nacht vor dieser großen Operation verbrachte. Ein Abteil, finster. Ich sah Schläuche, nichts Menschliches außer meiner Kuscheldecke. Ich starrte ins Dunkel – und dann kam ein warmes Gefühl der Geborgenheit und Zuversicht über mich. Eine kraftvolle Ruhe übermannte mich und ließ mich wunderbar schlafen.

Gleich am Morgen wurde ich in den Operationssaal geschoben. Die OP-Schwestern nahmen mir meinen Schmuck ab, mein Wolfsamulett vom Hals und meinen Regenwaldring vom Finger. Es war schwer, mich von diesen zwei Dingen zu trennen. Die Schwestern fragten mich noch nach meiner Arbeit mit den Wölfen, in meiner Antwort schlief ich ruhig ein.

Es wurde eine erfolgreiche Operation. Dr. Parey konnte alles sichtbare Tumorgewebe entfernen. Aber es ist mein Gehirn, und im Gehirn kann man nicht »in sano« operieren, also großzügig um den Tumor herum zusätzliches Gewebe wegschneiden. Und es ist eine aggressive Tumorart. All das verlangt nach weiteren Therapien und Monaten, ja sogar Jahren, in denen ich zwischen Unsicherheit und Angst, aber auch mit ständiger Hoffnung lebe.

Zwei Tage nach meiner Operation bin ich wieder in Canmore, stehe auf und will unbedingt zum Fluss. Der Bow River ist die Lebensader des Tals und darf auch durch Canmore zum größten Teil frei fließen. Er teilt sich in Nebenarme, bildet Inseln und andere Strukturen.

Sowohl die Wildtiere bis hin zum Grizzly als auch die Einheimischen lieben die Wanderpfade entlang seiner verschlungenen Wege. Es ist sehr früh, und noch ist niemand unterwegs. Am Steilufer steigt ein kleiner Weg nach oben. Da will ich rauf. Mir beweisen, es ist alles nicht so schlimm. Ich kann das noch. Auf allen vieren klettere ich langsam nach oben, die Geschwindigkeit hat keine Bedeutung mehr, nur das Ziel, oben anzukommen. Ich schaffe es, und als ich zum Fluss hinuntersehe, kreuzt in diesem Moment eine Wapitiherde den Fluss. Den Anblick werde ich nie vergessen. Er motiviert mich, von nun an jeden Tag meine Runde entlang des Flusses durch Buschgelände und über Biberdämme zu gehen, ich steige über Wolfskot und beobachte Kojoten, Wapitis und Weißkopfseeadler.

Nahanni ist immer dabei. Meine Schritte sind sehr langsam, und ich werde immer schwächer, je länger die Chemo- und Bestrahlungstherapie andauert. Aber meine Freude über diesen Marsch wird immer größer. Ich muss mich inzwischen bereits bei der kleinsten Uferstufe mit all meiner Kraft und unter Mithilfe meiner Arme hinaufarbeiten. Nahanni bleibt bei mir, geht meine Langsamkeit mit, steht, wartet. Ohne Leine und ohne Ungeduld. Sie nimmt meinen Rhythmus in sich auf. Sie erinnert mich, dass Zeit nur etwas Zusätzliches ist, nichts Hauptsächliches. Und dass allein der nächste Schritt zählt.

Als ich in das von Mike organisierte Appartement in Calgary ziehen kann, verlege ich meine täglichen Spaziergänge nur hundertzehn Kilometer flussabwärts. Auch hier darf der Bow River frei in die Großstadt hineinfließen. Meine Wohnung liegt zwei Minuten vom Ufer entfernt. Und zehn Minuten Gehzeit vom Krebszentrum der Klinik. Alles ist so perfekt.

Es ist Dezember, die Tage sind kurz und schon sehr kalt. Aber die vielen Weihnachtslichter, die ich unter Normalbedingungen furchtbar kitschig finden würde, sind nun richtig erhellend für mich, im wahrsten Sinne des Wortes. Eine Nachbarin stellt sich vor. Yolanda bringt mir daraufhin immer wieder supergesundes Essen herüber, sie ist auch Physiotherapeutin und kommt einige Male zum Massieren. Ich kann die Tage, an denen ich allein bin, an einer Hand abzählen. Meine Freunde aus Canmore und Calgary haben einen regelrechten Terminplan, wann wer bei mir ist. Es ist wunderbar. Denn die ständige Ablenkung tut Wunder.

Selbst kann ich keine Bücher lesen, sogar Fernsehen ist zu anstrengend für meine – durch die Bestrahlung sehr müde gewordenen – Augen. Ich höre viel Radio, heilende Musik und Hörbücher auf CD, die mir meine Freunde mitbringen. Manchmal machen wir einfache Spiele, Vanessa hat immer eine Art von Entertainment mit, ob Nagellack oder Perlenschmuck, den wir selbst basteln. Meist aber lasse ich mir einfach erzählen, was daheim los ist, oder schlafe.

Eines Nachts, als ich ausnahmsweise alleine bin, beginnt draußen ein heftiger Sturm zu blasen. Es ist der Chinook, der warme Fallwind aus den Rockies. Wie ein Gruß aus den Bergen bricht er herein. Er rüttelt und schüttelt an meinem Fenster. Schließlich drückt er es auf. Der erfrischende Wind braust durchs Zimmer und erfüllt es mit Bewegung, mit einer ansteckenden Lebensfreude. Ich springe aus dem Bett, will eigentlich das Fenster schließen, bleibe dann aber vor dem geöffneten Fenster lange stehen und atme die Nachricht ein. Mir ist, als ob er mir zurufen will: »Komm mit! Du gehörst da raus in die Natur, ins Leben.«

»Chinook, darf ich dir was mitgeben? All das Schlechte in meinem Körper, was da nicht hingehört? – Da hast du's. Bitte nimm es mit.«

Es ist mir, als ob der Wind durch mich, durch meinen Kopf saust. Ihn reinigt. Und alles Überflüssige in nichts auflöst. Dann wird es ruhig, ich schließe das Fenster. Und schlafe mit einer neuen Leichtigkeit wieder ein.

Die Weisheit des Grey Owl – Prärieleben

Präriewinter

Winter 2003/2004 Der Riding-Mountain-Nationalpark liegt wie eine wilde Insel inmitten eines Meeres aus Getreidefeldern und Weide- und Grasflächen in den Prärien von Manitoba. Er hat die ironische Form einer nach Westen gerichteten Riesenpistole. Auf dreitausend Quadratkilometer sanfter Hügellandschaft wechselt sich dichter borealer Nadelwald mit lichtem Pappelwald und ausgedehnten Wiesenflächen ab, dazwischen füllen Seen, Moore und tiefe Schluchten die Landschaft. Neben Hunderten von Vogelarten durchstreifen große Wapitiherden, Elche, Bären und Wölfe das Schutzgebiet.

Als ich in der Moon-Lake-Rangerstation ankomme, ist es bitterkalt. Präriewinter eben. Ranger Glenn und seine Frau Lorraine begrüßen mich herzlich und zeigen mir meine Unterkunft für die nächsten Monate. Das kleine Parkhäuschen liegt gleich neben ihrem Wohnhaus und dem Büro von Glenn. Ein Pferdestall dahinter, und das war's dann auch schon an Gebäuden der Moon-Lake-Rangerstation. Sie liegt am Nordeingang des Nationalparks an einer – relativ! – großen Straße, die die Stadt Dauphin, etwa zwanzig Kilometer nördlich des Parks, mit Wasagaming verbindet, dem Hauptort des Parks, der südöstlich liegt. Dauphin wird unser Anlaufpunkt zum Einkaufen, Bücherausleihen und um unsere Beobachtungsflüge zu starten. Astrid, Doktorandin aus Norwegen, leitet das Forschungsprojekt über die Wölfe im RMNP.

Acht davon sind mit einem Sendehalsband versehen worden. Patty hilft uns, die Wölfe in der weitläufigen Landschaft zu finden.

Sie ist die Besitzerin der Mini-Fluggesellschaft von Dauphin Airport. Abwechselnd heben Astrid oder ich mit Patty ab, um aus der Luft die Signale der Halsbänder zu orten und so die Tiere zu finden. Generell liebe ich das Fliegen, es enthüllt so viele versteckte Naturjuwelen, und man bekommt erst aus der Luft einen richtigen Überblick über die Landschaft. Noch nicht erkannte Zusammenhänge tun sich auf. Oft ist es wichtig, Dinge aus einer gewissen Distanz und einer neuer Perspektive zu sehen. Generell also fliege ich gern. Generell genieße ich auch den Anblick von Wölfen. Und generell steige ich trotzdem käseweiß aus der kleinen Cessna-Propellermaschine und verzichte regelmäßig auf ein großes Frühstück, wenn ich am Vormittag fliege. Das Fliegen in niedriger Höhe und das enge Einkreisen des Signals ist nichts für schwache Mägen, so exzellent Patty auch fliegt. Aber es ist eine neue, spannende Methode des »Wolftrackings«. Die Hauptfragestellung unseres Projekts ist, inwieweit die Wölfe durch die Isolierung des Parks in der drastisch vom Menschen veränderten Umgebung noch die Möglichkeit haben, sich mit anderen Wolfspopulationen auszutauschen. Um das herauszufinden, fahre ich regelmäßig in die nächstgelegene Waldlandschaft, in den Duck Mountain Provincial Park im Norden von Riding Mountain.

Fluglinie siebzig Kilometer entfernt. Siebzig gefährliche Kilometer für die Wölfe durch offenes, bewohntes Farmland. Können Wölfe, eine der mobilsten und anpassungsfähigsten Wildtierarten überhaupt, diese Distanz von »wolfsfeindlicher Landschaft« noch überwinden, um von der dortigen Wolfspopulation frische Gene zu beziehen? Astrid braucht dafür genetisches Material, so viel wie möglich. Und wieder mal avanciere ich zum Chef-Poop-Sammler. Ich fahre Tausende Kilometer hinter den Häufchen her und laufe Hunderte Kilometer auf Schiern – als Norwegerin natürlich auch für Astrid kein Problem. Schon eher ein Problem ist, dass Dauphin so eine kleine Provinzstadt ist, dass im Winter kein einziges Café offen hat. Ich kompensiere dieses fehlende Kulturangebot, indem ich Gitarrenstunden nehme. Leider hört sich der Lehrer lieber selbst spielen als seine Schülerin. Daher bleiben meine Gitarrenkünste unter dem dicken Prärieschnee bis heute gut versteckt.

Astrid ist sehr intelligent und ein Sprachengenie mit gutem Humor. In norwegischer Art stellt sie überall ihre Kerzen auf, und der Kaffee darf auch nie ausgehen. Auch heute noch ist sie eine meiner verlässlichsten Freundinnen. Am Ende des Winters haben wir viele kalte Schitage, aber vor allem viele schöne Freundinnen-Stunden gemeinsam verbracht. Wir überleben bei minus dreißig Grad ein Wintercamping oder entdecken zusammen das »Riding Mountain Witch Project«, das schweißt zusammen. Letzteres hat am Rande eines Canyons stattgefunden. Zufällig finden wir ein ins Eis des Baches eingefrorenes Geweih von einem einst kapitalen Hirsch. Kurze Zeit später noch eines, dann Rippen und weitere Hirschüberreste. Schließlich sind es zwölf Tiere. Uns ist klar: Das hier ist ein sehr cooler Wildlife-Kriminalfall. Als wir den steilen Hang nach oben klettern, erkennen wir die Strategie dahinter: In diesem Abschnitt dreht sich die Schlucht stark und lässt so ein spitz zulaufendes Waldstück entstehen. Die einzelnen Bäume dort sehen recht mitgenommen aus; alle tragen eindeutige Spuren von wiederholten Kämpfen um Leben und Tod. Ich kann nur wieder einmal meinen Kopf beeindruckt schütteln, was sich die Wolfsbande da wieder hat einfallen lassen: Sie haben schnell gelernt, ihre Umgebung voll auszunutzen und die Hirsche als bestens zusammengespieltes Team dem Abhang zuzutreiben; den Rest hat die Schlucht erledigt. Fasziniert starre ich in die Tiefe und auf das Werk höchster sozialer Intelligenz, das Werk der Wölfe.

Leider können sie aber der sogenannten Intelligenz des Menschen nicht immer entfliehen: Ich folge mit meiner Antenne dem Signal einer Wölfin, es ist sehr nahe, ich gehe vorsichtig weiter, vielleicht entdecke ich sie mit einem neuen Rudel. Denn sie ist eigentlich in einer anderen Ecke gefangen und besendert worden und hat ihre unmittelbare Heimat zunächst verlassen. Ganz plötzlich ist das Signal weg. Ich denke, ich träume. Das gibt's ja nicht. Ich gehe weiter in die Richtung, aus der ich das »Piep, piep« das letzte Mal gehört habe. Und komme an die Grenze des Nationalparks. Ihr entlang verläuft ein Schotterweg. Unschlüssig stehe ich vor der plötzlich offenen Landschaft mit den vielen aufgereihten Hochsitzen entlang der Grenze. Da knattert ein blauer klappriger Pick-up daher; der Fahrer bleibt neben mir stehen, öffnet das Fenster. Er deutet auf die Antenne in meiner Hand.

»Hab sie gerade zu mir nach Hause gefahren. War in meiner Schlingenfalle.« Ich seufze tief. »Komm mit, du kannst sie gleich mitnehmen, hab natürlich ihr Halsband gesehen. Ist wohl von einem Nationalpark-Projekt?«

»Ja, das war sie.«

Er wohnt gleich in der Nähe. Sein kleines Holzhaus ist voll mit ausgestopften Tieren. Stolz zeigt er mir eine Luchskatze mit ihren drei Jungen. Alle auf einem Regal an der Wand. Seine Frau macht Kaffee. Ich frage, ob ich telefonieren kann. Ich will die Parkleitung anrufen, sie sollen mich, Nahanni und die Wölfin hier abholen. Mein Auto steht weiß Gott wo.

»Wo ist sie?«

»Hinterm Haus, auf dem Haufen, wo ich alle Kojoten über den Winter lagere. Sind ja meistens schon steinhart gefroren, wenn ich sie entdecke. Brauch dann nur bis zum Frühling zu warten, wenn sie tauen und ich sie häuten kann. Da, da liegt sie.«

Ihr Gesicht ist zu einer schmerzverzerrten Grimasse erstarrt, in ihrem blutverschmierten Fang steckt ein abgebrochenes Aststück. Ihre Hinterläufe sind stark eingeknickt, mit den gestreckten Vorderläufen scheint sie sich bis zuletzt vergeblich gegen den langsam anschleichenden Tod durch eine Halsdrahtschlinge gewehrt zu haben. Nein, es ist kein schöner Anblick und ein Tief in meiner

Arbeit als Wolfsforscherin. Ein sehr reales Szenario, dem man, will man lernen und verstehen, in die Augen sehen muss. Ich möchte irgendwann einmal verstehen, wie man nach so einer Tat gut schlafen kann. Was in den Köpfen solcher Menschen vorgeht, wenn sie die Schlingen legen, was sie fühlen, wenn sie die Tiere häuten und die Kadaver haufenweise verrotten lassen. Irgendwann einmal.

Das alte Ehepaar ist sehr nett, erzählt und zeigt mir vieles aus ihrem Erfahrungs- und Wandschmuckschatz. Aber verstehen, verstehen kann ich sie nicht. Obwohl: Fallensteller Franz ist ein vor langer Zeit ausgewanderter Österreicher, wir haben dieselbe Muttersprache.

Die Prärien um den Park haben einen endlos erscheinenden Himmel. Einen weiten Horizont, der Offenheit, Weitsicht und eine ehrliche Großzügigkeit ausstrahlt. So sind auch die richtigen Präriebewohner. Der Raum, der uns umgibt, gestaltet auch uns und unseren Charakter. Auch wenn viele Farmer mit dem Wolf keine Freude haben, manche akzeptieren ihn. Nicht zuletzt, weil er ihnen – durch seine Jagdauslese – hilft, die Übertragung von Tuberkulose von erkrankten wilden Wapitiherden auf ihre Rinder zu reduzieren. Der Wolf, die Gesundheitspolizei. Einige Rinderzüchter sehen den Wolf als ihren Verbündeten, weil sie auf ihren Weiden zu viele Biber haben, die ihnen große Flächen Landes unter Wasser setzen. Andere sind stolz, auf ihrem Besitz eine Wolfshöhle zu haben. Wieder anderen ist er egal – und manche hassen ihn einfach.

Astrid legt eine Art Toleranz-Landkarte an, in der die Einstellung der Landbesitzer gegenüber dem Wolf eingezeichnet ist. Am Ende der Studie können wir erkennen, dass der Faktor Toleranz die Verbreitung des Wolfs mehr beeinflusst als jegliches andere Kriterium in der Landschaft. Wo wir Menschen bereit sind, mit dem Wolf zu leben, da lebt er. Wo wir uns gegen ihn entscheiden, da hat er kaum eine Chance. Zumindest nicht in einer so einfach zugänglichen Landschaft wie die der Prärien. Diese Erkenntnis macht nachdenklich. Ein weiterer Beweis, wie weit wir unsere Umwelt beeinflussen, gestalten und beherrschen. Wie abhängig unsere Umgebung doch von unserer Willkür ist. Wie hilflos sie uns ausgesetzt ist. Denn trotz unserer Macht zur Veränderung, nehmen wir Menschen unsere damit eng verbundene Verantwortung viel zu oft nicht wahr.

Der Jeep arbeitet sich durch den Schneesturm, die schneeverwehte Straße zeichnet sich schon länger nicht mehr von ihrer weißen Umgebung ab. Gott sei Dank verlaufen die Straßen hier zu 99 Prozent geradeaus. Ich höre im Radio eine Sendung über die heute stattfindende Frühlingsblumenzählung in Victoria, der Hauptstadt von British Columbia. Berühmt für ihre klimatisch begünstigte Lage, reibt sie damit alljährlich dem Rest des größtenteils noch tief im Schnee steckenden Landes ihr angenehmes Klima unter die Nase. So ist der kanadische Humor. Und so vielfältig ist Kanada.

Dick vermummt haben Astrid und ich noch einen Tag zuvor zusammen mit einem alten Ranger in den Duck Mountains einen ausgedehnten Ski-Doo-Rundtrip gemacht. Ich bin vor Kälte fast vom Ski-Doo gekippt.

Die Einheimischen sind eine interessante Mischung aus europäischen Einwanderern, deren Vorfahren ein Stück Prärie zur Bewirtschaftung zum Schleuderpreis überlassen worden ist, und Neuankömmlingen, die in dieser Landschaft ihre Ruhe suchen und ihre Kreativität entfalten wollen. Dank Paul, der hier selbst jahrelang gelebt und seine Doktorarbeit gemacht hat, lerne ich viele wunderbare Menschen kennen. Ein international erfolgreiches Journalistin-/Fotografen-Ehepaar, das sich eine alte Schule umgebaut hat, oder die Besitzer des kleinen Roadstop-Restaurants im Sechzigerjahrestil mit dem besten Burger der Region, Umweltschützer, die voll im Leben stehen, Intellektuelle, die hier genug Raum für ihre Gedanken finden, die Prärien haben für alle Platz.

Und Platz für wertvolle Freundschaften. Astrid ist zwischendurch immer wieder an der Uni, dann arbeite ich alleine. Eines

Tages fahre ich zur Baldy Lake Warden Station am gegenüberliegenden Ende des Parks. Blair, der dort stationierte Parkranger, kommt mir schon von Weitem entgegen. Er und seine Frau Deb bekommen nicht oft Besuch hier am Ende einer langen einsamen Straße. Sie leben mit ihrer Katze und ihren Pferden auf einer kleinen offenen Anhöhe mit einer wunderbaren Aussicht auf die Hügel des Parks. Als ich die beiden sehe, passiert so etwas wie »Liebe auf den ersten Blick«. Blair beeindruckt mich mit seinem ruhigen, zufriedenen Auftreten und seinem verschmitzten Humor. Seine Art erinnert mich sehr an Charles, mit dem ich in Südwest-Alberta zusammengearbeitet habe. Später erfahre ich, dass die beiden enge Freunde sind. Blair zeigt mir ein paar Wochen später im Labor, wie man Weißwedelhirsche aufbricht und auf eine Art von Rinderwahn untersucht. Deb zeigt sofort ihre warme, herzliche Art. Nach meiner Erkundungstour laden mich die beiden zum Kaffee ein. Deb zieht meinen Lieblingskaffee aus dem Regal. Er wird nur in den Rockies geröstet und verkauft. »Woher hast du den?« Erstaunt sehe ich Deb an. Der Kaffee ist der Beginn vieler Gemeinsamkeiten. Deb ist bis heute meine beste Freundin.

Beide stammen ursprünglich aus den Foothills der Rockies und haben ein Haus in Canmore. Sie wollen wieder in die Berge, und ein Jahr nach unserem ersten Treffen bekommt Blair tatsächlich eine Stelle im Banff-Nationalpark, Deb arbeitet in Banff beim großen österreichischen Heliskiing-Unternehmen CMH. Damit kann sich unsere Freundschaft weiter vertiefen. Denn auch ich kehre nach dieser Wintersaison wieder in die Foothills und im darauffolgenden Winter direkt nach Canmore zurück.

Astrid muss Ende Februar endgültig zurück an die Uni. In der auftauenden Landschaft unternehme ich noch einige lange Schidann Schneeschuh- und schlussendlich Gatschstiefeltouren. Während einer Campingnacht werde ich im Zelt vom dortigen Rudel umzingelt. Ich höre ihre Schritte von allen Seiten, dann ein Heulen vom Hang her. Ich gehe vors Zelt, sehe aber nichts. Nahanni bleibt dicht an meiner Seite. Sie dürfte die Größe des Rudels spüren. Am nächsten Tag finde ich überall frische Spuren und verbringe den Tag mit der Suche nach der vermuteten Wolfshöhle. Dichtes Buschwerk in unwegsamem Gelände macht die Suche vergebens. Vor allem habe ich Zahnschmerzen.

Da sie sich stark verschlimmern werden, muss ich mich am nächsten Morgen so schnell wie möglich selbst evakuieren; denn für einen helfenden Ranger mit Ski-Doo ist bereits zu wenig Schnee, für ein Pferd noch zu viel.

Ausgelaugt erreiche ich nach einem langen Marsch die nächste Rangerstation und fahre sofort zum vom Ranger empfohlenen Zahnarzt. Er muss mir einen stark entzündeten Zahn ziehen, über Jahre werde ich noch Komplikationen damit haben.

Als der Nationalpark Ende März im tauenden Schneesumpf versinkt, fahre ich ein paar Tage an die Brenton University, um dort aus erster Hand den Prozess der Genextraktion und -analyse aus Wolfskot zu erlernen. Ich kann im Haus des Genetikers übernachten und arbeite tagsüber umringt von Maschinen und Röhrchen bei künstlichem Licht an der Auswertung der in den letzten Monaten gesammelten Proben. Im letzten Prozessschritt schüttelt man das Glasröhrchen und plötzlich bilden sich in der trüben Flüssigkeit kleine, feine Fädchen. Mit eigenen Augen kann ich das Buch des Lebens sehen: die DNA-Stränge, die im Kern jeder lebendigen Zelle alles Leben auf der Erde steuern. Ein unglaublich faszinierender Anblick!

Mit diesem phantastischen Bild im Kopf packe ich meine Sachen und fahre wieder Richtung Westen, den Bergen entgegen. Die großen Felder stehen unter Wasser und sind mit Millionen Zugvögeln übersät. Sie machen Rast auf ihrer langen Frühlingsreise in den Norden. Durch ihre Anwesenheit verwandeln sie die flachen Prärien in eine dreidimensionale Landschaft. Voller Leben.

Neil Young

Winter 2003 »Und nimm die wärmste Kleidung mit, die du hast. Es sind minus dreißig Grad und es ist dazu noch sehr windig«, rät mir Erin am Ende unseres Telefonats. Das ist nicht viel, denke ich mir und packe meinen Anorak griffbereit obenauf. Dann springt Nahanni in den Truck. Wir sind auf dem Weg nach Saskatoon, der Hauptstadt der Prärieprovinz Saskatchewan, siebenhundert Kilometer östlich vom Startort Canmore. Noch bevor sich die Rocky Mountains am westlichen Horizont ganz verabschieden, muss ich das erste Mal eine ganze Flasche Motoröl nachgießen. Aber ich habe vorgesorgt und verzeihe es dem Toyota, er hat eine Ausrede: Er ist alt.

Ich bin trotz allem stolz auf mein erstes kanadisches Auto und genieße das Gefühl der Freiheit. Ohne eigenes Auto ist die Fortbewegung in Kanada nur sehr eingeschränkt bis gar nicht möglich. Alle Infrastrukturen sind um das Auto herum aufgebaut, alles ist weit auseinander – auch innerhalb eines Ortes; es gibt wenige Gehsteige und schon gar keine Radwege. Und die CPR, die Canadian Pacific Railway, transportiert fast nur noch Güter quer durchs Land zu den großen internationalen Häfen in Vancouver oder Thunder Bay. Wer halbwegs fit ist, kann sogar mit seinem Rad einen Zug mit vollgeladenen Waggons abhängen. Und wer sehr reich ist, kann die Luxusschiene buchen, den All-inclusive-Trip von Banff nach Vancouver. Der kostet mehr als mein Truck. Aber weniger Nerven. Ich fülle wieder einen vollen Kanister Öl nach. »Come on girl, wir müssen's jetzt nur noch nach Saskatoon schaffen.« Autos haben im Englischen – ironischerweise – weibliches Geschlecht.

In Saskatoon wartet das Auto des Forschungsprojekts. Nun fahre ich mit Nahanni durch die Prärien, der eiskalte Wind pfeift durch die Fensterlücke und auf meinen Komfort. Nahanni liegt zusammengerollt auf dem Beifahrersitz. Schneeverwehungen machen die Grenze zwischen Straße und Getreidefeld unsichtbar. Im Radio korrigieren sie die aktuelle Temperatur nach unten. Ewig lang und ewig gerade geht's nach Osten. Wenn nun mein Lenkrad auch noch einfriert, denke ich, wär's auch kein Problem. Oder der Blinker. Braucht man hier beides nicht.

Lyle, mein guter Freund mit mindestens zwanzig Leben, stammt aus Winnipeg. Er kennt jeden der drei Bäume auf der tausend Kilometer langen Strecke zwischen den Bergen und seiner Heimatstadt Winnipeg, der Hauptstadt von Manitoba.

Eines seiner Leben verbrauchte er irgendwo da draußen in einem Getreidefeld: Wann immer er auf dem Weg durch die Prärien ist, montiert er sich eine Art Notenständer auf sein Lenkrad und liest ganze Bücher aus. Das eine Mal schlief er dabei ein und erwachte erst mitten in einem Getreidefeld. Er wusste nicht, wo die Straße war und musste lange warten, bis ein Auto vorbeifuhr, das ihm so den Straßenverlauf verriet. Ich dagegen spiele Neil Young rauf und runter. Er ist auch aus Winnipeg. So wie Lyle und so wie ein Ex-Zimmergenosse von von Phil und mir: Jason, der bester Bergläufer Kanadas – nichts ist so flach wie Winnipeg, und das Höchste dort ist die renaturierte Müllkippe. Das war jahrelang sein Trainingsgelände: muss ein interessanter Menschenschlag dort sein.

Wenn man durch die Prärien fährt, muss man einfach Neil hören. Ich begreife, wie sehr diese Weite Menschen prägen kann. Anita, Paul Paquets wunderbare Frau, stammt aus der Provence in Frankreich und wohnt nun zusammen mit Paul in dem kleinen Prärieort Meacham. Ein paar Häuser, zwei Kirchen und ein alter hölzerner Getreidespeicher. Das ist Meacham. Die beiden hatten lange auch ein Haus in Canmore. Anita ist lebenslustig, intelligent und offen für alles. Sie ist eine begnadete Künstlerin. Und genau deswegen, weil sie ein Auge für das Kleine, ein Gespür für Details hat, ist sie immer eine extrem erfolgreiche »Wolfshäufchen-Finde-rin« gewesen.

Von den Bergen hat sie sich immer bedrängt gefühlt. »Weißt du, Gudrun, ich brauche einfach die Weite und den großen Himmel. Sie inspirieren mich. Nur da kann ich so richtig kreativ sein.« Mit jedem Kilometer mehr kann ich ihrer Aussage mehr und mehr abgewinnen. Ich habe noch nie zuvor so viel Himmel gesehen. Hier draußen ist er nicht nur über mir wie in den Bergen, er ist auch vor mir, neben mir, hinter mir; ja, um mich herum. Ich kann eigentlich umgekehrt sagen, ich bin im Himmel. Und statt der Engel singt Neil. Passt mir gut.

Östlich an Saskatchewan grenzt die Provinz Manitoba; zusam-men mit Alberta sind dies die Provinzen mit den größten Prärie-flächen. Jene endlos scheinenden Grasflächen im Herzen von Nordamerika, die mit ihren reichen Böden die ersten Siedler von Wohlstand haben träumen lassen. Die Siedler errichteten eine Farm nach der anderen. Sie kamen aus der ganzen Welt. Und vor allem aus den Ländern, die in der zweiten Hälfte des neunzehnten Jahr-hunderts daheim von Hungersnöten geplagt waren: wie Irland oder die Ukraine. Die heutigen Präriefarmer behaupten von sich selbst, ein zähes Volk zu sein. Und jeder gibt ihnen recht. Als sich die ersten Farmer niederließen, profitierten sie von ein paar außergewöhnlich regenreichen Jahrzehnten. Die Neuankömmlinge nahmen dieses Klima als normal an. Doch der wirkliche Normalzustand kehrte bald ins Land zurück. Er bedeutet Trockenheit und Hitze im Som-mer und eisig polare Kälte im Winter. Winnipeg ist oft der Kältepol Kanadas. Kälter als der arktische Winter. Nun kämpfen die Farmer jedes Jahr mit Ernteausfällen – bis zu hundert Prozent. Viele bleiben trotzdem, andere geben aber auch auf. Die Regierung sucht Nach-folger für die Bewirtschaftung der Weizenfelder. Jedes Mal, wenn ich auf meinem Flug von Europa nach Kanada aus dem Flugzeug schaue, erkenne ich die Prärien sofort: Wie ein gigantisches Schachbrett sehen sie heute aus, unterteilt in Zigtausende Quadratmeilen in Grün- und Braunnuancen. Die ursprünglichen Grasslands, die die ersten Siedler so beeindruckten, sind heute verschwunden. Zu einfach war ihre Kultivierung. Eines haben die eifrigen Bauern aber nicht einkalkuliert: die heftigen Präriewinde. Heiß und unbarmherzig trocknen sie das bestellte Land aus und wehen Jahr für Jahr den wertvollen Humus davon. Die davor schützende Grasnarbe der Prärien wurde schon lange umgeackert. Die großen Bisonherden fehlen heute und damit ihr natürlicher Dung. Die endlosen Monokulturen müssen daher riesige Mengen an Kunstdünger und Pestiziden schlucken. Geliefert vom Weltkonzern Monsanto. Führend im modernen Spiel mit dem Feuer: Experten der Genmanipulation. Getreide ist ihr Versuchskaninchen, die Prärien ihr Versuchslabor. Zum einen veränderte Monsanto die Erbinformation des Getreides, sodass die Pflanzen nun Hybride sind. Das heißt, die neuen Samen sind nicht keimfähig und daher für die Bauern nicht weiterverwendbar. Sie müssen jetzt jedes Jahr neues Saatgut von Monsanto kaufen. Das ist aber nur ein Teil des Coups; Getreide, allen voran Raps, sind so genmanipuliert, dass sie hohe Dosen des Allround-Pestizids »Roundup« gut vertragen. Daher kaufen die Bauern nochmals bei Monsanto ein, und zwar das hochgiftige Roundup – in großzügigen Mengen. Bauernaufstände werden nicht geduldet. Und wo einst die Bisonherden grasten, sahnt nun die Agro-Mafia ab.

Jetzt liegt alles unter einer schneeweißen Weste. Ja, sogar bei den aktuellen Temperaturen und Autoproblemen ist es für eine Alpenländlerin wie mich unglaublich schön, diese Weiten zu durchqueren. Der ewige Himmel vereint sich irgendwo da draußen mit der Erde. Je länger ich dahinfahre, desto mehr komme ich in eine Art Zen-Zustand. So angenehm und entspannt saß ich noch nie am Steuer. Schön, diese bläulich-silbernen Farben – überall.

Nach über sechshundert Kilometern und acht Stunden erreiche ich Saskatoon, die Hauptstadt von Saskatchewan. Erin erwartet mich in ihrer kleinen Mietwohnung. Gemeinsam fahren wir zur Uni. Dort studiert Erin. Ihre Masterarbeit will sie über die Wölfe im Prince-Albert-Nationalpark (PANP) schreiben. Natürlich ist Paul Paquet auch ihr Supervisor.

Der Nationalpark liegt zweihundert Kilometer nördlich der Hauptstadt. Auf seinen fast viertausend Quadratkilometern beherbergt er vor allem den borealen Nadelwald im Norden, das Aspen-Parkland im südlichen Teil und deren Übergangszone dazwischen. Zwanzig Prozent des Parks sind mit Wasser bedeckt. Die großen Seen sind bei meiner Ankunft schon zu dicken Eisflächen erstarrt. Das Gelände ist sanft hügelig, der maximale Höhenunterschied nicht einmal 250 Meter. Auf dem Weg zu meinem neuen Zuhause für die nächsten fünf Monate stoppen wir in Prince Albert zum Großshopping. Ich werde in einer Unterkunft in Waskesiu leben, dem einzigen Ort im Nationalpark. Er liegt am großen Waskesiu Lake und biegt sich im Sommer angeblich unter den Scharen von Urlaubern. Ich merke nichts, absolut nichts, von diesem Phänomen: Die Geschäfte sind verriegelt, die Tankstelle verwaist, alle Hotels zugesperrt. Nur das Haywood Hotel hat offen, daneben die kleine Post. Im Winter gehört der Urlaubsort den Angestellten des Nationalparks, den Wapitihirschen und den Wölfen. Und ab heute auch ein kleines Stückchen mir. Es gibt Orte, da kommt man das erste Mal hin und fühlt sich schon daheim. Der Prince-Albert-Nationalpark und Waskesiu gehören dazu.

Ich liebe die Ruhe und das familiäre Flair: Die Parkangestellten treffen sich in ihrer Freizeit zum Eishockeyspielen oder zum Dart. Dabei werden dann die Neuigkeiten ausgetauscht, von denen es nicht viele gibt. Die Wapitis stehen am Tenniscourt und lagern vor allem auf dem Golfplatz: Dann kommt Bewegung in die Szenerie. Die Parkbetreuer bewaffnen sich mit Hockeyschlägern und jagen die Hirsche vom edlen Rasen. Denn die Tiere kommen in Scharen und scharren durch den Schnee bis zum saftigen Grün. Außerdem haben die Kühe ihre Kälber dabei und diese würden sich schnell an die Golfwiesen gewöhnen, was im darauffolgenden Sommer nicht mehr allzu günstig wäre. Huftiere können Menschen attackieren. Sie werden meist unterschätzt oder ihre Toleranzdistanz unterschritten. Endlich haben die Betreuer was zu tun. Kanadischer geht's gar nicht.

Die Aspen-Parkland-Wölfe

Winter 2003 Meine Aufgabe ist einfach: So viel Wolfskot wie möglich und aus so viel verschiedenen Ecken des Parks wie möglich zu sammeln. Paul Paquet hat mir sein Wolfsforschungsauto dafür zur Verfügung gestellt. Mein maroder Truck darf sich vor meiner Wohnung in den Winterschlaf begeben. Der rote Wolfs-Toyota mit zuschaltbarem Allradantrieb ist perfekt – so perfekt, dass ich ihn am Ende der Saison von ihm abkaufe. Dazwischen liegen unzählige Kilometer auf den schneeig eisigen Straßen des PANP. Schon bald kann ich bei fünfzig Stundenkilometer alle Wildtierspuren identifizieren, ja sogar ihre Haare erkennen. Die sammle ich lieber als den Kot, denn der klebt meist als schön stinkiger Fladen auf der Straße fest. Von der Straßenmeisterei des Parks habe ich mir schon bald das entsprechende Sammelwerkzeug ausgeliehen: Hacke und Spaten. Damit kratze ich viele Hundert solcher Fladen vom Asphalt.

Wölfe lieben es, die Straßen entlangzuwandern. Oft viele Kilometer. Und wenn sie frisch von einem Riss kommen, dann ist ihr Kot meist sehr dunkel, extrem stinkend und recht dünn. Mit Erins Studie will Parks Canada herausfinden, wie viele Wolfsrudel beziehungsweise Wölfe es im Park gibt. Dafür analysiert man deren DNA. Wo sich dann die einzelnen identifizierten Wölfe genau aufhalten, sagt mein GPS, in dem ich jede Losungsstelle speichere. Die

Genetik gibt aber vor allem darüber Auskunft, inwieweit das Schutzgebiet seiner Aufgabe nachkommen kann, eine gesunde genetische Vielfalt in der Population zu erhalten. Rund um den Park wird der Wolf nach wie vor von Jägern, Fallenstellern und Viehzüchtern stark bejagt. Können sich die Wölfe genetisch noch austauschen mit den Tieren des weniger beeinflussten Nordens? Eine wichtige Fragestellung für das Bemühen um eine langfristige Erhaltung der Artenvielfalt. Und was wäre unser Planet ohne die vielen verschiedenen Erscheinungsformen? Arm, sehr arm. Und schlecht gewappnet für Veränderungen aller Art. Um zusätzlich herauszufinden, was Wölfe hier fressen, kann man zwei verschiedene Methoden anwenden: erstens kann man den Kot sterilisieren und auswaschen, ganz nach dem Motto: »Was vorne reinkommt, geht hinten auch wieder raus.« Dann schaut man sich in Ruhe alle unverdaulichen Beutetieranteile an und ordnet zu. Das Waschen ist eine Arbeit jenseits von Gut und Böse. Aber das Übriggebliebene ist wie der Inhalt einer Schatzkiste. Erstaunliches Zeug kommt dabei zum Vorschein: von noch kompletten Rehunterkiefern oder -hufen über Bärenkrallen bis hin zu jeder Menge Knochen, Zähne und Haare. Diese Technik haben wir vor allem auch bei den Küstenwölfen angewendet. Die zweite Methode ist vielleicht nicht ganz so genau, aber viel eleganter: Man vergleicht die Anteile an sogenannten stabilen Isotopen – vor allem von Stickstoff und Kohlenstoff – in den Haaren oder anderen Teilen, die einem von allen möglichen Beutetieren zur Verfügung stehen, mit denen des Wolfs. Durch Modellberechnungen kann man dann den jeweiligen Nahrungsanteil der Beutetiere berechnen. Beide Techniken haben also eines gemeinsam: das Ausgangsmaterial »Kot« oder »Poop«, wie man in Kanada sagt.

Jeden Morgen plane ich via Landkarte eine neue Tour, um die Gegend danach abzusuchen. Dann halte ich kurz am Büro des Nationalparks, wo es immer nach frischem Kaffee riecht. Das haben wohl

Büros auf der ganzen Welt gemeinsam. Ich informiere mich über neue Wolfsmeldungen und hinterlasse vor allem meinen ungefähren Routenplan für den Tag. Zwar trage ich immer ein Funkgerät bei mir, aber darauf ist bei der Kälte und wegen der Funklöcher in dieser Gegend nicht unbedingt Verlass. Dann mache ich mich auf den Weg. Meist mit Langlaufschiern: Dieser Sport verfolgt mich im Guten. Erins Onkel Herb besitzt ein großes Hotel in Waskesiu; im Winter ist es zwar auch geschlossen, aber Herb ist auch der Schiklubchef des »Malamute Nordic Racing Club« in Prince Albert, schon bald steht er vor meiner Tür und freut sich wie ein Kind, dass ich hier gelandet bin und er mir eine Ausrüstung für meine Spurensuche auf Schiern übergeben kann. Die Landschaft und vor allem die großen zugefrorenen Seen sind wirklich perfekt dafür. Die Ausrüstung weniger. Am Ende der Saison taugt sie gerade noch für den Müll. Es war mir peinlich, aber die Kälte hat die Schuhe schon in der ersten Woche so spröde gemacht, dass sie in der zweiten Woche auseinandergebrochen sind. Aber Kanada ist gerüstet für solche und Millionen anderer Härtefälle: »duct-Tape«. Die Antwort auf alle Katastrophen. Ein breites silbernes Klebeband, es haftet überall, ist extrem strapazierfähig, einfach abzureißen und der Nummer-eins-Artikel für alle Outdoor-Aktivitäten. Zum Transportieren rollt man sich einfach ein paar Meter von der gekauften Spule und umwickelt damit seine Trinkflasche, den Nummer-zwei-Artikel für draußen. Eine dicke Flasche aus Hartplastik und Statussymbol in den einschlägigen Kreisen der Outdoor-Community.

So laufe ich für den Rest des Winters viele Kilometer mit meinen Duct-Tape-Langlaufschuhen in den Spuren der Wölfe. Auf breiten, langsamen Schuppenschiern und mit schweren Stöcken. Wenn ich über Nacht weg bin, ziehe ich zusätzlich einen als Ziehschlitten umfunktionierten, vollbeladenen und kippwütigen Kinderbob hinter mir her. Aber ich habe das Langlaufen noch nie so genossen. Diese Art der Fortbewegung passt am besten zu dieser Landschaft, zu mir und zu den Wölfen. Das lange Dahinziehen bringt mich in den bedächtigen Rhythmus der gefrorenen Landschaft. Sogar die Geräusche sind erstarrt und alles, was ich oft über Stunden höre, ist das Dahinschleifen meiner Schi auf der rauen kalten Schneeoberfläche. Es ist, als ob die gesamte Natur unter der dicken Schneedecke in einem seligen Dornröschenschlaf läge.

Heute ist es total windstill, und ich stehe mit Nahanni an einem Seeufer im Hinterland. Nichts. Ich höre absolut nichts. Gibt es so einen Zustand auf unserer Welt überhaupt noch? Ich schließe meine Augen und strenge mich an, *irgend*etwas zu hören. Umsonst. Da ist einfach nichts. Das Land um mich ist prall gefüllt – bis in die letzte Ecke: mit Stille. Ich stehe einfach da und nehme die vollkommene Abwesenheit von Lauten in mich auf. Leider dauert dieser Zustand nicht allzu lange an: In meinen Ohren fängt es an zu surren. Sie sind das nicht gewöhnt, nichts zu verarbeiten.

Nahanni läuft neben mir her, bleibt immer wieder stehen, um den Wind zu testen, rollt sich übermütig im Schnee und sprintet mir dann wieder nach. Wenn ich Wolfskot aufsammle, rollt sie sich in Husky-Wolfs-Manier ein und blinzelt mit einem Auge aufmerksam, bis ich meine Arbeit beendet habe. Sie überlässt mir die Drecksarbeit aus sicherer Distanz. Schon bald will ich das nicht mehr gelten lassen. »Nahanni, du solltest schon ein bisschen was tun für deine Kost, Unterkunft und Schmuseeinheiten.« Ich habe beschlossen, sie zu meiner Wolfskot-Sammel-Chefassistentin auszubilden. Es geht ganz einfach: Ich nehme ein gefülltes Säckchen aus dem Feld mit nach Hause und deponiere es – gut verpackt und gekennzeichnet! – in der Tiefkühltruhe. Jeden Abend hat das Säckchen einen wichtigen Auftritt: Ich sperre Nahanni kurz ins Badezimmer und verstecke es irgendwo in meiner Wohnung. Dann lass ich Nahanni raus, und sie muss den Wolfskot finden. Was sie immer schnell erledigt. Das sind so die Spiele von Wildbiologen an einsamen, langen Winternächten.

Die Tage sind im Winter sehr kurz, und so passiert es mir regelmäßig, dass ich das rechtzeitige Umkehren vergesse. Dann leuchtet mir Nahanni mit der weißen Unterseite ihres aufgestellten Schwanzes den Weg heim. Hunde wie Wölfe sehen tagsüber ungefähr so gut wie wir. Aber schon in der Dämmerung sind sie uns überlegen. Der Grund heißt: Tapetum lucidum, eine spiegelartige Fläche hinter der Netzhaut, durch die das spärliche Licht reflektiert wird und so nochmals genutzt werden kann. Auch nehmen alle Wolfsartigen Bewegungen viel empfindlicher wahr als wir Menschen, vor allem in der Ferne. Über ihren Hör- und vor allem exzellenten Geruchssinn muss ich nicht mehr lange erzählen. Beide sind legendär: So können Wölfe das Heulen von Artgenossen über zehn Kilometer wahrnehmen oder Beutetiere bis zu zwei Kilometer weit riechen. Gerade in der Dunkelheit wird mir immer bewusst, wie ärmlich im Vergleich mit anderen Raubtieren – was wir im biologischen Sinne ja auch sind – wir Menschen mit unseren Sinnen ausgestattet sind. Dann lege ich mein gesamtes Vertrauen in Nahanni und ihre Sinne, und sie bringt mich immer verlässlich zurück zum Auto. Wie auch wir spüren Hunde und – wie ich selbst erfahren habe – Wölfe sowie die Mehrheit der höherentwickelten Tiere, wenn man ihnen Vertrauen entgegenbringt. Wie sie das genau wahrnehmen, weiß ich nicht, vielleicht sind wir dann einfach selbst entspannter und bewegen uns runder, vielleicht sagt ihnen das aber auch ihre Nase, die andere Ausdünstungen von uns aufnimmt, als wenn wir ihnen mit Misstrauen begegnen würden. Oder sind es die Spiegelneuronen, von denen ich schon erzählt habe und die mich sehr faszinieren? Oder von allem ein bisschen? Das denke ich am ehesten.

Wir Menschen tendieren dazu, in abgeschlossenen Kategorien zu denken. Das hat schon der Schweizer Pädagoge Pestalozzi Ende des achtzehnten Jahrhunderts kritisiert, als er den Begriff »Brockenwahrheiten« im Zusammenhang mit unserem Schulsystem einführte, das Wissen unzusammenhängend vermittelt und so das vernetzte Denken total vernachlässigt. Gerade beim Thema Wolf müssen wir alle zugeben, eigentlich nur »Brockenwahrheiten« zu wissen. Aber das, was wir wissen, soll zumindest belegbar, nachvollziehbar und eben beweisbar sein. Hier im Prince-Albert-Nationalpark habe ich wieder die Gelegenheit, ein paar Brocken mehr zur Wahrheit hinzuzufügen: Immer wieder finde ich Risse in Ufernähe auf dem Eis der Seen. Die Jagdsequenz scheint routiniert zu sein. Das Rudel nähert sich gemeinsam dem See, fächert sich auf, umschließt so ein Waldstück und treibt ein sich darin befindendes Beutetier Richtung Eis. Sobald dieses auf der rutschigen Unterlage angekommen ist, haben die Wölfe mit ihren rauen Pfoten leichtes Spiel; das Huftier macht sehr schnell seinen allerletzten Ausrutscher. Der endgültige Rissplatz ist nur einmal über einen Kilometer vom Ufer entfernt. Dann hängen die Wölfe Stunden auf dem offenen Eis herum, fressen, schlafen, spielen und werden von den frechen Raben gemobbt. Manchmal so lange, dass es schon langweilig wird. Das ist dann ein echtes Luxusgefühl.

Die Tötungssequenz selbst kann man gut im Schnee nachlesen: Wo beginnen die Wölfe Richtung See abzudrehen, wo treffen sie das erste Mal auf das Beutetier, wie weit entfernt davon färbt der erste Blutstropfen den Schnee rot? Wie viele Wölfe sind bei der direkten Jagd beteiligt? Wo treffen die anderen dazu? Wie angegriffen ist die Beute bereits, kann sie noch springen oder läuft sie nur noch ziellos quer durch den Busch? Auch wenn zu dieser Zeit die Wölfe bereits mit vollen Bäuchen um den Rissplatz liegen oder meistens schon abgezogen sind, erzählen die Spuren im Schnee bis zum nächsten Schneefall die genaue Geschichte – jedem, der bereit ist, sie zu suchen, zu sehen und zu verstehen.

Die Hauptbeute der PANP-Wölfe ist das Reh. Am letzten Arbeitstag vor Weihnachten laden mich die Nationalparkbetreuer zu ihrer gemeinsamen Weihnachtsfeier ein. Da sie erst um elf Uhr losgeht, checke ich davor noch das Südostufer des Waskesiu Lake. Schon bald entdecke ich die frischen Spuren des gesamten lokalen Rudels: Acht Wölfe sind vor Kurzem entlang der Stichstraße parallel zum Ufer patrouilliert, dann sind sie plötzlich Richtung See abgedreht. Nachdem sie einen Waldstrich durchstreift haben, führen ihre Spuren aufs Eis. Eigentlich muss ich gar nicht mehr auf die Spuren im Schnee schauen, das »Krahkrah« der Raben ruft es mir schon zu: Hier ist ein Kill, hier ist ein Kill! Und als ich aus dem Wald ans Ufer trete, sehe ich ein totes Reh keine hundert Meter vom Ufer entfernt auf dem Eis liegen. Nahanni steht schon schwanzwedelnd daneben. Wow, danke für das tolle Weihnachtsgeschenk, denkt sie wohl. Nix da, gehört den Wölfen. Ich sehe mich über beide Schultern um. Die Wölfe nämlich können nicht weit sein: Die Leber, alle Innereien sind noch drinnen. Die fressen sie immer als Erstes. Ich habe sie sicher nicht gestört und verjagt. Das hätte mir Nahanni angezeigt. Ich sehe auf die Uhr. Die Weihnachtsfeier geht gleich los. Widerwillig ziehen ich und Nahanni vom Kill weg, aber sie hat sich noch schnell selbst bedient und den Vorderlauf abgerissen. Ihre Mine lässt keinen Zweifel aufkommen: Der muss mit ins Auto. Na denn. Es ist bald Weihnachten.

Die Feier ist sehr familiär, sie lässt erstmals Weihnachtsgefühle in mir hochkommen, gepaart mit einem Anflug von Heimweh nach Österreich. Die Vorweihnachtszeit ist daheim in den Alpen so heimelig und voll mit Traditionen wie wahrscheinlich sonst kaum auf der Welt. Auch wenn diese Wochen meist alles andere als ruhig sind, geben sie mir immer das Gefühl von Heimat und Verständnis. In Kanada habe ich seit Monaten nicht einmal eine Kirchenglocke gehört. Alles blinkt, und eine ganze Weihnachtsdekorationsindustrie wird sich damit trotz Sparzeiten jedes Jahr wieder dumm und dämlich verdienen. So viel Kitsch wie in den vorweihnachtlich geschmückten Gärten und an den Häuserfassaden ist für einen Europäer mit durchschnittlichem Geschmacksempfinden schwere Kost.

Aber diese kleine Feier mit den Menschen, die sich für dasselbe wie ich interessieren und einsetzen, hilft ein bisschen. Als sich das Fest langsam auflöst, bin ich sofort wieder am Südufer. Ich traue meinen Augen nicht: Das ganze, vor knapp drei Stunden noch komplette Reh ist weg. Bis auf ein paar kleine Knochensplitter und Blutspuren ist nichts mehr zu finden. Die Wölfe sind, kurz nachdem ich den Kill entdeckt habe, von zwei Parkrangern zwanzig Kilometer weiter östlich am Seeufer gesehen worden. Sie müssen also diese zwanzig Kilometer zurückgegangen, das ganze Reh gefressen und außer Sichtweite weitergewandert sein, während ich gerade mal ein bisschen Auto gefahren bin, Truthahn und Weihnachtskekse gegessen und die kleine Tochter von einem Ranger-Ehepaar bemitleidet habe – ihre Nerven haben ihr einen Totalausfall ihres großen Klavierauftritts beschert. Aber zumindest hat das zum Weihnachtsmotto gepasst: So eine Bescherung! Und genau das denke ich mir jetzt auch. Ich stehe am Rissplatz und alles, was ich vor mir habe, ist nur noch der eingefrorene Umriss des vor Kurzem noch intakt daliegenden Rehkörpers. Vom Reh selbst keine Spur mehr. Bizarre Ansicht. Geisterhaft. Schemenhaft. Wölfisch. Ja, die Effizienz der Wölfe ist oft verwunderlich.

Letzter Atemhauch

Winter 2003 »Aber dann hab ich sie doch erschossen.« Ich seufze tief. Gerade habe ich diesen kleinen Funken Hoffnung in mir aufflammen gespürt, das leichte Lächeln meiner Lippen, das zustimmende Nicken meines Oberkörpers. Das Wohnzimmer des Ranchers ist sehr gemütlich. Ein klassisch kanadisches Holzhaus knapp außerhalb der Westgrenze des Prince-Albert-Nationalparks. Durch die großen Fenster sehe ich seine Rinder auf den Weiden grasen.

Dazwischen viel Busch und dahinter den Mischwald aus Aspen und Fichten. Ich habe die Adresse von Erin. Sie hat erfahren, dass er Wolf-DNA-Proben daheim hätte. Man kann auch sagen: Er schießt Wölfe. An den schönen Rundholzwänden hängt viel Totes. Von Elch über Karibu und Wapiti bis hin zu Schwarzbär und Wolf. Er redet frei über seinen Beruf des Rinderhalters und die Herausforderungen, die der Job mit sich bringt. Das Land eignet sich kaum dafür. Das Klima ist hart, die Böden sauer und nass, und es gibt genug Wölfe, die seinen Herden Probleme machen. Wie viele seiner Zunft verdient er sich im Winter ein Zubrot durchs Fallenstellen. Die Pelzindustrie ist zwar auch nicht mehr das, was sie einmal war, aber ein bisschen was kommt schon dabei heraus. Ich frage ihn nach den Wölfen.

»Ja, die krieg ich immer wieder. Aber die Biester sind schlau, sehr schlau. Da muss man schon alles richtig machen. Echt verdammt gut aufpassen, wenn man eine Falle aufstellt. Absolut keinen Geruch hinterlassen und die Fallen tagelang in meiner Spezialbrühe köcheln lassen, damit sie den Eisengeruch verlieren.«

»Hast du schon mal welche beobachtet?«, frage ich.

»Nein die sieht man nicht, erst wenn sie tot sind, in der Falle. Das reicht mir. Alles, was ich von ihnen sehe, sind meine gerissenen Kälber.« Ich höre ihm ruhig zu. Lasse ihm seine nachdenkliche Pause. Dann setzt er wieder an. »Na ja, einmal habe ich eine Wölfin in meiner Falle gehabt, die hat noch gelebt. Hing mit ihrem rechten Vorderfuß fest. Kann mich noch gut erinnern, es war ein Winterabend, recht kalt. Als ich in ihre Nähe gekommen bin, hat sie sich ganz klein gemacht, richtig in den Schnee geduckt, wollte sich vor mir verstecken. Ich hab mein Gewehr geladen. Da hat sie sich aufgesetzt und hat geheult. Es war eine wirklich schöne Wölfin, der Schnee hat alles hell gemacht, ich hab sie gut beobachten können. Ich seh heute noch den warmen Atemhauch, der aus ihrem Maul gekommen ist. Er ist in der Kälte verraucht. War ein beeindruckender

Moment. Wirklich schönes Tier. Hab gezögert mit dem Abschuss …
Aber dann hab ich sie doch erschossen.«

Er hat nicht über seinen Schatten springen können.

Königlich

Winter 2003 Namensgeber des Prince-Albert-Nationalparks ist
Albert von Sachsen-Coburg und Gotha, der Ehemann – und Cou-
sin – von Königin Viktoria, die zur Entstehungszeit der nahe gelegenen Stadt Prince Albert das Britische Weltreich regierte.

Das Nahrungsangebot für Wölfe ist auch königlich. Neben den
vielen Rehen und Hirschen stehen sogar Biber auf ihrer Speisekarte.
Nur die Bisons, die erst seit knapp zehn Jahren wieder frei im Süden
des Parks grasen, haben sie noch nicht wirklich als Nahrungsquelle
genutzt. Ich finde zwar Spuren, die darauf hindeuten, dass die
Wölfe anfangen, sich für die Neuankömmlinge zu interessieren,
aber wahrscheinlich fehlt ihnen noch eine passende Jagdstrategie
dafür. Ja, wenn man plötzlich so einem Riesen gegenübersteht,
dann überlegt man sich genau, wie groß der Hunger nun wirklich
ist. Immerhin ist es das größte Landsäugetier Nordamerikas. Ich
halte immer einen sehr großen respektvollen Abstand zu diesen
Tieren. Sie sind mir einfach zu unbekannt, als dass ich ihre Körper-
sprache lesen könnte. Aber zugleich habe ich es immer genossen,
sie – in sicherer Entfernung – in freier Natur zu beobachten. Diese
Tierart hat genauso viel durchgemacht wie der Wolf und erholt sich
viel schlechter. Ihre Größe lässt vieles nicht zu, was dem Wolf hilft,
sich über Wasser zu halten: Seine heimliche Lebensweise zum Beispiel können sie nicht nachmachen. Und noch mehr als der Wolf
leiden sie unter dem neuen Konkurrenten: dem Hausrind, das ihre
ursprünglichen Weiden vereinnahmt hat. Sie können heute aus-

schließlich dort wild leben, wo es der Mensch erlaubt: in kanadischen Nationalparks.

Im Prince-Albert-Nationalpark grast die einzige frei laufende Plain-Bisonherde innerhalb des ursprünglichen Verbreitungsgebiets in Kanada. Die knapp zwanzig eingesetzten Tiere haben sich bis heute auf eine gesunde Population von zirka vierhundert Bisons vermehrt. Da sie frei laufen, überschreiten sie öfter die Parkgrenze und verlangen deswegen nach einem regionalen Managementplan. Sie sind die wahren Könige des Parks. Neben dem Plain-Bison gibt es auch den Wood-Bison. Beides sind Unterarten des nordamerikanischen Bisons, der einst zu Millionen die Prärien bewohnte. Die größte frei lebende Herde ist gemischt aus Wood- und Plain-Bisons im über 44 000 Quadratkilometer großen Wood-Buffalo-Nationalpark an der Grenze zwischen Alberta und den Northwestern Territories, einem UNESCO-Schutzgebiet größer als die Schweiz. Für das Mountain-Bison kommen alle diese Anstrengungen zu spät. Es ist bereits ausgestorben.

Die Bison-Region des PANP liegt im Südwesten des Parks; dorthin verirren sich kaum Touristen, die Straßenverbindung ist schlecht, die Anfahrt umständlich. Es ist das Reich der Schwergewichte: der Bisons – und das Reich von Lloyd »The King«, wie ihn seine Rangerkollegen nennen. Lloyd lebt in seinem Parkwächterhaus schon fast wie ein Einsiedler, nur sein Nachbar, der ein paar Kilometer außerhalb des Parks wohnt, kommt jeden Tag auf eine Runde Kartenspiel vorbei. Sonst kümmert sich der große, alte Mann um seine Babys, die Bisons. Er fährt mit dem Ski-Doo in das Sturgeon-River-Tal, wo sich die Herde am liebsten aufhält. Gleich holt er auch ein zweites Ski-Doo heraus.

»Da. Wenn du in dieser Ecke nach Wölfen suchen willst, brauchst du ein Ski-Doo. Schon mal so ein Ding gefahren?«

»Nnnnnop, not für a long time.« Ich bin einige Male in den Rockies damit gefahren, bevorzuge aber die Unerfahrene zu spielen.

»Okay, it's easy: Da ist der Starter, hier der Choke, hier kannst du beschleunigen, und – ach ja – da ist die Bremse. Come on, let's go for a ride.« Und weg ist er. Es dauert nicht lange, bis wir zu einem kleinen Bach kommen. Lloyd gibt Gas und springt einfach drüber. Also gebe ich auch Gas – und fahre direkt in eine Fichte. Bang. Lloyd eilt herbei, sieht sich die Misere an und kratzt sich nachdenklich am Kopf. »Hmmm, well, das sieht nicht gut aus.« Die Schnauze des Ski-Doos ist erbärmlich eingedrückt. Mir ist das alles sehr peinlich. Aber Lloyd bleibt cool: »Oh, well, ich muss sowieso in den nächsten Tagen mal in die Office, da lad ich dann gleich das Ski-Doo auf. Die in der Werkstatt haben im Winter eh nix zu tun. Wir erzählen denen einfach eine Geschichte.« Gut, denke ich mir, dass es nur Steuergelder sind, die ich da an den Baum geparkt habe. Von nun an sitze ich auf Lloyds Rücksitz – bis Nahanni, die hinterherrennt, sich einmal so erschöpft, dass sie erbricht. Also »back to the roots«: Ich greife auf das zurück, was ich gelernt habe: Langlaufen. Jetzt können Nahanni und ich die Gegend erst wieder so richtig genießen: Ich atme die frische, klare Luft ein, höre das Eis murmeln und sehe wieder viel mehr um mich herum. Wir queren einen großen See. Da bewegt sich was Schwarzes in der Ferne. Nahanni hat es auch gesehen und sofort ihre Mission definiert: Das Ding muss gestellt werden. Es ist ein Otter, der da in seiner lustigen Fortbewegungsart über das Eis schlittert: hopp, hopp, auf dem Bauch gleeeeiten, hopp, hopp, gleeeiten. Otter werden auch Wassermarder genannt und leben immer in der Nähe von oder direkt im Wasser. Im Winter brauchen sie offene Stellen im Eis, um einen Zugang zum darunterliegenden Wasser zu haben. So einer ist mitten auf dem See gerade weit weg. Ich schreie Nahanni nach, sie soll verdammt noch mal das Tierchen in Ruhe lassen. Aus der Ferne sehe ich, wie sie den Otter anstubst, und ich sehe schon Blut fließen. Aber dann schnellt sie zurück und hat es sehr eilig, zu mir zurückzulaufen. Ich denke, der Otter hat ihr eindeutig erklärt, wer in dieser Ecke noch der König ist.

Al dente

Winter 2003 In Rom sind es einundzwanzig Grad – plus. Im Prince-Albert-Nationalpark zur gleichen Zeit achtundzwanzig Grad – minus. Elisabetta packt ihre Koffer, ich meinen Daunenanorak. Sie steigt in das Flugzeug, ich auf meine Langlaufschi. Nach knapp zehn Stunden erreicht sie Calgary – zur gleichen Zeit lasse ich mich müde auf mein Bett in meiner kleinen Wohnung im Nationalpark fallen. Zwei Tage später biegt Erin mit Elisabetta in den Driveway vor dem Appartmenthaus, in dem meine Wohnung ist, ein. Elisabetta springt in italienischer Mentalität sofort heraus, winkt mir zu und umarmt mich. Ich habe ab sofort eine Assistentin. Elisabetta hat im südlichen Apennin ihre Diplomarbeit über das Nahrungsverhalten der dort lebenden Wölfe gemacht. Nun möchte sie etwas Auslandserfahrung sammeln. Marco Musiani, ein guter Freund und italienischer Professor an der Uni Calgary, den jeder mag, hat uns zusammengebracht. Ich mag Elisabetta sofort. Italienisches Temperament in Person. Sie bringt etwas südländische Wärme in den kalten nördlichen Winter. Trotzdem stelle ich sie am Tag eins auf ein Paar Langlaufschi, die ich vorher noch schnell von Herb besorgt habe: »Elisabetta, da musst du durch, wenn du mit mir unterwegs bist, musst du Langlaufen lernen.« Sie ist zuvor noch nie auf Schiern gestanden. »Einfach gehen mit Stöcken – dann gleiten lassen.« Und während ich auf meine vom Duct-Tape zusammengehaltenen Schuhe hinuntersehe: »… aber mit *der* Ausrüstung ist die Technik eh schon egal.« Sechs Stunden später sind wir wieder beim Auto. Elisabetta grinst, obwohl sie recht erschöpft ist. Ich freu mich sehr, sie hat sich echt wacker geschlagen und hat alle meine kleinen Techniktipps gut umgesetzt. Ja, Elisabetta wird sicherlich eine tolle Hilfe sein. Sehr bald ist sie nicht nur eine Hilfe, sie ist eine Freundin, mit der man durch dick und dünn gehen kann, und die beste Therapie gegen Einsamkeit. Endlich kann ich mit jemandem lachen und reden, gemeinsam Dinge unternehmen und am Abend kochen: Es gibt Pasta in allen Variationen – was alle Gerichte gemeinsam haben: Sie sind al dente. Ich mag keine halb rohen Nudeln. Nur da scheiden sich unsere Geister. Aber wir lösen auch diese Grundsatzfrage schnell: Elisabetta nimmt sich ihre Nudeln einfach früher aus dem Kochtopf. Nach ein paar Monaten entdecken wir einen zweiten Geschmacksunterschied, was in diesem Fall nur von Vorteil ist: Es gibt da zwei interessante Freunde, männlich und in unserem Alter. Ich treffe mich schon länger mit Jeff, dem älteren Bruder einer Freundin aus den Rockies – und wir verbringen viele Stunden miteinander. Jeff hat einen Freund, Greg. Er ist im Parkservice angestellt. Und wie soll es anders sein: Die Italienerin beginnt, sich regelmäßig mit Greg zu treffen.

Das versüßt uns den kalten Winter, und gegen den erwachenden Frühling hin fangen Elisabetta und ich an, nach der Buscharbeit schnell unsere Duct-Tape-Langlaufschuhe – ja, auch Elisabettas haben nicht lange ohne Tape ausgehalten – und unsere alten, zerrissenen Anoraks aus dem Second-Hand-Store gegen leichte Blümchenkleider zu tauschen. Jeff leitet die Arbeitscrew am Golfplatz des Elkhorn Resorts vor den Toren des Nationalparks, und im Winter zieht er auf dem Schneemobil Loipen für die dortigen Gäste. Er hat jetzt mehr Zeit als im »busy« Sommer. Life is good. Wir vier laden uns gegenseitig zum Essen ein. Mal kochen wir beiden Europäerinnen, mal die Saskatchewan Boys. Sie erzählen uns dann von ihren vielen gemeinsamen Kanutrips »up North on the Churchill River« und von der »Crazyness« hier im Park im Sommer.

In den kalten Monaten davor unternehmen Elisabetta, Nahanni und ich einige Übernachtungstrips im »Hinterland«. Die Ranger versorgen uns mit Steaks und dem jeweiligen Hüttenschlüssel. Nun ziehen wir beide einen Kinderbobschlitten hinter uns her. Ziel ist es jedes Mal, das Gewicht unserer sehr großzügig eingepackten Verpflegung – es muss neben den Riesensteaks unter anderem immer ein großer Krautkopf mit – beim Zurückkommen mit Wolfskot ersetzt zu haben. Wir erkennen, dass es mehr Wölfe und Rudel im Park gibt als angenommen. Das feiern wir jeden Abend beim Candle-Light-Dinner mit Steak, Pasta, Kaffee und Cookies, während im kleinen Holzofen das Feuer knistert. Regelmäßig übertreiben wir das Einheizen, sodass zuerst der alte Eisenofen zu glühen beginnt und sich daraufhin die ganze Hütte wie eine Sauna aufheizt. Dann rennen wir zu fortgeschrittener Stunde und ziemlich nackt bei minus dreißig Grad hinaus in den Schnee. Das kühlt uns schnell ab.

Im Schein unserer Taschenlampen lesen wir in jeder Hütte die Lügengeschichten in Jägerlatein-Manier in den Tagebüchern der alten Ranger. Wir amüsieren uns prächtig. Unser Lachen und der Lampenschein aus der Hütte durchdringen die kalte Nacht. Die Säckchen mit den tiefgefrorenen »Wolfsspezialitäten« bleiben vor der Tür. Sie dürfen nicht tauen, sie sollen »al dente« bleiben.

Grey Owl

Winter 2003 Grey Owl wurde als Archibald Belaney 1888 in England geboren. Er starb 1938 als der »Indianer« Grey Owl – oder Wa-sha-quon-asin, vom Ojibwe-Wort »wenjiganoozhiinh«, was so viel wie «Great Grey Owl» heißt – im Prince-Albert-Nationalpark. Mit siebzehn Jahren bestieg er in seiner Heimat die *SS Canada* und segelte nach Halifax an der kanadischen Atlantikküste. Seinen ursprünglichen Plan, Landwirtschaft zu studieren, vergaß er bald und arbeitete als Fallensteller und Wildnisführer im Norden der Provinz Ontario. Dort lernte er die Anishinabe-Ojibwe-Indianer kennen, lernte ihre Sprache, heiratete eine junge Indianerin und lebte mit ihnen. Mit der Zeit behauptete er, ein richtiger Indianer zu sein. Nach dem Ersten Weltkrieg und weiteren Ehen landete er zusammen mit seiner neunzehn Jahre alten Frau Gertrude Bernhard – aka Anahareo –, einer Mohawk-Iroquois-Indianerin am Ajawaan Lake im Prince-Albert-Nationalpark. Anahareo hat ihn zum Schreiben über seine Wildniserfahrungen und über sein reiches Wissen überredet. Er wurde so erfolgreich, dass er sogar in seine Heimat England zu Vorträgen eingeladen wurde und als vermeintlich »echter Indianer« vor allem über seine Arbeit mit Bibern erzählte. Die feinen Europäer rannten die Türen zu den Vortragssälen ein, um den »edlen Wilden« und seine Bibergeschichten live zu erleben.

Elisabetta, Fiona und ich laden das Ski-Doo auf den Anhänger des Parks-Canada-Truck. Fiona und ihr Mann Adam sind Parkranger im Prince-Albert-Nationalpark. Sie ist eine ganz tolle Seele, und so freuen wir uns alle drei auf den Campingtrip ins Gebiet des Ajawaan Lakes. Der Winter hat seine Härte schon eingebüßt, und so starten wir sogar im T-Shirt. Der Plan: Während Elisabetta und Fiona mit dem Ski-Doo zur kleinen Rangerhütte nördlich des Sees vorausfahren, laufe ich mit meinen Schiern und Nahanni zur Hütte. Alle müssen wir zuerst den lang gezogenen Kingsmere Lake überqueren, die Ski-Doo-Ladys entlang des Ostufers, ich suche entlang des Westufers nach Spuren. Ich genieße die erste Frühlingssonne. Die glitzernden Kristalle auf dem See-Eis grüßen fröhlich die Sonnenstrahlen. Zu Billionen. Ich atme durch und lasse die frische Luft tief in meine Lungen dringen. Dankbar spüre ich das samtige Gefühl der warmen Luft. Während der vergangenen Monate habe ich meist ein Tuch vor dem Mund getragen, damit ich die einzuatmende kalte und trockene Luft durch mein Ausatmen vorwärmen und befeuchten konnte. Gerade bei Anstrengung würde die kalte Luft sonst in den Bronchien stechen wie Nadelspitzen. Ich kenne das noch vom Langlaufen: Wenn man bei niedrigen Temperaturen tief einatmen muss, kann das höllisch brennen.

Ich mache immer wieder positive Erfahrungen mit dem, was ich im Spitzensport gelernt habe. Auch wenn ich lange Zeit dachte, nie wieder etwas damit zu tun haben zu wollen, wegzuwollen von dem Image, das mir in meiner Heimat anhaftet. Ich wollte meine Energien und Zeit für etwas – wie ich finde – Sinnvolleres und Wichtigeres verwenden: Ja, fast so wie sich Archibald Belaney als Grey Owl eine neue Identität gegeben hat, wollte ich auch vieles hinter mir lassen, mit der oft brutal egozentrischen Lebenseinstellung im Spitzensport nichts mehr zu tun haben. Meine letzten Jahre im Spitzensport sah ich eher als Ballast, als vergeudete Zeit. Weil mein Herz schon lange für etwas anderes geschlagen hat. Weil mir der Sport in meinen Anfangsjahren als Wildbiologin nichts mehr bedeutet hat. Ich habe nur daran gedacht, was ich in der Wolfsforschung doch an Erfahrung hätte sammeln können, wenn ich schon früher diesen Weg eingeschlagen hätte.

Ich habe nie viel über meine Sportlerkarriere gesprochen, aber die Auswirkungen waren auch ohne große Worte eindeutig: Es war immer offensichtlich, dass mir die neue Arbeit auch *gerade wegen* meiner Vergangenheit auf den Leib und auf meinen Geist zugeschnitten ist. Nun holt mich die Zeit als Sportlerin immer wieder ein – aber ausschließlich im Guten. Und ich kann nur dankbar für diese Lehrjahre sein.

Leichtfüßig gleite ich über den glitzernden See dahin, kann es voll genießen und mich gleichzeitig auch ganz dem Suchen nach Wolfsspuren widmen. Noch dazu habe ich immer das volle Vertrauen aller meiner Projektleiter und Verantwortlichen. Dank meinem Image als Ex-Spitzensportlerin, das mit Zielstrebigkeit und starkem Willen assoziiert ist.

Jahre später höre ich eine Rede von Steve Jobs, dem 2011 verstorbenen Apple-Gründer und einem der größten Visionäre und erfolgreichsten Menschen überhaupt. Er spricht vor Universitätsabgängern bei ihrer Abschlussfeier an der Stanford University über »Connecting the dots«, über Dinge und vor allem Erfahrungen, die erst beim späteren Zurückblicken ihre wahre Bedeutung bekommen. Erst in Verbindung mit anderen Ereignissen entfalten sie ihre wirkliche Wichtigkeit. Seine Rede schwingt harmonisch in mir. Ich habe es selbst erlebt.

Weil mir das Laufen unter dem blauen Himmel so viel Freude macht, baue ich ein paar Umwege ein, Fiona und Elisabetta werden sich schon um eine gemütliche Hütte und gut duftendes Abendessen kümmern, wenn Nahanni und ich dann am Abend hungrig und müde dort ankommen! Auch mein »Sammelsackerl« wird recht voll. Über Kilometer folge ich den Spuren eines ganzen Rudels über das weite Eis. Immer wieder zeigen die Spuren, dass die Wölfe während ihrer Wanderschaft ein paar Spieleinheiten eingelegt haben, auch sie scheinen das einfache Fortbewegen über den See auf dem vom Wind hart gepressten Schnee genossen zu haben. Langsam sinkt die Sonne im Westen Richtung Horizont, ihre Strahlen werden flacher und schwächer und nehmen das Tageslicht mit sich. Und schnell erinnert mich der herannahende Abend, dass es doch erst März im Norden ist. Ich lege einen Gang zu, obwohl ich nun beginne, die heutigen Kilometer auf meinen Schiern in den Beinen zu spüren. Aber die Vorfreude auf das obligate Riesensteak hält mich aufrecht. Nicht mehr weit bis zum Nordufer. Nun sehe ich schon die Öffnung im Wald, die mir den Start des Trails zur Hütte anzeigt. Gleich daneben das geparkte Ski-Doo von Fiona und Elisabetta. Kaum steige ich von der noch relativ hellen Eisfläche des Sees in den Wald, sehe ich fast nichts mehr. Ich spüre aber, wie ich trotz Schi im von der Sonne aufgeweichten Schnee versinke. Oh no, denke ich mir nur, das kann heute noch ein langer Weg bis zur Hütte werden. Das Steak wird in meinen Vorstellungen immer größer. Langsam arbeite ich mich durch den Papp und gegen die Dunkelheit an. Aber ich hoffe auf meine Verbündete, die einfallende Kälte. Sie soll sich diesmal bitte doch beeilen, sich um einen festeren

Untergrund für mich kümmern. Es wird ruhig, nur mein eigenes Stapfen und Nahannis Hecheln füllen den Wald. Das Steak wächst weiter. Der Wald öffnet sich und gibt den Blick auf den Ajawaan Lake frei. Still und friedlich liegt er vor mir. Am gegenüberliegenden Ufer kann ich schemenhaft die Umrisse einer Hütte erkennen. Das muss die Cabin von Grey Owl, seiner Frau und seinen Bibern sein, denke ich. Was für eine Ruhe. Hier draußen kann man sich wirklich noch auf das konzentrieren, was einem wichtig ist. Keine besserwisserischen Stimmen. Die Bäume sehen geduldig zu, und der See reflektiert und bestärkt alle Träume. Das Ufer erinnert an die Wichtigkeit, immer wieder neu aufzubrechen. Ja, hier kann man seiner innersten Bestimmung nachgehen. Oder sie zumindest finden.«

Plötzlich höre ich Stimmen. Das kann noch nicht von der Hütte stammen, meine Karte zeigt mir noch fünf Kilometer an. Die frischen Schuhspuren verheißen nichts Gutes: Dann scheint ein fahles Licht durch die Bäume und schon bald sehe ich die Umrisse zweier gebückter Gestalten. Nein, bitte liebes Universum, bitte – lass es nicht das sein, was ich befürchte. Lass es nicht Fiona und Elisabetta sein! Fiona und Elisabetta drehen sich um. »Gosh, Gudrun, wir sind ständig mit dem Ski-Doo im Eismatsch stecken geblieben. Wir sind total fertig.« Das Steak hat nun die Größe einer ganzen Kuh. Zusammen schleppen und ziehen wir unser Gepäck im dunklen Wald durch den tiefen Schnee. Irgendwann kommen wir zur Hütte. Zu müde für ein Steak sogar von Mausgröße. Trotzdem macht sich Fiona sofort daran, fachgerecht den alten Gasplattenkocher anzuwerfen. Zumindest für einen Tee. Sie zündelt herum – plötzlich macht es »Puff!«, das alte Gerät explodiert, und eine riesige Stichflamme schießt gegen die Decke. Schwarzer Rauch hüllt den Raum ein, wir rennen, um Wolldecken und Schnee zu holen. Beides schmeißen wir hektisch in die brennende Küchenecke. Mit Erfolg. Außer großen verkohlten Flecken an Holzwand und Holzdecke wird niemand jemals davon etwas merken. Außerdem wird die Hütte in den nächsten Monaten sowieso abgerissen.

Am nächsten Morgen ist wieder schönstes Wetter. Elisabetta sieht beim Zähneputzen vor der Hütte einen Wolf vorbeilaufen. Damit ist das Tagesprogramm fixiert. Ich werde ihn verfolgen, Elisabetta und Fiona werden einen Transsekt absuchen. Wir lassen uns Zeit beim Frühstücken und Zusammenpacken und geben so dem Wolf zwei Stunden Vorsprung. Denn ich will ihn nicht vor mir her treiben. Er soll genau das tun, was er auch ohne unsere Anwesenheit getan hätte. Als ich mich an seine Fersen hefte, finde ich bereits viele frische Rehspuren, die die Wolfsspuren kreuzen. Die klaren herzförmigen Hufabdrücke eines Rehs befinden sich sogar genau in den Pfotenabdrücken des Wolfs und folgen ihm. So viel zu den Behauptungen, dass Beutetiere immer dem Wolf ausweichen und sein Gebiet verlassen.

Ich komme über eine Kuppe und sehe einen kleinen See am Fuß des Hangs. Inmitten des gleißenden Eises liegt zusammengeringelt ein schwarzer Wolf und schläft in der Vormittagssonne. Weit genug weg, dass weder Nahanni ihn noch er uns winden kann. Ich habe bereits seinen frischen Kot fein säuberlich in ein Plastiksackerl geschaufelt. Nach der Feldsaison wird er ins Labor gebracht und dort auf seine DNA-Reste analysiert. Das Ergebnis wird eine nüchterne Zahlen-Buchstaben-Kombination sein. Sie wird in einer Tabelle landen. Im besten Fall dem Wolf eine eindeutige Identität geben und seine Verwandtschaft verraten. Damit können dann die Entscheidungsträger und deren Berater, die Vertreter der Industrie und des Umweltschutzes, jonglieren, die Zahl so interpretieren, wie es ihren Interessen entspricht. Es wird für sie immer eine Zahl bleiben. Für mich wird es immer dieses schöne Bild eines Wolfs bleiben mit all den Zusatzinformationen, die man nicht in Tabellen zwängen kann: die Unberührtheit seiner unmittelbaren Umwelt, sein Vertrauen in die Umgebung, das er zeigt, wenn er sich allein auf dieser offenen Eisfläche zusammenrollt und seelenruhig schläft. Vielleicht macht dieser Schlaf sogar den Unterschied zwischen Erfolg und Nichterfolg bei seiner nächsten Jagd aus. Und vor allem die wortlosen, emotionalen Eindrücke solcher Momente. Die in mir immer wieder so etwas wie eine tief innen schlummernde, oft zitierte Sehnsucht nach dem Paradies erwecken. Das Bild vor mir zeigt nichts weiter als einen schwarzen Wolf, der unter blauem Himmel inmitten einer spätwinterlichen Landschaft auf dem offenen See-Eis schläft. Nichts weiter und doch so viel mehr. Es stillt für ein paar Atemzüge dieses allen Menschen innewohnende Verlangen nach dem Einswerden mit allem, was ist. Die Leichtigkeit des Gedankens, dass momentan all meine Verpflichtungen und Verantwortungen aufgehoben werden, das ist Freiheit im Moment. Ich bin einfach da. Dabei. Und davon. Ein Teil davon.

Solche Momente öffnen uns die Möglichkeit, das Selbst aufzugeben, um für unsere eigentliche Bestimmung frei zu werden. Die Möglichkeiten dazu müssen wir uns alle erhalten. Die wilden Gebiete auf unserer Erde sind die Königreiche der Sinne und Gefühle. Die heilenden, beruhigenden und zugleich so stärkenden Plätze. Wir müssen sie bewahren. Bevor die letzten von ihnen verschwunden sind.

Ich werde mir solche Momente, wie jener des vollkommenen Bilds vom schwarzen Wolf auf dem weißen Eis des Sees, in herausfordernden Situationen noch oft in Erinnerung rufen; mich an ihnen, wie an einem Rettungsreifen festhalten, wenn ich mich in meinem Leben wieder einmal wie auf stürmischer See fühle. Solche Erinnerungen wappnen mich für alle zukünftigen Herausforderungen. Kleine Erlebnisse mit großer Wirkung.

Am Abend komme ich zurück zur Hütte: Elisabetta und Fiona warten schon in der gemütlichen Wärme. Das Feuer knistert im Ofen, und die Steaks brutzeln in der Pfanne. Noch bis spät in die

Nacht hinein hören die Bäume und Wildnisbewohner fröhliches Lachen aus einer kleinen Hütte – irgendwo da draußen, wo das Leben noch einfach ist.

Wolfspirit 8

Oktober 2005 Der Spirit des Wolfs ist mit mir und Dr. Parey. Und der Spirit von vielen, vielen Freunden und meiner Familie. Sie alle haben in diesen sechs Stunden während der Operation an mich gedacht, für mich gebetet, mir weißes Licht und positive Energie gesandt. Wie auch immer es jeder nennen wollte, sie waren bei mir und haben durch diese verdichtete positive Energie den Erfolg der Operation eingeleitet. Es war das erste Mal, dass ich Gedanken bewusst als Realität verspüren konnte. Viele weitere Male sollten folgen. Unsere Gedanken sind Energie, sind Wirklichkeit. Und sie sind zeit- und ortsungebunden. Viele Menschen daheim in Österreich waren bei mir, genauso wie alle meine kanadischen Freunde.

Es ist die Zeit des »Secret«, des Geheimnisses, durch das man alles, was man sich wünscht, bekommen kann. Immer und immer wieder schaue ich mir den gleichnamigen Film The Secret an, als Waffe gegen den Zweifel und die Angst. Der Film ist Hoffnung: Ich KANN wieder gesund werden! Und vor allem ermutigen mich meine kanadischen Freunde: »Yeah, Gudy, you are strong, you can do it!« Ja, es ist wie in einem Rennen. Diese Anfeuerungsrufe und die Lebensfreude, mein Umfeld ist perfekt. Ich lebe in Canmore, hier gibt es eine Outdoor-Community wie sonst nirgendwo, es ist der Platz der Lebenskünstler, der Sichverwirklicher, der An-sich-Glaubenden. Der Alles-ist-möglich-Denkenden und -Handelnden. Ein heilender Ort. Freunde und Menschen, die ich noch nie in meinem Leben gesehen habe, kommen und bringen bunte Blumensträuße, kleine Glücksbringer oder Hör-

spiele. Es ist Vorwinter und Phil ist beruflich viel weg. Freundinnen ernennen Wellnesstage und lackieren mir die Zehennägel, wir sehen uns Movies an und sie erzählen mir, was sonst noch los ist außerhalb meiner vier Wände.

Ich bekomme auch viele gute Wünsche aus Österreich, meist von Mutti überliefert, aber auch selbst geschriebene Briefe und Anrufe. Alle sind gut gemeint. Aber irgendetwas ist anders. Die Schwingung zwischen den Worten ist eher bemitleidend und bedauernd. Schicksalergeben. Österreichisch. Langsam begreife ich, warum wir Amerika »das Land der unbegrenzten Möglichkeiten« nennen. Es wird nur an den Erfolg geglaubt und in Richtung Erfolg gearbeitet. Von Misserfolgen wird nicht ausgegangen, höchstens werden sie als nötige Zwischenstationen zum Erfolg bewertet. Die Hoffnung stirbt zuletzt.

Trotzdem: Warum gerade ich? Ich stelle diese Frage genau einmal. An Dr. Eesaw, meinen Onkologen. Er sagt nur ein Wort: »Destiny.« Schicksal. Da weiß ich, es gibt keine Antwort. Ich stelle diese Frage aller Fragen nie wieder laut. Im Moment scheint mir das Ganze sinnlos. Mir könnte es rundherum nicht besser gehen als in den vergangenen Wochen und Monaten. Also warum gerade jetzt? Als ich mit Gerhild und Phil einen Schamanen besuche, frage ich auch nicht, aber ich bekomme eine Erklärung: »Gudrun, für diese Krankheit werden nur Menschen ausgewählt, die es schaffen können.«

Die Krankheit ist eine einzige große Frage. Mit der Zeit aber verwandelt sie sich in ihre eigene Antwort. Und alle Gründe, warum ihr Auftauchen gerade jetzt unlogisch ist, werden zu den Argumenten, warum sie eben doch genau jetzt bestens in mein Leben passt: Das Leben hat mich in Tausenden Stunden und Situationen auf diese Krankheit vorbereitet und mir die Gründe, warum ich mein Leben so liebe, als meine Waffen für den Kampf gegen den Krebs mitgegeben. Nun muss ich lernen, wie ich sie richtig einsetze.

Ich mag diese aggressiven Ausdrücke des Kriegs nicht und so suche ich nach Worten, die für mich passen. Bald beschreibe ich meinen unbändigen Willen, gesund zu werden, mit dem Bild meines inneren Wolfs, meines Wolfspirit.

Diese Lebenskraft besitzt all die vielen positiven Eigenschaften der Wölfe, die auch sie so widerstandsfähig gegenüber großen Herausforderungen machen: In den kargen Weiten der Tundra habe ich ihren unbändigen Lebenswillen erfahren, ihre kilometerlangen Spuren im tiefen Schnee der Rockies haben mir von ihrer Ausdauer und Zielstrebigkeit erzählt, das jahrelange Überleben einer kranken Wölfin im Küstenregenwald hat mir die gegenseitige Unterstützung unter den Wölfen bewiesen, und die vielen Chöre von heulenden Tieren haben von ihrem starken Zusammenhalt gesungen.

Ja, ich habe eine schwere Krankheit – aber ich habe auch viele sehr powervolle Medikamente:

- *meine außergewöhnlich gute körperliche Fitness und mentale Kraft aus meiner sportlichen Vergangenheit;*
- *die vielen Menschen, die in Gedanken oder mit Taten bei mir sind;*
- *die gelungene Operation und spätere Spezialtherapie;*
- *meine innige Beziehung zur Natur, in der alles möglich scheint – sie hat sich in meiner Begegnung mit den Wölfen so verdichtet, dass ich spüre, sie ist ein Geschenk, ein Werkzeug und ein Auftrag.*

Die Schönheit liegt im Kargen – Tundra Time

Neue Wege im Norden

Sommer 2002 Wir nennen sie »Tundra Time«, die Zeit, während der wir einfach nur dasitzen und schauen. Eigentlich warten wir ja, aber um zu wissen, wann das Warten ein Ende hat, müssen wir schauen. Ständig und in alle Richtungen. Es ist wahnsinnig heiß. So heiß, wie ich es noch nirgendwo anders auf unserem Planeten erlebt habe. Und dabei sitzen Paul und ich irgendwo in den Barrenlands, nicht mehr allzu weit vom Polarkreis entfernt. Von einem Helikopter der Ekati-Diamantmine hinausgeflogen und abgesetzt. Er holt uns in einer Woche wieder ab, um uns zu einer weiteren Wolfshöhle zu bringen. Hoffentlich vergisst er uns nicht. Als er uns abgeladen hat, stehen wir neben unserem Häufchen Campingausrüstung und winken dem Hubschrauber nach. Und ich denke: Da verschwindet nun unsere Verbindung zur zivilisierten Welt.

Seit fünf Tagen steht unser kleines Camp mit den zwei gelben Kuppelzelten genau dort, wo uns der Pilot abgesetzt hat – im Irgendwo. Beim Anflug haben wir aus der Luft den nahe gelegenen Esker nach Wolfsanzeichen abgesucht – und welche gefunden. Somit ist diese Gegend für ein paar Tage unser Heim. Esker sind sandige, lang gezogene Endmoränen, die sich als Gletscherrelikte in subarktischen Regionen über viele Kilometer ziehen können. Sie sind die bevorzugten Höhlenplätze der Tundra-Wölfe, strategisch platziert an den Karibuwanderrouten. Dort bringen die Wölfinnen ihre Jungen zur Welt und von dort aus gehen sie auf die Jagd. Wie ich da so sitze und in regelmäßigen Abschnitten mit meinem

Fernglas das Land scanne, kann ich mich nur wundern, wie es die Wölfe hier schaffen, sich über die Runden zu bringen. Steine, Steine, Steine, dazwischen Seen, Millionen von kleinen und größeren Seen. Dort, wo sich ein bisschen Humus angehäuft hat, bringen niedrige Pflanzenpolster ein wenig Abwechslung in die karge Landschaft. Obwohl die Niederschlagsmenge der einer Halbwüste entspricht, sammelt sich das wenige Regenwasser in den Steinmulden und beschert uns oft nasse Füße oder große Umwege um die vielen Sümpfe. Das Land ist Teil des sogenannten Kanadischen Schilds, einer uralten Gesteinsformation, die sich über acht Millionen Quadratkilometer erstreckt.

Tatsächlich wurden im Kanadischen Schild die bis dato ältesten Steine der Erde – vier bis fünf Milliarden Jahre alt – gefunden. Weit südlich von uns stehen die letzten Bäume. Hier haben wir Glück, wenn uns eine Zwergbirke oder kleine Weidenbüsche ein bisschen Schatten spenden. Und der ist sehr rar. Im Gegensatz zu den Insekten. Was für eine Plage! Ich komme mit guten Vorsätzen in die Northwestern Territories, eingedeckt mit biologischem Insektenspray und eingemummt in »bug shirts«, langärmelige dünne Jacken mit Kapuze und Gesichtsnetz. Aber der Hersteller war wahrscheinlich noch nie selbst im hohen Norden. Hier gibt es für die Menschen nur eine Lösung: DEET, die Abkürzung für Diethyltoluamid. Es ist eigentlich für die US-amerikanische Armee im Vietnamkrieg entwickelt worden; dass dabei der gesundheitliche Aspekt nicht das Leitkriterium war, versteht sich von selbst. »Nie und nimmer nehm ich das Zeug.« Und zwei Tage später: »Gib her das Spray!« Vorsichtig sprühe ich es über mein Bugshirt. Mir graut es. Aber es wirkt ein ganz klein wenig. Vor den Moskitos sind alle gleich: Paul und ich sind nicht die Einzigen, die damit kämpfen. Alle Arbeiter der Diamantmine, die an der »frischen Luft« arbeiten, sind auch dick vermummt. Und auch die Tierwelt leidet: Ich beobachte einzelne Karibus, die total ausrasten und verrückt vor- und zurücklaufen, sich schnaubend schütteln, ihren Kopf hin- und herschmeißen und wild ausschlagen. Leanne Allison zeigt in ihrer einzigartigen Naturdokumentation *Being Caribou* Tiere, die verzweifelt ihre von den vielen Stichen total vereiterten Nasen ins feuchte Moos vergraben und so versuchen, den Schmerz ein wenig zu lindern. Tatsächlich ist die Insektenplage einer der Hauptgründe, warum sich jedes Jahr viele Hunderttausende Karibus den langen Weg von ihren Überwinterungsgebieten südlich der Baumgrenze in ihre sogenannten »calving grounds« an der Küste des Arktischen Ozeans im hohen Norden antun. In Meeresnähe weht ständig ein Lüftchen und hält so die Mückeninvasion in Schach. Außerdem sind die Weiden dort für die kurze Sommerperiode sehr üppig. Und: Es fehlen die großen Beutegreifer, die etwas weiter im Süden bleiben. Dort warten sie im Sommer aber schon hungrig auf den Rückzug der Kuh-Kalb-Herden.

Die Natur zeigt mit diesem ganzen Gefüge wieder einmal ihr ausgeklügeltes Zusammenspiel: Die neugeborenen Kälber beginnen innerhalb weniger Minuten nach ihrer Geburt zu laufen. Bereits nach wenigen Tagen begleiten sie ihre Mütter schon wieder auf der langen, gefahrvollen Wanderung in die Wintereinstände. Sehr bald treffen sie auf die ersten Beutegreifer. Die Barrenground-Grizzlys verfolgen die riesigen Herden und holen sich die langsamsten Kälber. Viele weitere kommen beim Durchschwimmen der Flüsse um oder werden einfach in der Menge von ihren Müttern getrennt, die sie manchmal nie wiederfinden, und sterben.

Irgendwann tauchen auf ihrer Wanderung am Horizont die ersten Esker auf. Sie betreten das Land der Wölfe. Und das genau zu einer Zeit, zu der es bei den Wölfen die wichtigsten Mäuler zu stopfen gilt: Ihre Jungen sind nun groß genug, um selbstständig ganze Fleischbrocken fressen zu können, und am besten viel davon, denn der lange harte Winter schickt bereits Anfang September seine ersten Vorboten übers Land.

Die Wölfe sind wieder einmal gescheiter als wir: Tagsüber verkrümeln sie sich stundenlang in ihren kühleren Höhlen, vor allem auch um dem Massenansturm der Insekten zu entgehen. Wir dagegen haben Sorge, etwas zu verpassen und rösten auf dem aufgeheizten Steinuntergrund vor uns hin. Ein wahres Fressen für die Moskitos.

Vor einigen Wochen hat mich mein Freund Marco Musiani von der Universität Calgary angerufen; der Student Paul Frame bräuchte für ein paar Wochen eine Mithilfe bei seinen Wolfshöhlen-Beobachtungen in den Barrenlands. »Ja, ja, ja, natürlich bin ich dabei. Sag Paul, er kann mit mir rechnen.« Dann: »Um was geht es denn da überhaupt?«

»Paul will testen, wie sich Wölfe bei einer Störung an ihrer Höhle verhalten. Dafür will er zuerst geeignete Höhlen finden. Dann werden diese drei bis vier Tage beobachtet, um die Situation kennenzulernen. Wie viele Wölfe hat das Rudel und vor allem: Wer ist wer? Am vierten Tag wird er – wenn möglichst alle Wölfe anwesend sind – direkt auf die Höhle zugehen und dokumentieren, was passiert. Für all das braucht er eine zweite Person, die ihn vor allem dann unterstützt, wenn er sich der Höhle nähert. Damit man alles erfasst, filmt die zweite Person das Ganze aus einem anderen Winkel.« Wow. Schwere Kost. Und das genaue Gegenteil von meinen anderen Projekten, vor allem vom Regenwaldprojekt. Nicht nur wegen der komplett anderen Landschaft und des anderen Klimas, sondern weil auch die Untersuchungsmethoden sich sehr unterscheiden. Unser Motto im Küstenregenwald war: noninvasiv, ohne Beeinträchtigung der Wölfe, ohne Störung. Was man von Pauls Studiendesign nicht gerade behaupten kann. Ich bleibe trotzdem bei meinem Ja. Denn die Hauptfrage dieser Forschungsarbeit hat einen beklemmenden Hintergrund: Der Norden wird von der Wirtschaft entdeckt. Der alte, harte Kanadische Schild birgt unzählige wertvolle Rohstoffe. Und die Menschheit hat beschlossen, diese nun endlich zu nutzen. In groß angelegten Erkundungen werden massenhaft Suchtrupps aller möglichen Interessengruppen und Industrien in den Norden geschickt, um all die Geld bringenden Bodenschätze zu finden und zu heben.

Paul will einen »Knigge« für die Arbeiter der Suchtrupps herausbringen, der sie über die Wölfe allgemein informiert. Vor allem aber soll es ein Ratgeber sein, wie sie sich richtig verhalten, sollten sie »da draußen« während ihrer Arbeiten tatsächlich über Wölfe an Wolfshöhlen stolpern. Die Ergebnisse seiner aktuellen Studie werden die Basis für diese Empfehlungen bilden. Trotzdem, kann man das nicht anders herausfinden, ohne die Tiere zu stören? Na ja. Die Herangehensweise ist abgesegnet vom berühmtesten Wolfsforscher überhaupt: Dr. Dave Mech. Paul ist sein Student.

Der hohe Norden hat schon immer eine große Anziehungskraft auf mich ausgeübt, und Wölfe ohne Baumhindernisse dazwischen beobachten zu können, ist natürlich der Traum eines jeden Wolfsforschers. Ja, eigentlich von jedem Menschen, auch von jenen, die den Wolf gar nicht mögen. Aber sehen und beobachten will ihn jeder. Ich erkenne das Privileg. Mit gemischten Gefühlen fliege ich nach Edmonton, der Hauptstadt von Alberta. Es ist gleichzeitig das Tor zum Norden. Dort steige ich in den Greyhound-Bus, die fahrende Legende aller Rucksackreisenden in Nordamerika. An der Grenze zu den Northwestern Territories hält der Bus in einem kleinen Ort. Als wir aussteigen, fressen uns die Moskitos zum ersten Mal. Und als wir einsteigen, heißt der neue Bus jetzt »Grey Goose« (Graugans), dem Norden entsprechend. Über Stunden chauffiert uns der Fahrer auf dem Highway, der den dichten borealen Nadelwald durchschneidet. Hier und da öffnet sich die Wand aus dunkelgrünem Wald, und ich kann die rötlich-gelben Moore des Nordens sehen. Ich werde sie in den nächsten Wochen noch oft verfluchen: Sie sind die Brutstätten der Stechmücken, der unendlichen Anzahl von Stechmücken. Außerdem sind die Moore schwer zu queren.

Aber vom Bus aus ist noch alles gut. Nach anderthalb Tagen Greyhound-Goose erreiche ich Yellowknife. Dean Cliff holt mich an der Bushaltestelle ab. Er ist klein und kräftig, sein Gesicht wettergegerbt. Dean bringt mich zu sich nach Hause. Seit einigen Jahren ist er der Wildtierspezialist der Regierung der NWTs. Ein netter Mann. Und mit unglaublich viel Erfahrung. Paul ist schon seit über zwei Monaten unterwegs, hatte bis jetzt eine andere Assistentin. Sie soll ich für die nächsten Wochen ersetzen. Das Projekt wird nicht nur von der Regierung unterstützt, sondern auch von Kanadas erster und damals noch einziger Diamantmine, der Ekati-Mine. Der Besitzer, der australisch-britische Rohstoffkonzern BHP Billiton Diamonds Inc., musste durch das strengste Umweltverträglichkeitsverfahren in der Geschichte Kanadas gehen. Was aber in diesem Land leider nicht unbedingt viel heißen muss.

Es ist nicht alles Gold, was glänzt

Sommer 2002 Paul erwartet mich in der Mine. Zusammen mit Minenarbeitern, die von ihren Schichtferien wieder zu ihrem Arbeitsplatz fliegen, sitze ich in einem großen Flugzeug, das extra für Ekati fliegt. Ich erhalte wunderbare Eindrücke von der Landschaft unter mir: Bald nach dem Start lösen sich die Wälder in einzelne Baumgruppen auf, die Moos- und Moorflächen werden größer, und schnell schieben sich die massiven kahlen Gesteinsrücken immer mehr ins Blickfeld. Dazwischen nehmen die Seeflächen zu. Dann sehe ich erste parallele, dünne Streifen, oft Hunderte, ja Tausende. Zuerst kann ich sie mir nicht erklären, aber dann verstehe ich: Karibuwege! Zigtausende. So klar geformt, dass ich sie sogar vom Flugzeug aus sehen kann! Über Jahrtausende haben die Tiere ihren Stempel in die Landschaft gedrückt.

Karibus prägen den Norden, sie sind der Puls des Landes, alles Leben hängt direkt oder indirekt von ihrem Auftauchen, Vorbeiziehen und wieder Verschwinden ab. Sie werden erwartet, gejagt und verwertet und wieder entlassen in die Ebenen an der arktischen Küste, wo sie sich regenerieren und vermehren können. Der Nährstoffstrom, den sie traditionell in Gang setzen, ist gigantisch. Im Gebiet der Ekati-Mine ist es die Bathurst-Herde. Ihre Population ist im Jahr 2006 noch auf 128 000 Tiere geschätzt worden. 2009 zählte man nur noch 32 000 Tiere.[3] Die einheimischen Indianer machen die weißen Sportjäger für dieses Schwinden der Herden verantwortlich, die wiederum zeigen mit dem Finger auf die schnelle industrielle Entwicklung mit Bergbauaktivitäten und dem Ausbau von Straßennetzen. Zusätzlichen Druck bekommen die Tiere in jenen Gebieten, in denen sie traditionell ihre Kälber gebären, im Bathurst Inlet, wo ein großer Hafen für die zu erwartenden Öltanker und Materialtransporte für die Erschließung der letzten wirklichen Wildnisgebiete Nordamerikas geplant ist. Im Winter 2010/11 war die berühmte Nordwestpassage das erste Mal eisfrei. Was die Wirtschaft jubeln ließ, macht jedem, der sich um weltweiten Umweltschutz kümmert, große Sorgen: Denn damit kann sich der internationale Frachtschiffverkehr endlich auf die neue, viel kürzere und politisch viel sichere Schifffahrtsroute durch das Eismeer stürzen, von den Ersparnissen durch die Umgehung des Panamakanals ganz zu schweigen. Gleichzeitig hat der internationale Wettlauf um die Inbesitznahme des Nordens begonnen. Russen, Amerikaner, Dänen und Kanadier vermessen die Wildnis, jeder in der Hoffnung, das größte Stück mit den meisten und wertvollsten Bodenschätzen ergattern zu können. Diamanten, Seltene Erden für unsere moderne Kommunikationstechnologie und Erdöl. Viel Erdöl. Ergebnisse von wissenschaftlichen Projekten soll jede Regierung mit den überzeugenden Daten für deren Rechtsansprüche versorgen. Jeder Staat hofft, dass aufgrund geologischer Untersuchungsergebnisse der Plattentektonik die bodenschatzreichen Gebiete unter seine Hoheit fallen. Endlich ist der Norden nutzbar! Die Klimaveränderung lässt grüßen und Entwicklungspläne sprießen. Die Einheimischen waren bis vor Kurzem die Hüter der Natur, wie alle nordamerikanischen Indianerstämme sind die Cree und Dene in ihrer Lebensweise und Kultur innig mit ihrer Umwelt verbunden gewesen. Ja verwandt. Nun werden sie für gutes Geld von den neuen Industrien angeheuert. Sie arbeiten in den Diamantlöchern oder im Straßenbau. Und damit fällt ihr Widerstand gegen die Zerstörung. Ich bin betroffen. Denn wer trotz aller Umweltauflagen auf längere Sicht auf der Strecke bleibt, ist die sehr fragile Natur des Nordens. Das harsche Klima verursacht extrem langsames Wachstum von Pflanzen wie Tieren. Die Regeneration braucht Jahrhunderte. Heute wissen wir: Der Norden hat ein Ablaufdatum. Bisher war er vor menschlichem Raubbau geschützt. Der kahle Fels hat den Anbau von Nahrungsmitteln nicht zugelassen; die langen Winter waren den Menschen zu hart, und die Mücken im Sommer waren ihnen zu lästig. Heute durchschneiden Straßen die Wildnis, auf ihnen dringen Baumaterial und Menschen in das einst Unberührte.

Ich drücke meine Nase noch fester an das Flugzeugfenster, will keine einzige Karibuspur verpassen, es sind Millionen. Wie doch die Beharrlichkeit eines Tieres so eine Kraft entwickelt, dass sie sogar auf hartem Stein ihre Spuren hinterlässt. Ich frage mich, wie lange sie noch ihre Geschichte in den Fels schreiben können. Ohne mir bewusst zu sein, erlebe ich hier oben im Flugzeug meine erste »Tundra Time«.

In diesem Moment tauchen am Horizont die ersten Gebäude der Diamantabbaustätte auf. Wie eine Raumschiffstation, so utopisch stehen sie da. Wie aus einer anderen Welt. Ja, sie sind eine andere Welt. Eine total andere Welt als die, über die ich gerade zwei Stunden lang geflogen bin. Die großen, eckigen Gebäude sind alle miteinander über Tunnel verbunden. Rundherum sind breite Straßen.

Und zwei riesige schwarze Löcher: die Schürflöcher. Wie Spielzeug bewegen sich Maschinen, Lastwagen und Kräne über Rampen und Lagerstätten. Mir wird sofort bewusst: Das bekommen nicht viele Menschen zu sehen. Das ist der Eingang zur Hölle auf Erden.

Wir landen, und die Arbeiter strömen aus dem Flugzeug. Viele bereits routiniert, aber manche sind neu. Sie folgen dem Ruf des modernen »Goldrushs«, um hier schnell viel Geld zu machen. Am ersten Eingang zum Hauptgebäude sind wir aber alle gleich: Jeder wird vollkommen durchgescannt, damit nichts Unerlaubtes ins Camp kommt. Der ganze Betrieb ist drogenfrei, also gibt es auch keinen Alkohol. Sofort wird meine Literflasche Whiskey, die ich Paul mitbringen wollte, vor meinen Augen entsorgt. Wirklich schade drum. An so manchen kalten Nächten der nächsten Tage habe ich leidvoll an den wärmenden Inhalt der Flasche gedacht.

Da kommt Paul mir schon entgegen. Wir haben uns vorher noch nie gesehen. Er ist groß und hager, die vergangenen zweieinhalb Monate haben ihre Spuren hinterlassen. Es ist Ende Juli, und die Zeit der ewigen Helligkeit liegt hinter Paul. Kaum Schlaf und viele Erkundungskilometer sind ihm ins Gesicht geschrieben.

Wir begrüßen uns, Paul gibt mir eine kleine Einführung. In der Empfangshalle steht ein Glaskasten. Darin liegen auf blauem Samt gebettet ein Haufen Diamanten: Das ist die Menge, die jeden Tag geschürft wird. Es sind viele Steine. Ich erfahre, dass die Ekati-Steine von ganz besonders guter Qualität sind. Ein kleiner Eisbär als Zeichen der Herkunft schmückt jeden einzelnen Stein, der die Mine verlässt. Heute entfallen vier Prozent der gesamten Weltproduktion auf Ekati-Diamanten oder 4,5 Millionen Karat Rohdiamanten pro Jahr.

Danach versucht Paul, ein wenig Schlaf nachzuholen, und ich bekomme eine offizielle Tour durch die Anlage. Hier gibt es alles, was man sich in einer so einsamen Gegend niemals vorstellen würde: 24-Stunden-Selbstbedienungsbuffet, Fitnessstudio mit den modernsten Geräten, die ich jemals gesehen habe, Squash- und Tennishallen, eine Bücherei, Pools, Kinos ... Ja, wer hier arbeitet, wird bestens unterhalten. Damit er nicht an Lagerkoller erkrankt und auf dumme Gedanken kommt. Viele Ablenkungen, um Sehnsüchte darin zu ersticken. In der Ekati-Mine arbeiten viele Einheimische. Menschen, die bisher von und auf dem Land gelebt haben, leben nun – ironischerweise – zwar immer noch vom Land, aber nicht mehr auf dem Land. Alles spielt sich innerhalb der miteinander verbundenen Gebäude ab. Künstliches Licht, künstliche Luft. Schichtbetrieb rund um die Uhr. Tag und Nacht sind nicht voneinander zu unterscheiden. Der natürliche Rhythmus der darin Arbeitenden ist total ausgelöscht. Ihre Sinne sind betört. Es gibt viele Regeln. Sonst würde das alles wohl auch nicht funktionieren. Eine davon ist: Hinausgehen streng verboten! Es gibt zwar diesen knapp drei Kilometer langen Spazierweg, »recreation loop« genannt, der um die Gebäude herumführt, aber seit ein Grizzly in der Nähe gesichtet worden ist, ist er gesperrt und wird dieses Jahr auch nicht mehr geöffnet.

»Paul, wann fliegen wir endlich hinaus aufs Land?« »Morgen Vormittag ist ein Helikopter frei.« Mir ist, als ob ich schon seit Tagen in diesem künstlichen Universum bin. Ich will nur einmal frische Luft einatmen. Das Fenster in meinem Zimmer ist nicht zu öffnen. Kein einziges Fenster ist zu öffnen, denn man könnte ja Diamanten hinausschmuggeln. Die einzige Verbindung zur Welt erfolgt über die strengstens bewachte Ein- und Ausgangshalle zum Flugzeug. Nur im Winter führt drei Monate lang die fast fünfhundert Kilometer lange »Ice Road« über die gefrorenen Seen und Sümpfe zu Ekati. Große Trucks transportieren auf ihr innerhalb weniger Wochen alles Material für den gesamten Jahresbetrieb zur Mine.

Ich fülle meine Wartezeit mit Squash mit einem Mitarbeiter, den ich in der Lounge kennengelernt habe. Auch er träumt vom schnellen Geld. Bizarr: Ich habe vorher und auch danach nie wieder Squash gespielt, außer hier im goldenen Zivilisationskäfig inmitten einer wunderbaren Wildnis. Neben den hohen Naturschutzauflagen müssen die Minenbetreiber auch hohe soziale Auflagen erfüllen: So bekommen die indigenen Arbeiter Bildungsunterricht.

Auf dem Gang kommt mir eine adrett gekleidete Frau entgegen. »Hallo Gudrun. Ich bin Karin, ich arbeite hier als Lehrerin. Habe gehört, dass du kurz hier bist. Ich bin gebürtige Deutsche. Freu mich, wenn ich wieder mal Deutsch reden kann.« Karin erzählt, dass sie von der Ekati-Mine eigens als Lehrerin angeheuert wurde, um den Arbeitern direkt auf deren Arbeitsplatz angewandt Lesen und Schreiben beizubringen. Viele Indianer sind noch immer Analphabeten, und wenn ein Arbeiter »Vorsicht – tödlicher Stromstoß« lesen kann, dann hat das große Vorteile.

Ein Arbeiter aus dem Volk der Dene-Indianer erzählt, dass er sich nun immer so aufs Heimkommen freut, weil er jetzt seinen Kindern eine Gutenachtgeschichte vorlesen kann. Das Volk kann Bildung sehr gut gebrauchen. In diesem Fall bezahlt das Volk der Dene dafür aber einen hohen Preis, nämlich den Verlust seiner unberührten Natur und damit seiner Herkunft und Identität.

Ähnliche Gedanken kommen mir, als ich einen Vortrag über Umweltschutzmaßnahmen des Betriebs besuche. Für alle neuen Arbeiter ist die Teilnahme Pflicht. Ich erfahre, dass überall im Betrieb strengste Umweltauflagen zu berücksichtigen sind; es gilt Tetrapackverbot im gesamten Betrieb; die Wasser- und Luftqualität in den umliegenden Seen wird ständig analysiert. Auch wird traditionelles Wissen der Dene-Jäger ins Umweltmanagement integriert, wenn Steinhaufen so errichtet werden, dass die Karibus um die Straßen und Baustellen herumgeleitet werden. Sollte sich ein Karibu trotzdem auf das Gelände verirren, wird ein sofortiger Stopp auf allen Baustellenzufahrten eingeleitet. Ich lausche dem Vortrag mit gemischten Gefühlen. Ja sicher, all diese Dinge sind toll, aber wären sie überhaupt notwendig, wenn es die Minen nicht gäbe? Inzwischen gibt es sechs Diamantminen in Kanada, weitere sind in Planung.

Draußen auf dem Land merken wir von alldem noch nichts. Es ist affenheiß, und wir warten noch immer darauf, dass sich an der Höhle etwas regt. Am ersten Tag habe ich das einfach Dasitzen fast nicht ausgehalten. Das pure Nichtstun. Die Zeit zieht sich. Nichts passiert. Alles ist ruhig. Nur das ständige Surren der Insekten um mich herum. Noch immer nichts. Gott, ist dieses Land karg. Geröll, Fels, kleines Buschwerk, vereinzelte Pflanzenpolster. Die Luft ist irrsinnig klar. Durch die geringe Luftfeuchtigkeit kann man sehr weit sehen. Wie weit es tatsächlich ist, ist schwer zu schätzen. Es gibt keine Anhaltspunkte in der Ferne, ich habe keine Erfahrung darin, in so einer kristallklaren Umgebung Entfernungen einzuschätzen. Kein Baum als Größenvergleich, nichts. Ach ist das langweilig! Ich runzle frustriert meine Stirn und schaue zu Paul hinüber. Der scannt gerade wieder mal die leere Umgebung mit seinem Fernglas. Dann wischt er sich den Schweiß und die lästigen Mücken vom Gesicht. Ich beginne, in die Weite zu blicken, die sich in den Horizont verläuft. Irgendwo da draußen trifft der Himmel die Erde. Da ist nichts Trennendes mehr. Und dann kommt es mir vor, als ob der Himmel sich langsam über die steinige Landschaft legt. Unspektakulär, aber beständig sendet er seine Boten. Da beginnt etwas zu zwitschern, dort schwingt ein kleiner Vogel auf einem zarten Ast – da drüben huscht ein Schneehase von Strauch zu Strauch, und neben mir blühen bescheidene Pflanzenpolster. Auf den Zweigen wehen Moschusochsenhaare im Windhauch, und da vorne erkenne ich einen von der Sonne gebleichten Oberschenkelknochen eines Karibus. Eine Raubmöwe steigt steil auf und stürzt sich auf einen Bodenbrüter. Meine Umgebung ist voller Leben und voller Dinge, die es zu entdecken gilt. Sie erzählen mir ihre Geschichten und flüstern mir mit feinen, leisen Hinweisen großzügig die Geheimnisse der Tundra zu.

Sind sie tatsächlich erst jetzt aufgetaucht? Oder waren sie immer schon da, und ich habe sie nur nicht bemerkt? Habe ihnen nicht meine Aufmerksamkeit geschenkt? Habe sie übersehen? Die nächsten Stunden sitze ich weiterhin einfach da, aber ich warte nicht mehr, ich beobachte, lerne, unterhalte mich und staune. Irgendwann stupst mich Paul an.

»Gudrun, da! Da kommt ein Wolf aus der Höhle!«

»Ach ja, die Wölfe … deswegen sind wir ja auch hier.«

Ich kann mich einfach nicht sattsehen. Auch wenn die zwei erwachsenen Wölfe nicht wirklich viel unternehmen. Da stehen sie. Aus ihrem sehr hellen, fast weißen Fell hängen noch immer dicke Haarbüschel heraus. Kaum verlieren sie ihren dichten, langen Winterpelz, müssen sie sich schon langsam wieder auf die nächste kalte Saison vorbereiten. So wie viele der Tundra-Bewohner. Manche vermeiden die Kälte auf eine andere Weise: Sie fliegen ihr davon. Oder aber sie wandern ihr davon. So wie die Karibuherden, die im August wieder in die schützenden Wälder im Süden ziehen.

Wir erwarten den Durchzug der Herden in den nächsten Tagen. Diese Tiere sind ein großer Wirtschaftsfaktor für die Region: die Einheimischen verwenden traditionell alles, was an einem Karibu dran ist: vom Fleisch über die Sehnen, vom warmen Fell über Knochen und Geweih. Und dann gibt es jedes Jahr die vielen Jäger aus der ganzen Welt, die der Trophäe wegen den Tieren nachstellen. Beim Karibu tragen beide Geschlechter die typischen Geweihe, aber für die Sportjäger gilt wie überall: je größer, desto besser.

Die Wanderungen folgen zwar jedes Jahr traditionellen Wegen, aber davon gibt es viele verschiedene. Die vielen Entscheidungen, welche Routen die Herden wann nehmen, bleibt deren Geheimnis. Und das, obwohl seit einigen Jahren mehrere Individuen in jeder Herde Satelliten-Sendehalsbänder tragen, dank denen die Wildbiologen der Regierung die Wanderungen von ihren Büros in Yellowknife aus am Computerbildschirm mitverfolgen können.

Die Wölfe haben keine Hightechhilfen fürs Orten ihrer Beutetiere. Trotzdem bemerken wir, dass sie aktiver werden und länger von der Höhle wegbleiben. Sie brechen in den Abendstunden immer zur fast gleichen Zeit zur Jagd auf, es ist ein routinemäßiger Ablauf. Das Weibchen steht als Erste auf, reckt und streckt sich und spaziert langsam zu ihrem Partner. Dann begrüßen sie sich schwanzwedelnd und lecken sich ab. Sie bestimmt die Richtung des Aufbruchs, und ihm ist das alles stets recht. Er schlendert ihr hinterher. Wie ich sie so im Fernglas verfolge, werden sie immer wieder vom Land verschluckt und nach einiger Zeit an anderer Stelle wieder ausgespuckt: Durch die fehlenden Dimensionen ist der Oberflächenverlauf sehr schwer zu erkennen, kleine Kuppen oder Gräben verschwimmen vollständig. Die Wölfe verschwinden immer wieder aus dem Blickfeld.

Am nächsten Morgen sind wir wieder auf unserem Beobachtungsposten, als der Rüde zur Höhle zurückkehrt. Die Fähe scheint schon früher heimgekehrt zu sein. Als er näher kommt, erkennen wir, dass er einen Karibulauf im Maul trägt. Er wird stürmisch von seiner Familie begrüßt und umlagert. Aber nicht nur seine Verwandten freuen sich, wir sind genauso alarmiert: Karibu, der Wolf hat tatsächlich in den endlosen Weiten ein Karibu ausgemacht, gejagt und getötet, um es nun seiner Familie stückchenweise heimzuschleppen. Was für eine Leistung des Familienoberhaupts! Wir wissen noch nichts von den Karibus in unserer Nähe. Obwohl Paul täglich mit Dean in Yellowknife via Satellitentelefon in Kontakt ist. Technisch gesehen sind wir also auf dem Laufenden, wo die Herde sein soll. Aber die scharfen Sinne des alten Wolfs zeigen uns die Realität.

Wenige Tage später liegt etwas in der Luft, als wir am Morgen verschlafen aus unseren Zelten krabbeln. Irgendetwas ist heute anders als sonst. Ich blicke mich ein bisschen um. Hinter der Kuppe, nur wenige Hundert Meter entfernt vom Zeltplatz, sehe ich sie: neue und alte, frisch aufgewühlte Pfade, Hufabdrücke, große und kleine, die aus Richtung Norden kommen. Die Karibus müssen an unserem Zeltplatz vorbeigeeilt und wieder Richtung Süden verschwunden sein. An den Ästchen der Zwergsträucher hängen Haarbüschel, der Geruch von frischer Losung erfüllt die Morgenluft. Der sonst so friedlich und ruhig wirkende Morgen hat heute einen leichten Geschmack von Eile. In der Nacht sind sie durchgezogen, während wir tief geschlafen und von ihnen geträumt haben. Eigentlich bin ich etwas enttäuscht, dieses Spektakel verpasst zu haben, aber schnell erinnere ich mich an die Wolfsbeute von vor ein paar Tagen. Und kann mich mit der Wolfsfamilie über ihren – für eine kurze Zeit – reich gedeckten Tisch freuen. Tagsüber sehen wir dann doch noch ein paar vereinzelte Karibus.

Wir haben Glück, gerade noch bringt uns der Ekati-Helikopter sicher auf das Gelände der Mine, dann bricht ein Sturm herein, der uns dort für drei Tage gefangen hält. Nur ein bisschen später, und der Helikopter hätte uns nicht mehr evakuieren können. Diesmal bin ich froh über diese Zivilisationsoase. Hier drinnen lässt sich der Wahnsinnssturm gut aushalten, ich denke aber ständig an die Wölfe und vor allem an die kleinen Karibukälber, die da draußen ihren ersten Härtetest bestehen müssen.

Als sich das Wetter schließlich bessert, fliegen wir wieder aufs Land zu einer anderen Wolfshöhle. Und wieder heißt es: Zeltplatz zirka drei Kilometer entfernt von der Höhle aufschlagen, Beobachtungsplatz – versteckt vor den Wölfen – in zirka einem Kilometer von deren Höhle entfernt aussuchen, dort drei Tage lang möglichst viele Details des Wolfsalltags an der Höhle erfassen und am dritten oder vierten Tag die Aktion »Wolfsfamilienleben an ihrer Höhle stören« durchführen. Was mir davon vor allem in Erinnerung bleiben wird, ist, wie sehr mich die Reaktion von allen Wölfen an den verschiedenen Höhlen beschämt: Die von vielen unwissenden Menschen als gefährliche Bestien angesehenen Tiere wollen immer nur eines: ihre Jungen in Sicherheit bringen und nur weg von dieser Bedrohung, die da auf zwei Beinen direkt auf sie zukommt: Paul bewegt sich aufrecht und zügig. Die Wölfe scheinen total außer sich zu sein, aber schnell wird klar, warum es innerhalb des Rudels bestimmte Positionen für jedes Tier gibt: Jedes Mitglied verhält sich seiner Rolle entsprechend: Der Leitwolf läuft bellend auf Paul zu und bleibt immer mit genug Respektabstand zwischen ihm und dem Rest seiner Familie. Verzweifelt versucht er so, den Eindringling davon abzuhalten, noch näher an seine Kinderstube zu kommen. Aber Paul geht unbeirrt weiter. Inzwischen haben die Fähe und weitere erwachsene Wölfe die Jungen zusammengetrommelt und sind mit ihnen geflüchtet. Schließlich räumt auch der Leitwolf, der manchmal – je nach Rudelgröße – von einem zweiten ranghohen Tier unterstützt wird, das Feld und überlässt Paul die Höhle. Immer wieder spielt sich der Test so oder so ähnlich ab. Bestürzt mache ich mir Gedanken, warum Tiere, die es mutig mit Grizzlybären aufnehmen oder mit einem Biss ein mehrere Hundert Kilo wiegendes, wild um sich schlagendes Beutetier töten können, so hilflos und ohne jegliche Gegenwehr vor uns Menschen fliehen. Was müssen sie schon erlebt haben mit unserer Spezies, dass sie sich so vor uns fürchten? Beschämend, sehr beschämend. Hier in den stillen Weiten des Nordens stellt der Wolf seinen Ruf als reißende Bestie total auf den Kopf. Ich will diese Szenen irgendwie mit in den Süden nehmen. Dorthin, wo der wahre Wolf noch keinen Platz in den Köpfen der Menschen gefunden hat.

Dass der Wolf auch anders kann, hat sich bei der allerletzten Wolfshöhle gezeigt: Hier will Paul nicht als Mensch die Höhle stören, sondern sich unbemerkt in die Nähe schleichen und dann – hinter einem Fels versteckt – wie ein fremder Wolf heulen.

Was nun geschieht, übertrifft alle Erwartungen. Paul versteckt sich hinter einem großen Felsbrocken. Er heult sehr gut, und die Wölfe steigen voll auf seine Imitation ein: Wieder schießen der Leitwolf und ein zweiter erwachsener Wolf direkt auf die Quelle des Heulens zu, aber diesmal bleiben sie nicht in einer gewissen Distanz stehen. Im Gegenteil: Sie werden immer schneller, ihre Sprünge werden immer weiter und höher, ihre Nackenhaare sträuben sich, ihre Ohren und Lefzen zeigen eine Angriffshaltung. Entschlossen rennen die beiden auf den Fels zu, hinter dem sich Paul noch immer versteckt hält. Ich beobachte das alles von meinem Versteck aus, das im rechten Winkel zur Laufrichtung der Wölfe liegt. »Paul! Du, die beiden meinen's wirklich ernst. Tu was! Zeig dich ihnen, bevor sie am Fels angekommen sind!«, schreie ich ins Walkie-Talkie. Und Paul springt hinter dem Stein hervor. Im selben Moment sehen ihn die Wölfe. Der eine schafft das Kunststück, im Sprung eine Kehrtwende einzuschlagen und sich wegzudrehen. Der andere bremst von hundert auf null. Beide wie in einem schlechten Comic. Der erste Wolf rennt bellend zurück und stellt sich wieder zwischen seine alarmierte Familie und Paul, der zweite erklimmt einen Fels mit flachem Vorsprung, von dem aus er noch minutenlang heult.

Am nächsten Tag ist die Höhle verlassen. Wir suchen die Wolfsfamilie. Sie kann nicht allzu weit weg sein; die Kleinen sind noch nicht groß genug, um längere Wanderungen durchzustehen. Plötzlich bemerken wir auf der kleinen Anhöhe etwas Großes, Dunkles. Es bewegt sich. Ein Moschusochse?! »Schnell, das Fernglas!« Wir beide schreien fast gleichzeitig auf: »Ein Grizz!«, ein großer Barrenground-Grizzlybär steht auf der Kuppe. Er scheint etwas zu fressen. Ja, da liegt ein totes Karibu. Ich beobachte das Tier weiter, während Paul hektisch seine Videokamera auspackt. Da erscheint ein weißer Wolf am Fuß des Hangs, bleibt kurz stehen und bewegt sich zielsicher auf den großen Bären zu. Ist der wahnsinnig, sich allein mit einem Grizz an dessen Kill anzulegen? Ich presse das Fernglas noch fester an mein Gesicht. Der Wolf ist beim Bären angekommen. Plötzlich macht er einen Satz auf den Grizz zu und beißt ihn frech in dessen linke hintere Flanke. Der wiederum wirbelt herum und setzt dem Wolf mit einem kurzen Satz nach. Der Wolf weicht geschickt aus. Entfernt sich gelassen ein paar Schritte und legt sich ganz in der Nähe des Bären nieder. Mit ausgestreckten Beinen, nicht sprungbereit, nicht mal angespannt. Diese Szene verändert sich nun über einige Zeit nicht: Der Bär frisst in Ruhe weiter, und der Wolf scheint es nun geduldig zu akzeptieren. Als der Bauch des Bären gefüllt ist, verschwindet er hinter der Anhöhe. Der Wolf steht auf, geht zum Rest des Kadavers, zupft ein bisschen daran herum und spaziert in die Richtung, aus der er gekommen ist.

Nun bemerken wir Leben in dem kleinen Kessel, wohin der Wolf sich zurückzieht: Ein, zwei, drei Wölfe und mehrere kleine, dunkle Junge halten sich dort auf. Es sind »unsere verlorenen Wölfe«. Und sie haben einen neuen Rendezvousplatz. So nennt man die Plätze, an denen die Wolfsjungen, nachdem sie ihre Höhlen verlassen haben, von ihren Babysittern betreut und erzogen werden. Und wo sich der Rest des Rudels während der Sommermonate immer wieder trifft. Der Leitwolf wollte wohl versuchen, seiner Familie etwas vom Karibubraten zu bringen, und hat dabei auch die Konfrontation mit dem Bären auf sich genommen. Allerdings scheint es ihm nicht allzu ernst damit gewesen zu sein. Sowohl der Wolf als auch der Bär agierten doch ein wenig halbherzig, wenn man bedenkt, dass Nahrung in diesem Gebiet so rar und damit so wertvoll ist. Da erwartet man schon ernsthaftere Kämpfe.

Das Geheimnis lüftet sich zwei Tage später; die Wolfsfamilie ist wieder umgezogen, und der Bär ist ihnen gefolgt. Es hat ganz den Anschein, dass der Bär ein guter Bekannter der Wolfsfamilie ist und dass er nicht das erste Mal den Riss der Wölfe geklaut hat. Der Bär lässt die Wölfe die Drecksarbeit machen, das Karibu jagen und töten, und holt sich dann den frischen Leckerbissen ab. Die Wölfe scheinen das in diesem Fall zu akzeptieren. Dafür lässt der Grizz das Rudel und vor allem dessen Junge in Ruhe. So sehen kleine Tauschgeschäfte in den Barrenlands aus.

Besonderer Besuch

Sommer 2002 Langsam lässt Alan sein kleines Wasserflugzeug an Höhe verlieren. Am Horizont taucht wieder ein See auf. Einer von Millionen. Aber einer der wenigen mit einem Namen: Aylmer Lake. Alan besitzt die Aylmer Lake Lodge am Nordostufer. Von der Luft aus sehe ich die einfachen, kleinen Hütten und das Hauptgebäude. Sie schmiegen sich an eine karge kleine Landzunge, die in den See reicht. Elegant zirkelt Alan seine Cessna über die Lodge. Wir landen auf dem glasklaren Wasser und motoren zum Dock. Rick, der jüngere Sohn von Alan, springt mit einem dicken Seil in seiner Hand auf die Wasserkufen des Flugzeugs und verankert es routiniert am Dock. Langsam schälen wir uns aus dem Matchbox-Flieger. Alan, Paul und ich. Außerdem haben wir noch Alans Einkauf aus Yellowknife und unseren Berg an Ausrüstung dabei. Der Einkauf muss wieder für den gesamten Lodgebetrieb für die nächsten zwei Wochen reichen. Dann erst fliegt Alan wieder in die über zwei Flugstunden entfernte Hauptstadt. Zurzeit sind in der Lodge ein paar Fischer und Karibujäger untergebracht. Neben seinen beiden Söhnen hat Alan Henry Basil, einen Dene-Indianer, als Guide für seine Jagdgäste angestellt. Die Burschen sind »on the land« aufgewachsen und kennen sowohl die Karibuwanderwege als auch die besten Angelstellen wie ihre Westentasche. Zu Recht werben sie mit »world class fishing for lake trout, arctic grayling and northern pike«. Die übergewichtigen, lauten Amerikaner am Nebentisch planen ihre morgige Karibujagd. Und Fetzen ihres Fischerlateins dringen zu uns herüber. Paul, selbst begeisterter Fischer, wird hellhörig, als er die aktuellen Zahlen hört: Seeforellen um die achtzehn Kilogramm.

Am Nachmittag gehen wir ein bisschen fischen: »Catch and release only.« Also fischen, messen und wieder rein ins Wasser. Ich schaue Paul zu – er ist gut. Und wundere mich, warum man den Fischen den Gaumen aufreißt und durchs Anfassen die schleimige Schutzschicht auf ihren Schuppen zerstört, nur damit man sich auf einem Foto mit ihnen verewigen kann.

Kathy, Alans Frau, kocht gut. Und Alan hat viele spannende Geschichten auf Lager und ist ein großer Wolfsfan. Mit seinem kleinen Flugzeug macht er immer wieder Wolfserkundungstouren nur für sich selbst. Er ist eine große Hilfe bei der Entscheidung, wo wir die nächsten Tage verbringen werden. »Ich denke, ihr solltet ans Südwestende des Sees gehen. Dort hab ich beim letzten Flug ein paar Wölfe einen Esker entlangrennen gesehen. Die haben da sicher eine Höhle.« Dankbar nehmen wir sein Angebot an und machen am nächsten Morgen einen Erkundungsflug. Der Aylmer Lake ist groß, fast sechzig Kilometer lang und über fünfundzwanzig Kilometer breit. Als wir über den Esker fliegen, laufen zwei Wölfe schräg über dessen Sandfläche und verschwinden hinter der Kuppe. Alan dreht ab.

In der Lodge übernehmen wir ein Motorboot und machen uns auf dem Seeweg zum eben erst erkundeten Esker auf. Motiviert von der Sichtung, errichten wir unser Camp direkt am traumhaften Seeufer. Der gelbe Sandstrand taucht langsam in den See. Dieser wiederum benimmt sich wegen seiner Größe wie ein Meer und schickt in regelmäßigen, sanften Schlägen seine Wellen Richtung Strand. Das Geräusch der Sehnsucht. Die intensiven Farben des Nordens verstärken sich gegen Abend hin, als wir endlich am Campfeuer sitzen. Genüsslich machen wir uns über die frischen Sachen her, die uns Kathy noch schnell zugesteckt hat. Frisches wie Gemüse oder Obst, Käse oder Wurst ist Luxus; neben dem kurzen Ablaufdatum haben sie einen großen Nachteil: wenig Kalorien mit viel Platzverbrauch. Was wir brauchen, ist das Gegenteil. Denn jeder von uns hat nur eine relativ kleine, schwarze, zylinderförmige Box aus dickem Plastik für den gesamten Nahrungsverbrauch für eine knappe Woche zur Verfügung. Diese Boxen sind die einzigen Gegenstände in unserem Camp, die bärensicher sind. Der Deckel der Box schließt nahtlos an deren Rand und ist nur mit einer Münze oder ähnlichem Hilfswerkzeug – schwer – aufzukriegen. Die gesamte Box hat keine Angriffsfläche und rollt gerne davon. Perfektes Design – auch nicht zu knacken für einen ziemlich ideenreichen Grizzly! Aber wie gesagt wenig Volumen. Daher sind Paul und ich noch ein wenig mit dem Boot hinausgefahren, um das Abendessen aufzustocken: So ein frisch gefangener Fisch, gewälzt in Kathys berühmtem Paniermix ist schon eine andere Liga als Drei-Minuten-Instant-Pasta. Bis wir den richtigen Fisch im Boot haben, dauert es länger, als wir gedacht haben. Nicht weil keiner angebissen hat, sondern weil die vielen, die angebissen haben, immer zu groß für uns beide allein waren. Und wir wollten weder Reste verschwenden noch damit einen Bären ins Camp einladen.

Nun sitzen wir gut gesättigt am Seeufer, jeder mit seiner Tasse Kaffee zum Nachtisch – so viel Platz muss immer sein in der Bärenbox. Nachdenklich sehe ich zu Paul hinüber. Sein letzter Satz hat sich in meinem Gewissen aufgehängt. »Unser Dinnerfisch war sicher an die dreißig Jahre alt.« Dreißig? Dreißig Jahre? Und wir verspeisen ihn in wenigen Minuten?! Ja, hier hat die Zeit eine andere Dimension. Alles läuft langsamer ab, der lange Winter hat das Land für mindestens acht Monate im Griff und stoppt alles Wachstum. Die ältesten Steine der Welt wollen sich von den zaghaft wachsenden Pflanzen und ihren Wurzelsäuren nicht so einfach erweichen lassen, und die glasklaren Seen führen kaum Nährstoffe. Alles, was hier atmet und lebt, ist sehr kostbar. Die Schönheit liegt im Kargen.

Am nächsten Morgen machen wir uns auf die Suche nach dem Esker und der vermuteten Wolfshöhle. Paul hat die Koordinaten in seinem GPS gespeichert, als wir gestern darüber gekreist sind. Wir bewegen uns Richtung Wölfe. Als wir ein kleines Plateau queren, stolpern wir über ein Stück rostiges Eisen. Wie kommt denn das hierher? Kleine Dinge, die daheim nicht einmal auffallen, bekommen hier Bedeutung. Ich bücke mich und ziehe am überwachsenen Metall: eine Fußfalle. Nun schauen wir genauer unter den kleinen Strauch: Da liegen noch mehr! Mit bloßen Händen graben wir eine nach der anderen aus. Am Ende sind es an die dreißig Stück. Alle alt, verrostet und mit einer Verankerungskette. Gott sei Dank nicht mehr gespannt, aber noch funktionstüchtig. Am runden Trittteller prangt ein ausgeschnittenes »V« für Victoria-Fallen. Die Klassiker während der Blütezeit des Pelzhandels. Pauls Augen beginnen zu glänzen: »Die nehm ich mit! Noch gut genug für Fuchs. Und eine historische Kostbarkeit.« Rostiges Gerümpel, denk ich mir und reservier mir eine. Als Andenken an das blutige Gemetzel der ersten Weißen im Norden vor knapp hundertfünfzig Jahren.

Auf dem Rückweg wollen wir sie ins Camp tragen. Daneben finden wir noch Reste einer alten Hütte. Das Fallenstellen und der Pelzhandel waren lange Zeit der einzige Grund, warum sich die Europäer den Norden überhaupt angetan haben. Aber für ein paar Jahrzehnte sind sie reich für ihre Strapazen belohnt worden: Das Fell der arktischen Füchse und Wölfe ist besonders dicht und hat gute Preise auf dem europäischen Modemarkt erzielt. Morsche Bretter und rostiges Eisen erzählen heute noch davon. Als wir weiterwandern, entdecken wir Holzpfähle mit neonfarbener Markierung: »claim stalks«. Irgendjemand hat sich das Land schon unter den Nagel gerissen. Wahrscheinlich eine internationale Bergbaufirma, die etwas Wertvolles tief unterhalb der Tundra-Moose und -Flechten vermutet oder schon gefunden hat. War es früher die Jagd auf Ressourcen, die das Land hervorgebracht hat, wie Fell und Fleisch, ist es heute die Jagd auf das, woraus das Land selbst besteht. Gemeinsam ist beiden Arten von Jägern, dass sie den Reichtum ironischerweise in einer Landschaft suchen, in der Kargheit dominiert. Bizarr, aber sie werden hier fündig. Und können reich werden. Aber die Langsamkeit und Schönheit des Landes bleibt ihnen verborgen.

Auf dem Rückweg sammeln wir so viele Fallen, wie wir nur in unsere Rucksäcke stopfen können. Am Camp angelangt, ruft Paul Dean in Yellowknife via Satellitentelefon an. Er erzählt ihm zunächst unsere erfolgreiche Suche nach der Wolfshöhle und danach von unserem Fallenfund. »Wow, das ist phantastisch! Ich hoffe, ihr habt eine genaue UTM-Markierung davon genommen. Das ist ein historischer Fund. Lasst alles genau so, wie ihr es vorgefunden habt. Toll!« Dean ist begeistert. Paul und ich schauen uns an, dann auf den Haufen Fallen, der da neben uns im Camp liegt. Am nächsten Morgen schleppen wir sie murrend wieder genau zu der Stelle, an der sie seit vielen Jahrzehnten schon vor sich hin gerostet sind. Ich glaube, Paul ist wirklich traurig darüber, dass er die Fallen nun nicht in Minnesota ausprobieren kann. Aber als Nichtkanadier halten wir uns brav an die kanadischen Vorschriften, auch wenn sie uns rätselhaft erscheinen.

Wie an jeder Höhle beobachten wir die Aktivitäten – oder eher Nichtaktivitäten – der Wolfsfamilie. Tagsüber überlassen sie uns alle Moskitos, aber in den Morgen- und Abendstunden kommt Leben in die Tiere. In diesem Rudel scheinen zwei Weibchen Junge zu haben. Das ist zwar untypisch, denn normalerweise erzeugt nur ein Weibchen Nachwuchs, nämlich das weibliche Elterntier des Rudels. Aber im Norden sind multiple Würfe vermutlich eine Ausgleichstrategie für die besonders hohe Sterbequote der Jungen in diesen Breitengraden.

Es ist wieder ein schöner Morgen. Die Luft wird schon sehr frisch Mitte September; und die Nacht holt sich gerade in dieser Jahreszeit schnell ihre dem Sommer geliehenen Stunden zurück. Jeden Tag fast zehn Minuten, jede Woche mehr als eine ganze Stunde mehr Dunkelheit.

Gerade geht die Morgensonne über dem See auf. Ich will hinunter ans Wasser zum Waschen. Komisch, wo ist denn unser Kochzelt? Wir errichten es immer ein paar Hundert Meter von unseren

Schlafzelten entfernt. Als ich näher komme, läuft es mir kalt den Rücken hinunter: total platt, zerrissene Seitenplanen, Blut an den verbogenen Metallstangen: Wir haben in der Nacht Besuch gehabt. Ein Grizzly hat unser Kochzelt total auseinandergenommen, während wir nichts ahnend knapp daneben geschlafen haben. Seine riesigen Fußabdrücke im Sand zeichnen die Spur der Verwüstung nach. Instinktiv drehe ich mich nach allen Seiten um, obwohl ich weiß, er ist nicht mehr in unmittelbarer Nähe. Aber wie wird das während der nächsten Nacht ausschauen? Ist der Bär nun neugierig auf mehr geworden, oder hat er unseren Platz aufgegeben, weil er nicht mit Futter belohnt worden ist?

Paul ist total aufgebracht über den Bärenbesuch, beschuldigt uns beide, nicht sauber genug mit dem Essen gewesen zu sein; ich denke, der Bär hat mit seiner superfeinen Nase einfach den Essensduft an den Zeltwänden gerochen. Unsere beiden Bärenboxen liegen unangetastet genau dort, wo wir sie versteckt haben. Paul ist im Zwiespalt: Wir müssen noch zwei Nächte hier verbringen, um die gesamte Sequenz des Projekts an dieser Höhle durchgemacht zu haben. Er ruft Dean an.

»Wo genau habt ihr denn das Kochzelt aufgestellt?« Grizzlys jagen Dean nicht so schnell einen Schrecken ein.

»Direkt am sandigen Seeufer.«

»Na dann ist alles klar: Grizz wandern gerne am Strand entlang, euer Zelt war ihm wahrscheinlich einfach im Weg, und er hat es auf seine Weise weggeräumt.«

Ach so, nichts weiter, denk ich mir, außer dass wir einen rabiaten Barrenground-Grizz auch nächste Nacht als Nachbarn haben können, passt eh alles.

Auf dem Weg zur Höhle sehen wir ihn dann auch. Ihm gefällt es in der Gegend. Gut für ihn. Aber am nächsten Abend habe ich mein Bearspray besonders griffbereit und auch meinen Leatherman neben dem Kopfkissen. An Schlaf ist nicht zu denken. Paul hat sogar sein Gewehr dabei. Die Nacht bleibt ruhig. Und auch danach haben wir den Grizz nie wieder gesehen. Wir haben ihn ehrlich gesagt auch nicht vermisst.

Einstellungen

Sommer 2002 Hager und hochgewachsen steht Paul neben mir. Gerade hat er sein Gewehr von seiner Schulter genommen und geladen. Ich starre ihn ungläubig an. Wieso denn das?, denke ich mir und wende meinen Blick wieder der Silhouette des Barrenground-Grizzlys zu, der gemächlich über die Tundra streift. Er ist sicher fünfhundert Meter weit weg. Wir stehen westlich von ihm auf einer unscheinbaren Anhöhe. Der Wind kommt aus dem Westen. Ich nehme an, er weiß, dass wir da sind. Trotzdem bleibt er seiner ursprünglichen Richtung treu. Diese verläuft parallel zu der Richtung, in die wir uns bewegen. Für mich ein Zeichen, dass vorläufig alles okay ist. Ich inhaliere den friedlichen Anblick des wunderschönen Tieres, welches so ruhig durch diese ausgeräumte Landschaft zieht. Irgendwann verschwindet er zwischen dem Geröll. Paul ist die ganze Zeit hoch angespannt und schussbereit. Wir beide stehen Seite an Seite, sind in derselben Situation, sehen dasselbe. Und doch sind unsere Reaktionen so unterschiedlich, weil wir ganz unterschiedliche Erfahrungen gemacht haben. Paul ist Biologe, aber auch Trapper und Jäger. Er lebt in Minnesota, dort gibt es unzählige Schwarzbären, keine Grizzlys. Ich komme direkt vom Heiltsuk Territory, und deren generelle Einstellung voller Respekt gegenüber allem Lebendigen habe ich ganz oben in meinem Erinnerungskoffer. Meine amerikanische Freundin Carol hat mir einen großen Satz für mein Leben mitgegeben: »Gudrun, always think: Stress is not the event, it is only *your* reaction.« Will heißen:

Das Ereignis kann ich oft nicht beeinflussen, meine Reaktion darauf sehr wohl. Die kann ich bewusst steuern.

Ich fühle, dass Pauls Reaktion vielleicht etwas Unnötiges auslösen könnte. Was sie auf jeden Fall ausgelöst hat, ist eine etwas hitzige Diskussion über Waffenbesitz und -verwendung. Pauls Hintergrund für seine Einstellung ist der Anhang II der Verfassung der Vereinigten Staaten, der 1791 als Teil der sogenannten »Bill of Rights« angenommen und von vierunddreißig Staaten ratifiziert wurde: »A well regulated militia being necessary to the security of a free state, the right of the people to keep and bear arms shall not be infringed.«[4]

Bis heute prägt dieser Anhang das Selbstverständnis vieler Amerikaner. Das Recht, eine Waffe zu besitzen und zu benutzen, ist für sie selbstverständlich.

Ich sehe Paul nur stumm an, während er sich genau auf diese rechtliche Grundlage stützt. Während seiner Erklärung beginne ich ganz langsam die Tragweite dieses Rechts für das Zusammenleben in der gesamten amerikanischen Gesellschaft, aber auch für unsere gesamte Welt zu erahnen. Ich kann mich nicht mit dem Gedanken anfreunden, bei jeder Begegnung auch gleich eine potenzielle Gefahr mit einzukalkulieren.

Ein paar Tage nach der ersten Grizzlybärensichtung habe ich Geburtstag. Meinen Dreißigsten. Haben doch in meiner Jugend viele Zukunftsträume mit »Wenn ich dreißig bin, dann hab ich/bin ich/weiß ich ...« angefangen. Und? Ich besitze nichts (Materielles), und was weiß ich denn überhaupt schon? Meine nüchterne Lebensbilanz macht mich traurig. Für ein paar Momente zweifle ich sogar, ob es wirklich erfüllend ist, Wölfe zu erforschen und einsam ihren Spuren zu folgen. Ein Schneesturm hält Paul und mich zwei Tage lang in der Aylmer Lake Lodge fest. Als der Sturm endlich nachlässt, beschenke ich mich mit einem Spaziergang über die Tundra. Alles ist in trübes Grau getaucht, der endlose Himmel hängt tief über der flachen Landschaft. Nebelschwaden ziehen mystisch in

Bodennähe vom See her über das steinige Land. Alles ist so ruhig, es bewegt sich nichts. Das Wetter ist perfekt zum Trübsalblasen, und so blase ich in dieser Stimmung halt vor mich hin. Denke an die großen Partys zum Dreißigsten, an viele lachende und feiernde Freunde, an das erhoffte Erreichte, an die Sätze: »Wir lieben dich. Wir sind froh, dass es dich gibt.« Alles ist so weit weg, so unwahr in diesem Moment für mich. Ich sehe ins graue Nichts vor mir. Und dann kommt plötzlich Bewegung in die trübselige Szenerie: Ich bemerke in der Ferne etwas auf mich zukommen. Dunkel, vier Beine, ich bleibe stehen, hocke mich hin und warte. Es kommt weiterhin näher. Unbeirrt und unbekümmert galoppiert ein Wolverine, ein Vielfraß, auf mich zu. Dann wird er langsamer, verfällt wenige Meter vor mir in Schritttempo und sieht mich mit seinen großen dunklen Augen an. Ich beobachte ihn. Würde ich jetzt die Hand ausstrecken, ich könnte ihn anfassen. Er hebt seine Nase, dann spaziert er an mir vorbei, legt wieder an Geschwindigkeit zu, und im Mardergalopp verschwindet er wieder im Nebel. Ich verweile noch einige Minuten – ungläubig. Und ich lächle. Vergessen ist aller Selbstzweifel. Bei allen Geburtstagsfeiern der Welt, wer hat schon mal einen Vielfraß unter seinen Gratulanten gehabt? Ich freu mich wahnsinnig. Die wahre Bedeutung wird mir aber erst bewusst, als ich später in der Lodge von meiner Begegnung berichte. Die Besitzer und der Großteil der Gäste sind außer sich: »Gudrun, das ist total verrückt! So etwas haben wir noch nie gehört. Gott, der hätte dich umbringen können!«

Vielfraße sind die größten Vertreter der Marderfamilie. Um sie ranken sich schauerhafte Legenden, weil sie, wie alle Marder, für ihre Größe – zwanzig bis dreißig Kilogramm bei bis zu einem Meter dreißig Länge – sehr mutig und sogar aggressiv sein können. So kann ein Vielfraß als Einzelgänger sogar ein Karibu mit dem Zehnfachen seines eigenen Körpergewichts niederstrecken. Seine Technik dabei ist, der Beute auf den Rücken zu springen und in den

Nacken zu beißen. Er scheut sich auch nicht, Bären ihren Riss abzu-
streiten. Das deutsche Wort Vielfraß leitet sich aber vom nordischen Begriff »Fjellfräs« ab, was so viel wie Gebirgskatze bedeutet.
Das englische »Wolverine« bezieht sich auf den Wolf.

Nun lächle ich wieder. »Nein, denke ich, hätte er nicht …«

Der Ewige Tanz von Jägern und Gejagten

Spätsommer 2002 »Gudrun, wenn die anderen nur die Moschusochsen beobachten – schau in alle Richtungen, denn die Wölfe sind
bestimmt in ihrer Nähe.« Henry weiß es. Er ist ein Teil des Landes.
Seine Vorfahren haben Jahrtausende auf und von dem Land gelebt.
Wie alle Menschen, die sehr viel in der Natur unterwegs sind, hat
auch er ein feines Gefühl dafür entwickelt, was sich um ihn herum
abspielt. Er gibt dem Geschehen seine Bedeutung und Wichtigkeit.

Dadurch entstehen eine tiefe Verbindung und inniges Verstehen.
Es ist immer wunderbar, mit solchen Menschen unterwegs zu sein.
Das eigene Leben wird so intensiv und bereichert; und ich fühle
mich sehr zufrieden.

Ich blicke also Richtung Süden und just in diesem Moment sehe
ich einen weißen und einen schwarzen Wolf Richtung Moschusochsenherde traben. Anerkennend und dankbar nicke ich Henry
zu. Er sitzt neben mir, seine schwarzen langen Haare sind zu zwei
schönen Zöpfen geflochten und mit Karibulederbändern zusam-
mengehalten. Er hat mir auch zwei Paar solcher Bänder geschenkt:
ein braunes für den Sommer und ein weißes für den Winter. Dann
sind wir vor die Lodge gegangen, und er hat mir in einer kleinen
Zeremonie gezeigt, wie man seine Zöpfe richtig flicht und dabei
zum »Great Spirit« betet. »Immer von außen nach innen flechten.
Das ist wichtig. Und das Lederband viermal um das Ende wickeln.

Für jede Himmelsrichtung einmal«, erklärt mir Henry. Nun verstehe ich auch die Bedeutung der langen Haare für alle Natives besser. Und den psychischen Schmerz, den die weißen Missionare den kleinen Indianerkindern zugefügt haben müssen, als sie ihnen beim Zwangseintritt in die staatlichen Internatsschulen sofort die langen Haare abgeschnitten haben.

Immer wieder treffe ich auf die Nachwehen dieser staatlich missionierenden Institution. Bis in die Sechzigerjahre hat man systematisch und brutal versucht, die Ureinwohner zu Weißen zu machen, ihre Identität, Kultur, Sprache, Geschichten, Wissen und Lebensweise auszulöschen. Ja, sie einfach als das, was sie sind, abzutöten und das westliche Wertesystem über sie zu stülpen. Die Kinder wurden aus ihren Dörfern gezerrt und weit entfernt von ihrer Familie in die Erziehungsanstalten gesteckt. Sie durften nicht mehr ihre Sprache sprechen, mussten Uniformen tragen und zwangsweise die Lebenseinstellung der Weißen übernehmen. Die jahrtausendealte Kette der mündlichen Überlieferungen aller Traditionen von den Elders auf ihre Kinder und Jugendlichen wurde erfolgreich unterbrochen. Erfolgreich? Als die Jugendlichen aus den Schulen entlassen wurden, waren sie im seelischen Niemandsland und heimatlos: Sie verstanden ihre Eltern nicht mehr, waren aber auch keine Weißen. Das Streben nach Besitzanhäufung, das Sparen und Planen für die Zukunft, ja das gesamte egozentrische Weltbild des Westens ist ihnen trotz intensivster Anstrengungen seitens der Erzieher fremd geblieben. Die staatlichen Internatsschulen produzierten eine verwirrte, missverstandene und orientierungslose Generation. Traumatisiert durch Gewalt und Missbrauch. Die Absicht der Einrichtungen war: »Killing the Indian in the child.«Die letzte Schule dieser Art in Kanada wurde erst 1996 geschlossen.[5]

Nach jahrelangen Anklagen der Opfer und Gerichtsverfahren über Entschädigungszahlungen entschuldigt sich am 11. Juni 2008 der damalige Premierminister Stephan Harper im Namen der

Regierung für die Politik der Assimilation der Ureinwohner, wie sie von früheren Regierungen durchgesetzt wurde.[6] Harper entschuldigt sich nicht nur für den Missbrauch in den Schulen, sondern sogar für deren Existenz überhaupt. Die Rede findet vor einer Delegation von kanadischen Indianerstämmen statt und wird live im staatlichen CBC-Fernsehsender übertragen.

Zu dieser Zeit bin ich gerade in der First-Nation-Siedlung Bella Bella und erlebe diese Übertragung als eine von zwei Weißen im gefüllten Saal des Seniorenzentrums zusammen mit den vielen Betroffenen. Die Situation ist berührend. Aber die Reaktionen der Anwesenden nach der Sendung machen mich erst so richtig betroffen. Für die Indianer Nordamerikas hat das Wort eine immense Bedeutung. Daher wird es sparsam verwendet. Sie reden nicht viel, aber was sie sagen, ist wohlüberlegt und wird auch bewusst angehört. Harpers Rede ist zu Ende. Nach einer längeren Stille im Saal steht ein erster Elder bedächtig auf und geht langsam zum Podium. In einfachen und sehr klaren Worten erzählt er seine Geschichte. Im Saal ist es andächtig still. Dann erhebt sich ein zweiter, eine dritte und so fort. Der Saal ist gefüllt mit schmerzenden Seelen, die von erschütternden Erlebnissen berichten. Sie haben jahrzehntelang auf diesen Tag warten müssen. Voll Dankbarkeit dafür, dass sie nun endlich offiziell darüber reden dürfen, lassen sie den verschütteten Gefühlen freien Lauf. Das wirklich Wunderbare aber ist, dass sie sich immer wieder gegenseitig erinnern und ermutigen, nicht anzuklagen und nicht zu vergelten, sondern zu verzeihen. Ich sehe ihnen an, wie schwer es ihnen fällt, aber sie tragen diese Fähigkeit als Größe ihres Volks in sich, und im Zusammenhalt finden sie die Kraft dafür.

Ich fühle mich wirklich nicht wohl in meiner weißen Haut. Aber je länger die Ansprachen dauern, desto mehr Last wird abgeworfen, und eine kollektive Erleichterung erfüllt den Saal. Der Grundstein für eine neue Art des Zusammenlebens ist damit offiziell gelegt. Die Narben werden immer bleiben.

Viele Indianerstämme verehren den Wolf. Und bei der immer stärker werdenden Präsenz der westlichen Kosten-Nutzen-Rechnung erging es ihnen nicht viel anders als dem Wolf. Beide schienen in den Augen der Weißen unnütz zu sein. Auslaufmodelle. Und so haben sich viele Stämme auch mit dem Schicksal des Wolfs identifiziert. Beide waren sie über Jahrtausende die edlen Jäger des Kontinents, die es schafften, selbst zu überleben und gleichzeitig nicht die Population ihrer Beutetiere zu vernichten.

Die Europäer kamen und brachten den Indianern neue, effiziente Waffen und dem Wolf die leicht zu erbeutenden Haustiere mit. Beides wirkte sich fatal auf die traditionellen Jagdmethoden der Ureinwohner aus, brachte sie aus dem Gleichgewicht. Die Jäger befanden sich plötzlich in einer komplett neuen Situation: Die Jagd und das Töten waren auf einmal so viel einfacher geworden. In kürzerer Zeit und mit weniger Anstrengung und Risiko konnte so viel mehr erbeutet werden. Die Jäger waren mit ihrem Verhalten nicht an diese Situation angepasst. Und es dauert bis zum heutigen Tag an, sich an diese bisher noch nie da gewesene Situation zu gewöhnen: Leider »verkaufen« einige Natives ihr Naturerbe an Jagdgesellschaften oder schießen sogar selbst rar gewordene Tiere, die sie dann auf dem Schwarzmarkt verkaufen. Und die Wölfe suchen sich die Beutetiere, die am einfachsten zu erbeuten sind: die Haustiere.

Dass dem Land ohne First-Nations-Kulturen und ohne Wölfe etwas Essenzielles fehlt, das wurde spätestens in den Neunzigerjahren des letzten Jahrhunderts klar, und so begann eine Wiedergutmachungswelle über den Kontinent zu schwappen: In Kanada war es die lang ersehnte Entschuldigung für die Indianerpolitik der vergangenen Jahrzehnte und in den USA die Wiederansiedlung von Wölfen im berühmtesten und ältesten Nationalpark der Welt: dem Yellowstone-Nationalpark im Nordwesten des Landes. Diese Wiederbesiedelung wurde ganz entscheidend von den lokalen Nez-Perce-

Indianern mitgetragen. Sie sahen in diesem Akt eine Art Versöhnung der Weißen auch mit ihrem Volk.

Beide, die Ureinwohner und die Wölfe, erholen sich langsam, sehr langsam vom gemeinsamen Schicksal. Und werden gleichzeitig weiter in ihre Schranken gewiesen: Im Sommer 2011 nehmen die USA den Wolf wieder von der Liste streng geschützter Tiere, und die Indianer leben bis heute in ihren Reservaten.

Henry lächelt bescheiden. Er bemerkt mein angedeutetes Kopfschütteln. Ungläubig verfolge ich die beiden Wölfe, die er mir gerade erst angekündigt hat. Sie bleiben nur manchmal kurz stehen, um sich nach dem anderen umzusehen. Ich glaube mich schon mitten in einer dieser spektakulären Jagdszenen einer Discovery-Channel-Produktion. Die Moschusochsenherde grast noch ruhig und nichts ahnend. Zusammen mit der amerikanischen Wolfwatcher-Gruppe, angeführt von Dr. Dave Mech höchstpersönlich, sitzen wir auf der kleinen Anhöhe einer Halbinsel des Aylmer Lake. Das Gelände ist sanft gewellt, der Gegenhang von seltenem, saftigem Grün bedeckt, das die Pflanzenfresser anzieht. Die Halbinsel ist nur über eine schmale Landbrücke mit dem Festland verbunden. Diese müssen die Zotteltiere passieren, wenn sie zu den Futtergründen wollen. Und genau dort hat eine kleine Wolfsfamilie ihre Höhle angelegt. Strategisch perfekt. Die Kameras der amerikanischen Ökotouristen klicken, ihr Motiv ist noch immer die Moschusochsenherde. Einige der Teilnehmer kommen jedes Jahr hierher, um wilde, frei lebende Wölfe live zu Gesicht zu bekommen. Sie zahlen sehr viel dafür. Ihre Kameraausrüstung ist entsprechend. Schon toll, denk ich mir, die zahlen einen Haufen Geld, und ich kann das gratis miterleben. Die Wochen mit Paul sind zwar wieder mal eine ehrenamtliche Angelegenheit, aber ich habe keine Kosten und erlebe Dinge, die mich für immer bereichern. Ein Reichtum, der keiner Inflation unterliegt, im Gegenteil: Je länger ich ihn in mir trage, desto wertvoller wird er. Hilft er mir doch während des weiteren Lebens immer wieder, wenn ich Motivation brauche oder eine innere Leere spüre. Solche Momente schwinden nicht, sie trotzen der Zeit, die am Zerfall arbeitet. Ein Reichtum, den man mit keinem Geld der Welt erkaufen kann.

Das Wolfspaar kommt nun auch ins Blickfeld der zahlenden Touristen. Aufgeregt drehen sie ihre Teleobjektive in Richtung Wölfe. Alle sind gespannt. Jeder kennt die berühmten Film- und Fotosequenzen der actionreichen Moschusjagd der weißen Wölfe von Ellesmere Island. Dave Mech ist durch seine über fünfundzwanzig Jahre dauernde Beobachtung dieser Wölfe in der hohen Arktis in den Wolfsforscher-Olymp aufgestiegen. Er *ist* Mr Wolfsforscher. Als ich ihn vor ein paar Tagen persönlich kennengelernt habe, stand ein liebenswerter, aber ein wenig schrulliger Herr älteren Semesters vor mir. Er vertritt immer noch die »alte Schule« der Wolfsforschung: Invasive Methoden schrecken ihn nicht ab, solange die Menschheit neues Wissen davon erwarten kann. Diskutabel. Und ganz im Gegensatz zu Dr. Paul Paquet. Alle seine Aktivitäten sind darauf ausgerichtet, den Schutz der großen Beutegreifer und ihres Lebensraums wissenschaftlich mit harten Fakten zu untermauern. Dabei steht aber der Respekt vor der Sensibilität wild lebender Tiere an oberster Stelle. Paul und Dave vertreten so unterschiedliche Ansichten, dass es befruchtend auf die gesamte Forschung wirkt. Daves Herangehensweise sollte aber doch ein Auslaufmodell sein.

Die Wölfe trennen sich. Der schwarze bleibt zwischen uns und der Herde, der helle verschwindet links hinter einer Kuppe. Wenig später taucht er schräg oberhalb von den Huftieren wieder auf. Was hat er vor? Wird er die Tiere in Richtung seines Kumpanen treiben? Wir wagen kaum zu atmen. Wird sich in den nächsten Minuten die archaischste aller Wildnisszenen vor unseren Augen abspielen? Der Tanz zwischen Leben und Tod? Der treibende Vorgang der Evolution, der fortschreitenden Entwicklung des Immer-fitter-Werdens?

Der schwarze Wolf schnüffelt in der Senke zwischen uns und den Pflanzenfressern herum und zeigt noch kein Interesse an der Herde oder an seinem Kumpel. Plötzlich kommt Leben in das Tier: Er schießt nach vorn, schnellt mit seinen Vorderläufen nach oben, stößt sich mit seinen Hinterläufen ab und landet sofort wieder auf den Vorderfüßen: Er hat eine Maus gefangen. Für die nächsten zwei Stunden macht der schwarze Wolf nichts anderes. Er fängt geschickt Mäuse. Den weißen Wolf haben wir bis zu unserem Aufbruch nicht mehr gesehen.

Es ist eine Mär, dass Jäger ständig jagen und die Beute ständig auf der Flucht ist. Beiden Seiten ist in der Natur eines gemeinsam: der weise Umgang mit der eigenen Energie. Die einen zeigen das, indem sie oft stundenlang, ja auch tagelang ihre potenzielle Beute beobachten. Sie wollen herausfinden, welches Tier in der Herde schwächelt und daher die größte Chance bietet, mit möglichst wenig Risiko und Energieverlust an Nahrung zu kommen. Und die Beutetiere selbst sind gewohnt, mit ihrem Raubfeind zu leben. Ja, sie wollen diesen sogar ihre Standhaftigkeit demonstrieren, denn das zeigt Stärke und Überlegenheit. Und vor allem: Es spart ebenfalls kostbare Energie. Jedes Mal wegzulaufen, wenn ein bekannter Feind auch nur anwesend ist, bringt energetisch nichts. Beutetiere, die Erfahrung mit ihren Fressfeinden haben, haben ein Gespür dafür entwickelt, wann es ernst wird und wann man gelassen den Wolf in seiner Nähe dulden kann. Wir haben das immer wieder und in verschiedenen Gegenden und Ökosystemen mit unterschiedlichen Wolfspopulationen und diversen Beutetierarten in Kanada beobachten können. Allerdings gibt es das viel zitierte Gleichgewicht in der belebten Natur nicht: Es ist vielmehr ein Oszillieren um eine mehr oder weniger stabile Mitte. Ein ständiges Auf und Ab, permanente Veränderung, ein Aufbauen und Zusammenbrechen. Dynamik ist die Voraussetzung für Leben und für alle Lebensfunktionen. Wir Menschen tun uns dann schwer, wenn so ein Zyklus nicht in unsere Interessen oder auch unsere Vorstellungskraft passt. Durch unsere Kurzsichtigkeit verweigern wir der Natur oft diesen Schwankungsraum.

Die Wildtiere machen uns in allen Bereichen sinnvolle Anpassungsstrategien vor. Wir müssen nur bereit sein, uns von Erwartungen zu trennen. Heute nehmen die Wolfwatcher-Gruppe und ich keine spektakulären Jagd- und Killeindrücke mit nach Hause. Aber wir haben mehr über den Wolf erfahren, als wir zuerst erwartet haben. Während wir Menschen oft Mücken zu Elefanten machen, hat der schwarze Wolf Moschusochsen zu Mäusen gemacht – und ist auch mit vollem Bauch zur Höhle zurückgekommen. Er hat sich seiner Situation angepasst und das Beste daraus gemacht.

Wolfspirit 9

November 2005 *Zweiunddreißig Bestrahlungseinheiten gepaart mit der Chemotherapie. Innerhalb einer Stunde muss beides passieren. Die Chemo sieht harmlos aus, eine kleine weiße Tablette, nichts Besonderes, wie viele andere auch. Aber sie hat es in sich, nach den ersten Einnahmen muss ich erbrechen, dann gewöhnt sich mein Körper vorläufig an das Gift. Ich stelle den Wecker. Denn ich habe alle meine Bestrahlungstermine gleich in der Früh gebucht. Das ist mir lieber, dann habe ich das Ganze bald mal hinter mir und kann mir den Tag freier gestalten. Ich muss die Chemotablette eine Stunde vor der Bestrahlung einnehmen. Nicht auf nüchternen Magen, aber das Essen muss wiederum eine Stunde vor der Chemo abgeschlossen sein. Bald schmeckt nichts mehr, nach ein paar weiteren Tagen graust mir vor allem. Alles, was noch geht, sind Kartoffeln. Kartoffeln ohne was. Kartoffeln zum Frühstück, zu Mittag, am Abend. Meine Freunde verzweifeln, aber ich bleib dabei. Im Wartezimmer vor dem Bestrah-*

lungsraum lerne ich eine junge Frau in meinem Alter kennen. Sie hat drei Kinder und einen Gehirntumor vierten Grads, die aggressivste Form und an einer inoperablen Stelle. Tanja ist fröhlich und unterhaltsam, extrovertiert und jammert nicht. Durch ihre Anwesenheit verkürzt sie nicht nur die Wartezeit, sie erinnert mich einfach durch ihr Dasein daran, dass ich es nicht schlecht erwischt habe. Aber sie sieht blendend aus, keine Anschwellungen ihres Gesichts durch die starken Steroide, wie ich sie in hoher Dosis nehmen muss, um die extremen Schwellungen nach der Operation im Gehirn unter Kontrolle halten zu können. »Mondgesicht« ist der Begriff dafür und beschreibt genau das. Während ich vom Hals abwärts immer dünner werde, rundet sich mein Gesicht zu einem Vollmond. Nach Halbzeit der Bestrahlung fangen plötzlich meine damals langen Haare an, büschelweise auszufallen. Und damit mein Selbstwertgefühl. Bis ich von meinem neuen Therapeuten Christian in Canmore höre: »Gudrun, steh dazu. Rasier sie alle ab. Zieh einen schwarzen Rolli dazu an und schöne Ohrringe. Du wirst gut aussehen.« Das mache ich, und es geht mir besser. Ich frage trotzdem nach, und das Bestrahlungsteam meint: »Wir wissen es nicht, aber du bekommst eine besonders hohe Dosis, da kann es schon sein, dass deine Haare nie wieder zurückkommen. Aber heutzutage gibt es schon so naturnahe tolle Perücken ...« Wieder so ein Rückschlag, wieder so eine Herausforderung, wieder so ein mentaler Kraftakt. Heute habe ich wieder meine Haare, nur wer es genau weiß, sieht eine etwas schüttere Stelle mit kaum wahrnehmbar hellerer Haarfarbe. Und alles, was das Mondgesicht zurückgelassen hat, sind ein paar Falten mehr. Mit beidem kann ich mehr als gut leben. Dr. Sung hat auf meine Frage nach Langzeitwirkungen der Bestrahlung wiederum sehr knapp gemeint: »Ja, die werden sich eher verstärken, vor allem deine Merkleistung und Konzentration werden abnehmen.« Leider hat sie damit nicht ganz unrecht, aber wenn ich wieder mal was vergessen habe, dann sage ich lächelnd: »Ich habe ja ein Loch im Hirn.«

Mein Leben entschleunigt sich, vor allem während der ersten Monate auf der Couch. Da geht sonst gar nichts. Und während der nächsten zwei Jahre steht nur die Genesung auf dem Lebensprogramm.

Phil schreibt mir einen Stufenplan – typisch Phil:

Schritte, die Gudrun machen muss, um wieder gesund zu werden!

1. *Mache MAXIMAL ZWEI Aktivitäten pro Tag (maximal je eine Stunde).*
2. *Sag NEIN zu Besuchen und anderen Dingen, die dir zu viel sind.*
3. *Sei GEDULDIG mit deiner Erholung; vor allem wenn du dich GUT fühlst: Nutze dieses Gefühl und BEHALTE ES – VERGEUDE ES NICHT anderwärtig.*
4. *Nimm an GEWICHT zu: Ziel: fünfundfünfzig Kilo.*
5. *Behalte den Horizont immer im Blick.*

Berührt – wilde Insel

Die Botschaft der Wölfin

September 2005 »Und? Wie war's? Endlich was gefunden?« Jean Marc steht in breitbeiniger Position in seinem kleinen Aluboot, als er Richard, Simon und mich am Ende der kleinen Bucht abholt. Verstohlen verdrehe ich die Augen, und JM weiß Bescheid, noch bevor die beiden Filmleute den Mund aufmachen. Die Stimmung ist bereits ziemlich gedämpft, sind es nun doch schon knapp drei Wochen, seit Richard und Simon mit an Bord sind. Und wir haben noch immer keine Wölfe vor die Kameralinse bekommen. Ich bin frustriert, weil ich auch für unsere letzten verbliebenen Tage wenig Chancen sehe, wenn das zweiköpfige Kamerateam nicht schnell seine Art der Annäherungsversuche ändert. Mit großen, schweren Kameras durch den Wald zu stampfen, so kann man einfach keine Wölfe filmen. Man muss sich und den Wölfen viel Zeit dafür geben. Ansitzen, also sich verstecken und ruhig warten, heißt das Zauberwort, aber Richard will es lange nicht wahrhaben. Als endlich seine Professionalität über seine Getriebenheit siegt, ist es fünf vor zwölf. In zwei Tagen geht das Flugzeug des Kamerateams zurück nach Südafrika. Gerade haben wir einen Funkspruch bekommen, dass Wolfsgeheul auf einer Wiese an einer entlegenen Flussmündung auf einer »Outercoast-Insel« gehört worden ist. Sofort ändert JM den Kurs und navigiert seine *Tilsup* in die kleine Nachbarbucht neben der Flussmündung.

Es ist mitten am Tag, und nach genauem Abscannen mit dem Fernglas scheint es auf der Wiese gerade ruhig zu sein. Vorsichtig mache ich mir ein Bild von der Umgebung. Der Fluss sollte eigentlich zu dieser Zeit voller Lachse sein, ich sehe aber gerade mal drei Exemplare im Wasser stehen. Auch entlang der Ufer sind keine Hinweise auf wölfischen Lachsfang zu finden. Ich bin enttäuscht. Aber logisch: Wo kein Lachs ist, kann kein Lachs gefangen werden. Trotzdem finde ich bald stark ausgetretene Wolfswechsel im hohen Gras; dann einen frischen Rehlauf, in Wolfsmanier geknackt. Zurück auf dem Boot, wissen wir: jetzt oder nie mehr. Und schmieden einen riskanten Plan. Wir werden hierbleiben, in den nächsten Tagen errichten sich Richard und Simon ein kleines Versteck knapp hinter dem dichten Waldrand auf der anderen Flussseite. So haben sie die Wiese immer im Blick. Ich werde mich, halb versteckt vom Gras, auf die Wiese setzen. Und warten. Es ist knapp fünf Uhr nachmittags, und das Meer ist auf dem Rückzug. Erfahrungsgemäß eine perfekte Kombination aus Tageszeit, Gezeitenbewegung und natürlichem Aktivitätsmuster der Wölfe. Ebbe, die sich in den Abend hineinzieht, und vor allem Morgenstunden bieten den Wölfen die beste Gelegenheit zum Fischfang.

Wir warten. Ich bin über Funk mit Richard und Simon verbunden. Sechs Augen sehen mehr als zwei. Wenn wir uns öffnen für einen Platz, dann kommt er zu uns und berührt uns über all unsere Sinne. Das Plätschern im Fluss, das Rauschen in den Ästen, das Geplapper der Raben und Krähen, der vereinzelte Schrei eines Weißkopfseeadlers. Der feuchtweiche Wiesenboden, die Duftmischung aus salziger Luft und leicht modrig-erdigem Geruch des Regenwaldes. Zwei Sandhill-Kraniche landen elegant auf der Wiese und unterhalten uns eine Zeit lang mit ihrem tanzenden Techtelmechtel und ihren durchdringenden, rostigen Rufen. Ein paar Kanadagänse watscheln auf der Suche nach Leckerbissen über die Wiese und stochern mit ihren Schnäbeln im weichen Boden herum. Würde ich mich jetzt bewegen, sie würden sofort laut schnatternd auffliegen. Sind die Raben das Radio des Waldes, so sind die Gänse seine Wachposten. Ruhig beobachte ich ihre kleine Wanderung.

Und plötzlich wird alles still. Die Atmosphäre erinnert mich an etwas. An die Anspannung vor etwas Wichtigem, an das Atemanhalten vor dem großen Auftritt, an das Ende des Wartens. Langsam bewege ich mein Fernglas wieder zu meinem Gesicht und beginne von Neuem behutsam den Waldrand auf jede Bewegung, auf jede kleine Veränderung hin zu untersuchen. Da knackst es in meinem Funkgerät: »Wolf Mitte links«, zischt Richard. Ich drehe mein Fernglas in die Richtung, gerade als das erste Tier die Wiese betritt. Gebannt fokussiere ich meinen Blick weiter auf das Waldstück, als der nächste und dahinter gleich noch ein weiterer Wolf sichtbar werden. Schließlich sind es sechs erwachsene Wölfe. Die zwei Elterntiere sind einfach zu erkennen. Sie strahlen eine ruhige Selbstsicherheit aus und führen die Familie an. Die Leitwölfin lenkt ihre Schritte direkt auf mich zu. Ich habe mich inzwischen flach ins Gras gelegt. Ich will nichts erzwingen, nichts vermasseln, nichts entscheiden. Es waren die Wölfe, die bereits entschieden haben, zu mir zu kommen. Sie entscheiden über die Geschwindigkeit ihrer Annäherung, über die Art – und über den Ausgang. Und aus einem bestimmten Grund nehme ich alles gelassen hin. Der Grund heißt Vertrauen. Vertrauen in die Situation und ihre Hauptdarsteller. Vertrauen, dass sich die Wölfe vorsichtig und umsichtig, neugierig bis neutral verhalten. Denn so habe ich sie über die vergangenen Jahre in meinen Beobachtungen erlebt.

Die Elterntiere umkreisen mich. Ich spreche sie mit ruhiger, gleichbleibender Stimme leise an. Zu ihrer Beruhigung, aber sicher vor allem auch zu meiner eigenen. Und doch – es ist mit Worten nicht besser zu beschreiben – liegt da etwas in der Luft, das mir das tiefe Gefühl gibt, dass alles gut ist. Eine Art Urvertrauen, das durch meine Arbeit und meine Erfahrungen mit Wölfen wieder wach geworden ist. Eine verschüttete Erinnerung und tiefe menschliche Sehnsucht nach einem Paradies, in dem wir einmal in Harmonie – auch mit allen Tieren – gelebt haben. Ob dieser Zustand jemals da war oder jemals sein wird, macht für mein Gefühl keinen Unterschied. Mein Gefühl entmachtet die Zeit. Während der folgenden Erlebnisse hört sie auf zu existieren. Ich muss später bei Richard nachfragen, wie lange ich denn da mit den Wölfen auf der Wiese gesessen habe.

Die Leitwölfin ist näher gekommen. Ich fühle sie mit all meinen Sinnen. Höre ihren Atem, spüre ihre samtigen Schritte, rieche ihr Fell, sehe ihr Gesicht. Dann stupst sie mich leicht am Bein an. Von der wilden Wölfin sanft berührt.

Es gibt keine passenden Worte, für den Zustand, in dem ich bin. Ich weiß nur: Ich habe mich noch nie so lebendig gefühlt, so als Mensch und zugleich so als ein Teil der Natur. So groß und so klein. So ich.

Die Leitwölfin provoziert mich. Sie stellt sich vor mich und zeigt mir durch ihr territoriales Kratzen mit ihren Vorderläufen, wer hier die Platzdame ist. Ihr Partner macht es pragmatischer und hebt sein Bein. Bald aber haben mich die beiden Leitwölfe in die Kategorie »ungefährlich« eingestuft und geben damit ihren Jungen vom letzten Jahr »grünes Licht«. Nun kommt auch die Jugend sehr nah, um einen besseren Eindruck von dem unbekannten Ding auf der Wiese zu bekommen. Aber keiner von ihnen traut sich so nah an mich heran wie die Wölfin. Bald schon sind die Jungen wieder »back to business« und spielen ausgelassen auf der offenen Fläche. Die Wölfin allerdings legt sich in meiner Nähe gelassen nieder, ihr Partner einige Meter schräg hinter ihr. Obwohl sie eingerollt im Gras liegt, merke ich, wie ihre Ohren immer wieder bei jedem kleinsten Geräusch leicht zucken. Wölfe sind Meister der Effizienz. Schließlich erhebt sie sich, schlendert gemächlich zu ihrem Partner und animiert ihn nachdrücklich zum Spiel. Ich sitze aufrecht. Allein unter Wölfen. Die Bilder vor meinen Augen sind unglaublich. Aber über die Jahre werden sie langsam zu verblassen beginnen. Meine Gefühle allerdings bleiben so stark und so wirklich wie in den

Momenten, als ich tatsächlich auf der einsamen Insel an der Pazifikküste mit dem wilden Rudel einen Nachmittag verbringe.

Bis heute habe ich nichts Vergleichbares erlebt. Nichts, was so eine unerschöpfliche Quelle für meine Stärke, für meinen Optimismus und für mein großes Vertrauen in einen guten Ausgang von Herausforderungen ist, wie dieses Erlebnis. Nichts, was mich so nachhaltig berührt hat.

Wolfspirit 10

November 2005 Immer wieder sehe ich mir die Aufnahmen von der Wolfsbegegnung im Küstenregenwald auf dem Laptop neben meinem Krankenbett an. Und fühle alles noch einmal, fühle mich so am Leben. Lone Wolf vom Wolfsclan der Heiltsuk First Nations hat einmal gesagt:

»A wolf won't show itself, unless it is trying to tell you something.«

Jeder Mensch hat sein »Spirit-Animal«, sein Schutztier, das er jederzeit rufen und um Hilfe bitten kann. Nein, mein Spirit-Animal ist nicht der Wolf, aber es ist das Tier, das durch die Anwesenheit des Wolfes gesund bleibt und das den Wolf nährt.

Wieder gesund werden, dieses Ziel funktioniert für mich nicht. »Gesund zu sein« ist ein Zustand, der so weit weg ist von meinem aktuellen Befinden, dass ich mir darunter nichts mehr vorstellen kann. Der Begriff ist zu abstrakt, zu nichts sagend. Ich brauche konkrete Ziele und Gründe, warum ich unbedingt diese Krankheit überleben will.

Pauline, eine gute Freundin und weise Frau der Heiltsuk Community schickt mir einen Brief:

»*Gudrun, your work yet to be done is paramount for the healing of the Earth*.«

Denn wie jedem Menschen ist auch mir eine Aufgabe mitgegeben worden zusammen mit dem Vertrauen, dass ich sie auch erkennen und erfüllen kann. Dieser Satz macht mir die Aufgabe wieder bewusst, und er wird während der Jahre, in denen ich wieder gesund werde, zum wichtigsten Satz überhaupt. Und ist es heute noch. Ich habe noch etwas zu erledigen, etwas Wichtiges und Heilendes für diese Erde. Daher kann ich auch auf die unendliche Heilkraft des Universums, des Great Spirit, der alles vereint, vertrauen.

Meine Freundin Carol hat mich am Tag nach meiner Operation besucht. Obwohl ich mich daran nicht erinnern kann, ist sie seither mit ihrer selbst gebastelten Karte immer in meiner Nähe: Auf dem Hintergrund mit einfachen Blumensilhouetten steht in der Mitte ein Wort: **Loved**. Geliebt.

Die Karte steht gleich neben der von meiner Freundin Astrid:

»*Always know in your heart that you are far bigger than anything that can happen to you.*« Dan Zadra

Diese Sätze werden zu meinen Mantras, sie stärken meine innere Kraft und Überzeugung, dass nach der Krankheit noch etwas Großes kommt. Anfangs sind sie einfach meine Überlebensstrategien, die sich aber über die Jahre immer mehr verinnerlichen, mir Grund und Hoffnung für meine Heilung geben und mir später immer wieder helfen, meine zukünftige Richtung zu finden.

Natürlich gibt es während der Zeit des Gesundens unzählige Rückschläge, Frust und Zweifel. Wieder hat Pauline einen wichtigen Rat: »Gudrun, wenn die Angst kommt, schau ihr ins Gesicht und sage ihr, sie soll verschwinden, du lässt dich nicht von ihr besetzen und unterkriegen. Damit nimmst du ihr ihre Macht.«

Und oft schleicht sich die Furcht tatsächlich ein, meist gepaart mit ihren Schwestern, der Dunkelheit und der Einsamkeit. Dann muss ich meinen »inneren Wolf« bewusst zu mir rufen, damit ich genug Kraft habe, mich dagegenzustemmen. Mein Körper ist dafür in den vielen Monaten, ja fast über die gesamten drei Jahre, keine Hilfe. Sein ständiger Schmerz und seine Schwäche machen auch meinem Willen schwer zu schaffen, betäuben ihn über weite Strecken. Monatelang liege ich auf der Couch in Phils Wohnzimmer und starre wie durch einen Schleier aus dem Fenster auf die verschneite Bergkulisse. Ich sehe die »Sleeping Beauty«, eine Bergsilhouette, die eindeutig eine liegende Frau mit langem Haar gegen den Himmel zeichnet. Und denke mir: Nein, so lange will ich sicher nicht liegen.

Alles ist möglich – Nipika

Eine Heimat in Kanada

November 2005 »Welcome to Nipika.« Das große, aus rauem Holz
herausgearbeitete Schild steht inmitten von Nirgendwo. Es erlöst
den Autofahrer nach 14,5 Kilometern auf der holprigen Settlers
Road von seinen Ängsten, von einem entgegendonnernden Truck,
voll beladen mit Baumstämmen oder großen Brocken Magnesit,
überrollt zu werden. Und von seinem Mitleid mit seinem eigenen
Auto, das von einem Schlagloch ins nächste rumpelt und sich durch
eine Staubwolke quält, die einen an einen Wüstensturm denken
lässt. Aber dann ist es da, das Nipika-Schild. Und alles ist gut. Nein,
nicht nur gut. Es ist wunderwunderschön. Eine kurze Abzweigung
von der Settlers Road, und der dichte Fichten-Kiefernwald öffnet
sich, und eine große Wiese, umgeben von sieben Holzhütten und
einer größeren Holzlodge, wird sichtbar. Die Hütten sind liebevoll
im alten Stil der ersten Siedler gebaut, mit grob gesägten Holzstäm-
men und weißem Mörtel als Füllmaterial. Knallblaue Aluminium-
dächer, rote Fensterrahmen und Eingangstüren. Jede Hütte ist ein
bisschen abgewandelt, aber innen sind alle gleich gemütlich mit
Schwedenofen, Küche, Bad und Einrichtung im Western-Land-
haus-Stil. Wer einmal hierherkommt, der kommt wieder.

Die meisten Gäste entfliehen der Großstadt Calgary, um hier ein
verlängertes Wochenende zu verbringen. Dafür ist der Platz perfekt.
Denn man kommt an und fühlt sich sofort zu Hause. Keine Ein-
gewöhnungszeit, kaum Regeln und viel Freiheit. Nipika ist Lyles
Lebenswerk, sein Traum, den er konsequent, mit viel Liebe und
Geschmack zusammen mit seiner Frau Dianne und seinem Sohn

Steve aufgebaut hat. Das Holz für die Hütten hat den Platz nie verlassen: Es stammt aus dem angrenzenden Wald, in dem Lyle das Einschlagrecht hat, ist auf der Wiese auf einem kleinen Sägewerk von Lyle in Form gesägt worden und danach von ihm und Steve zu den traumhaften Hütten verarbeitet worden. Wo auch immer die beiden gerade arbeiten, man kann sie quer über die Lichtung lautstark diskutieren hören: Sie sind wie Tag und Nacht. Steve ist mit seinen knapp dreißig Jahren analytisch, strukturiert und superpenibel, Lyle bei allem das komplette Gegenteil.

Als ich Lyles Einladung nach Nipika, die er bei unserem Murphy-Übergabe-Treffen an der Kootenay Crossing ausgesprochen hat, das erste Mal folge, sitzt die Familie gerade bei einer Packerlsuppen- und Dosenbohnenmahlzeit inmitten einer unfertigen Hütte. »Gudrun, wir erwarten diesen Sommer erstmals eine gute Auslastung«, freut sich Lyle, während er seine heiß geliebten, in der Dose erwärmten Bohnen hinunterschlüft.

»Falls wir mit den zwei Hütten überhaupt fertig werden«, murrt Steve dazwischen.

»Natürlich werden wir fertig, Steve«, Lyle schaut seinen Sohn vorwurfsvoll an. Für Lyle gibt es nichts, absolut nichts, das nicht funktionieren könnte. Ich habe noch nie einen so durch und durch optimistischen Menschen gesehen. Und er hat wirklich Erfolg damit, er hat schon viel erreicht, aber nun ist er angekommen: Diesen Platz will er zu einem Eldorado für Outdoor- und Naturliebhaber machen, zur besten Destination für Langläufer aus dem ganzen Land, nein, der Welt, des gesamten Universums … Alles gelingt. Demnächst werden die ersten UFO-Landungen inmitten der Wiese, gleich neben dem Wahrzeichen von Nipika, einem alten Holzwagen, erwartet.

Vorläufig jedoch werden es ganz normale Menschen sein, die sich von der Hektik der Stadt aktiv ausruhen wollen. Über die Jahre legt Lyle tatsächlich die spektakulärsten Loipen durch seinen Wald, entlang des Kootenay River, parallel zum Cross River und über Brücken zu Wasserfällen an. Im Sommer sind sie Wander-, Lauf- und Mountainbikewege. Auf der Wiese gibt es einen angelegten Teich samt Holzsauna und einem »hot tube« aus Zedernholz. Am unteren Ende steht das Schmuckstück, der »Barn«: wieder ein Resultat aus einer Meinungsverschiedenheit von Vater und Sohn. Vater Lyle:

»Steve, ich hab den alten Stall da unten im Tal aufgekauft, den bringen wir hierherauf und machen was draus. Der ist über hundert Jahre alt, ich hab ihn mir genau angesehen: Die einzelnen Balken sind noch mit der Axt gehauen worden und stecken nach all den Jahren noch immer perfekt ineinander.«

»Daddy, du spinnst. Das ist ein eingefallener Haufen verrottender Balken. Vergiss es.«

Heute steht das Prunkstück mit der eleganten Dachkonstruktion im Obergeschoss den Gästen für Feiern, Hochzeiten, Meetings oder anderen Veranstaltungen zur Verfügung, im Erdgeschoss befindet sich eine moderne Großküche, aber auch Wachsstube, Schiverleih, Aufwärmraum und Aufbewahrungsstätte für Pferdezubehör. Waylon, Gypsy und Eva stehen hinter dem »Barn« auf ihrer Waldkoppel. Durchschnittlich drei Hunde und drei Katzen vervollständigen die Bewohner von Nipika. Zwei Jahre nach meinem ersten Ausflug auf die Wiese kann ich mich dazuzählen. Es zieht mich immer wieder ins Kootenay Valley, wenn Not am Mann ist, oder auch, wenn ich einfach mal zwischen Forschungsprojekten ein Dach über dem Kopf brauche. Entweder ruf ich dann im Nationalparkbüro an und arrangiere wieder den Deal: Ihr gebt mir Unterkunft, ich mache euch währenddessen das Wolfsmonitoring. Oder ich rufe Lyle an mit einem ähnlichen Tauschhandel: Ihr gebt mir Unterkunft, ich helfe euch … bei allem, was anfällt. Das kann banales Hüttenputzen sein, da packen auch alle Wilsons mit an, denn die Gästewechsel passieren oft sehr schnell, weil Lyle schon wieder An- und Abreisedaten durcheinandergebracht hat. Aber auch Pferde füttern, Trails instand halten, beim Holzfällen helfen und vor allem einfach vor Ort sein. Die Wilsons fahren am späteren Nachmittag immer ins Tal nach Hause, aber mit zunehmender Anzahl an Hütten und Maschinen wollen sie jemanden ständig vor Ort haben, der ein bisschen aufpasst.

Ich ziehe in die kleine Mansardenwohnung oberhalb der Werkstatt. Während der Woche sind in den ersten Jahren Nahanni und ich oft die alleinigen Bewohner von Nipika. Dann genieße ich die Ruhe, die der Platz ausstrahlt, und kann seine warme, heimelige Atmosphäre besonders gut spüren. Auch die Kootenay-Wölfe queren Nipika mehr oder weniger regelmäßig. Der Ort liegt dafür topografisch perfekt. Und er liegt wie eine Insel im Meer, weil hier im Gegensatz zur gesamten Umgebung keine Offroad-Fahrzeuge erlaubt sind. Und vor allem keine Jagd. Nipika grenzt direkt an die Südgrenze des Nationalparks, dort, wo das lange Seitental des Cross River einmündet. Und damit auch ein wichtiger Wanderkorridor für alle Wildtiere. Leider wissen das auch viele Jäger und Fallensteller. Wenn wir im Winter beim Langlaufen auf Fallen stoßen, pinkeln Lyle und ich immer darauf, der menschliche Geruch soll die Tiere warnen. Es ist nämlich streng verboten, Fallen absichtlich auszulösen.

Die fest gepressten Langlaufloipen laden auch Wildtiere zum einfachen Wandern ein. Immer wieder entdecke ich frische Luchs-, Puma- und Wolfsspuren, und Rehe und Wapitihirsche sind immer und überall. Es gibt wohl keinen Gast, der nicht einmal die frechen Hirschkühe und ihre Kälber auf der Wiese sieht. Dianne hat schon bald aufgegeben, Blumenschmuck für die Hütten zu besorgen, er endete immer als Hirschfutter. Im Winter gibt es täglich das Stelldichein der Hirsche an der Heuscheune der Pferde. Die Mutter-Kalb-Herde wartet schon auf ihr Frühstück, auch wenn wir versuchen, es ihnen ungemütlich zu machen. Vor allem Rufus, die Nipika-Hunde-Legende in orangebraunem Zottelfell ist Meister der Hirschvergrämung. Wendig weicht er dabei den scharfen Hufen der Hirschkühe aus, die damit geschickt kickend jeden Hund und Wolf töten können.

Die vielen Wildbegegnungen bringen mich auf die Idee, entlang der Loipen und Sommerwege Fotofallen zu installieren. Ich möchte wissen, inwieweit Nipika wirklich »Öko« ist und wie die Tiere auf die verstärkte Präsenz von Menschen reagieren. Aber eigentlich will ich vor allem eines: Ich will »Hope« finden, die ehemalige Leitwölfin des Kootenay-Rudels, die ich auf den Bildern der Fotofallen, die ich im Park aufgehängt habe, nicht mehr finde. Nipika sponsert die Geräte, dafür stelle ich einen Abendvortrag mit den aufgenommenen Fotos und Videoclips zusammen. Ich will jedem Gast neben seiner aufgetankten Energie noch etwas mitgeben: ein bisschen mehr Bewusstsein, dass uns die Natur um uns herum mit ihrer Lebendigkeit, ihren schrägen Überraschungen und oft so lustigen Gesichtern am nachhaltigsten beeindrucken kann, wenn wir wieder richtig sehen lernen. Wenn die Menschen sie unterhaltsam und bereichernd erleben, dann kommen das Sichdranerfreuen und Schätzen von selbst und schließlich das Schützen im eigenen Interesse.

Lyle renoviert die alte Hütte der ersten Siedler, die den Wald gerodet und die heutige Nipika-Wiese angelegt haben, zum »Nature Interpreter Center« um. Ich mache gleichzeitig den Kurs zum professionellen Naturführer in Banff, und schon habe ich eine neue Arbeitsstelle. Wir schleppen alles, was wir so an besonderen Dingen im Wald finden, wie Abwurfstangen oder Schädel, in die Hütte. Dort werden sie ausgestellt. An den Wänden stehen Regale voll mit einschlägigen Büchern von Geschichten über die Besiedelung der Region bis zu Bestimmungsbüchern von Flora und Fauna. Und ich überzeuge Lyle, dass ich unbedingt einen guten Computer brauche, um all das professionell präsentieren zu können. Die Hütte ist auch der Treffpunkt für meine Naturführungen. Daneben bieten wir auch Bergwanderungen zu entlegenen Bergseen oder bunten Sommerwiesen an, die durchzogen sind von frischen Grizzlybärspuren. Ganz unten im Columbia Valley bildet der Columbia River das zweitgrößte Feuchtgebiet Nordamerikas, nur die Everglades bedecken eine größere Fläche. Hier durchstreifen wir mit unseren Gästen die Seitenkanäle, ziehen die Kajaks über Biberdämme, picknicken auf Inseln unter den Augen der Weißkopfseeadler oder suchen am Ufer nach Wildtierspuren. Meine Lieblingsaktivität aber bleibt die Kanufahrt auf dem Kootenay River. Der Fluss windet sich dynamisch durch das Tal, das macht das Kanuerlebnis so frisch und abwechslungsreich. Er ist die Lebensader dieser Landschaft, und seine Ufer dienen vielen Wildtieren als Wanderrouten. Und so scanne ich mit meinen Augen ständig seine Ufer nach Wildtieren ab, obwohl der Fluss selbst auch seine Tücken hat, Stromschnellen oder hineinhängende Bäume, die meine Aufmerksamkeit fordern.

Nipika ist die Verwirklichung von Lyles Traum. Aber ohne eine Gruppe von Investoren hätte auch er es nicht geschafft. Der Großteil dieser Menschen verkörpert Nipika als das, was es ist: erfolgreich, menschlich, familiär. Fast alle leben in Calgary und haben irgendwie ihre Finger im Ölgeschaft, wie 99 Prozent der Bewohner dieser boomenden Großstadt am Rand der Prärien.

Außer an ihren super Hightech-Mountainbikes auf dem Dach ihrer teuren Trucks und Suburbans merkt man ihren Reichtum nicht. Der harte Kern ist auch untereinander gut befreundet, viele werden auch meine Freunde.

Im November 2005, kurz nach meiner Gehirntumor-Diagnose, lädt mich Mike, einer der Investoren, in Canmore in ein Café ein. Wir sitzen uns gegenüber an einem kleinen Tisch in der ruhigsten Ecke. Mike rührt bedächtig in seinem Kaffee: »Gudrun, vor ein paar Jahren haben viele von uns die richtigen Aktien zur richtigen Zeit gekauft. Wir haben wirklich viel Glück in unserem Leben. Und wir denken, es ist eine gute Zeit, etwas von unserem Glück weiterzugeben. Wir wollen alles tun, was in unserer Macht steht, um dir zu helfen, wieder gesund zu werden.«

»Danke, Mike.« Mehr geht nicht, dann schießen mir die Tränen in die Augen. Ich weiß sofort, was das für mich heißt: Nipika –

nichts ist unmöglich. Der Nipika-Spirit stärkt mir den Rücken. Nipika ist das Kootenay-Indianer-Wort für »sacred place«, für »Great Spirit«, für alles, was heilende Kraft hat.

Wir umarmen uns, und Mike ist gleich wieder »back to business«. »Ich sehe mich nach einem Appartement in Calgary für dich um, dann brauchst du nicht täglich zu den Bestrahlungen gefahren zu werden. Möglichst in der Nähe des Krebszentrums und natürlich soll auch Nahanni dabei sein dürfen.« Mike telefoniert und organisiert. Er ist später nicht nur bei jeder Besprechung mit den Ärzten dabei und stellt kluge Fragen, er recherchiert auch viel über die Krankheit, über Hintergrundinformationen der Therapien, und als ich meine Chemotherapie abbrechen muss, findet Mike einen Gehirntumor-Spezialisten in New York, der mir weiterhilft.

Rob, ein weiterer Investor, lädt meine Schwester Gerhild mit seinen Vielflieger-Sammelpunkten nach Calgary ein, als Physiotherapeutin und Schwester hilft sie mir in den ersten Wochen, meinen neuen Rhythmus und Lebensplan zu finden. Investor Andy steht mit seiner Frau und einer Brotbackmaschine in der Tür, und als es mir besser geht, lädt mich Investorin Wendy, Besitzerin der größten Kanu-und-Kajak-Outdoor-Adventure-Company Kanadas, ein, einen Lebenstraum von mir zu verwirklichen: einen Kanutrip auf dem Nahanni River in den Northwestern Territories. Dieser Trip war einer der Hauptpreise der großen Fundraising-Tombola, die Nipika zusammen mit Freunden aus Canmore für mich organisiert hat. Einer der Investoren hat sie ersteigert und gleich alle Plätze mit Familie und Freunden gefüllt. Es wird zu einem wirklichen Traum, auch wenn ich noch nicht fit genug bin für zwei Wochen paddeln und campieren im vielen Regen. Aber die besonderen Menschen zusammen mit der Traumlandschaft tragen mich den mächtigen Fluss hinunter.

Nipika wird zu einem ganz zentralen Puzzlestein in meinem Leben. Vor allem in der Zeit, als viele Lebenspläne für mich zusammenbrechen. Die Nipika-Baumeister haben sich mit mir danach gebückt, sie mit mir aufgehoben und langsam wieder zusammengebaut. »Ich verdanke euch und eurer Lebenseinstellung mein Leben.«

Wolfspirit 11

Weihnachten 2005 *Es ist ein leises Fest mit ein paar wenigen Freunden und Gerhild in Phils Wohnung. Vor Kurzem haben meine Freunde unter Jenns Initiative eine große Fundraising Party im Canmore Nordic Centre organisiert. Der Platz ist symbolhaft. Dort, wo 1988 die olympischen Langlaufwettbewerbe mit strahlenden Siegern ausgetragen wurden. Mit Plakaten entlang der Straßen und in Geschäften und Annoncen in den Zeitungen kündigen meine Freunde die Fundraising Party an. Viele kommen, spenden und versteigern Dinge. Der Erfolg ist umwerfend für mich: nicht nur dass durch großzügige Spenden und Auktionen viel Geld für meine Behandlungen und die alltäglichen Lebenshaltungskosten bereitgestellt wird, für mich trägt jeder gespendete Dollar einen heilenden, wertschätzenden Gedanken huckepack. Das Partymotto heißt: »Schihaserl retro«, und die Kostüme sind verrückt. Aus welchen Kellerkisten die Teilnehmer wohl ihre klassischen neonfarbenen Schijacken und hautengen Jethosen der Achtzigerjahre herausgeholt haben? All das kann ich ein paar Tage später auf der Couch nacherleben. EJ, ein Freund, hat alles mitgefilmt. Ich darf nicht hingehen, zu viele Menschen. Mein Immunsystem ist down, die Chemo hat auch meine eigenen Abwehrwaffen zerstört. Ich darf zurzeit bloß nichts aufschnappen, was da an Viren und anderen Krankheitserregern herumschwirrt. Bald darauf schlagen meine Laborwerte wieder Alarm. Meine Thrombozytenanzahl ist gefährlich niedrig, und daher würde bei kleinsten Verletzungen meine Blutgerinnung nicht mehr funktio-*

nieren. Nach Beratung entscheide ich mich, die Chemotherapie nach knapp fünf Wochen und zwanzig der vorgesehenen zweiunddreißig Behandlungen abzubrechen. Ich weiß, das volle Programm schafft mein Körper nicht mehr. Auf der anderen Seite geben mir die behandelnden Ärzte zu verstehen, dass damit die Wirksamkeit der Gesamttherapie stark beeinträchtigt ist. Und wieder ist Mike zur Stelle: »Wir müssen eine Alternative finden.« Er recherchiert – und findet Dr. Ralf Moss, den Gehirntumor-Spezialisten aus New York. Zusammen mit Lyle und mir organisiert Mike eine Telefonkonferenz mit Dr. Moss. »Gudrun, in deinem Fall würde ich dir nur zu einer Therapie raten: zur sogenannten Newcastle-Virotherapie. Ich kenne einen Arzt in Deutschland, der sie verabreicht.« Ich höre den Hinweis als Schicksalsfügung. Deutschland. Das ist fast wie Heimkommen. Der Mann hätte auch in Kuala Lumpur sitzen können, aber nein, er ist in Deutschland, sogar in Bayern. Noch am Telefon nicke ich, auch wenn es Dr. Moss nicht sehen kann. »Danke, ich mach das.«

Die Therapie kostet viel, sehr viel. Und wieder kommen die Nipika-Investoren zusammen: in Form von Mike garantieren sie mir: »Egal, wie viel die Therapie kostet, wir übernehmen die Kosten. Wir haben einen Fonds für dich eingerichtet. Joe wird ihn verwalten.«

Geld hat mir nie viel bedeutet, nun wird es aber zu einem Schlüsselfaktor, und ich bin dankbar, dass ich jetzt diese Hilfe annehmen kann. Ich rufe den Arzt in Deutschland an. Nach einem langen, sympathischen Gespräch sagt er noch: »Also dann, bis in zwei Wochen, wir organisieren dir die Blaskapelle zur Begrüßung. Und noch etwas: Zum Heilen ist es immer gut, wenn man nach Hause kommt.« Ich packe. Lyle übernimmt Nahanni. Herzlicher Abschied von Mike. Schwerer Abschied von Phil. Alles ist geregelt. Alles ist gut. Ich fliege heim. In Salzburg wartet Mutti. Ein paar Tage später sitze ich im Zug nach Markt Berolzheim, wo Dr. Arno Thaller lebt und arbeitet.

Dr. Thaller ist groß und schlank, trägt nur weiße Leinenbekleidung, alles ist biologisch. Sein Lachen ist laut und raumfüllend, fast *so, als wäre es ein Gesang. Schon gleich bei meinem ersten Treffen sehe ich den Einstein der Medizin vor mir. Ich weiß, das ist kein normaler Arzt trotz normaler Ausbildung. Der Mann hat mehr drauf. Er denkt quer und dahinter. Verbindet Schulmedizin mit noch nicht anerkannten Verfahren, Antibiotika mit Schwingungstropfen (Homöopathie), Spritzen mit Akupunktur. Ich fühle mich am richtigen Platz. Für meine Krankheit muss man Grenzen überwinden. Die Betten zur Krebstherapie sind im ersten Stock des alten Pfarrhauses, im Erdgeschoss empfängt er als praktischer Arzt seine Patienten. Es riecht nach Ozon. Viele von Dr. Thallers selbst gemachten Fotos mit selbst geschriebenen Gedichten zieren die Wände. In einer Schüssel liegt Obst, aus biologischem Anbau versteht sich, daneben ein Wasserkrug mit energetisierenden Steinen drin. Seine Assistentinnen Tanja und Christine und der Physiotherapeut Michi haben alles im Griff und ergänzen Dr. Thallers Mentalität gut. Sie haben mir eine kleine Privatwohnung im Dorf organisiert. Dort wohne ich beim Ehepaar Färber, das seine kleine Mietwohnung immer an die Krebspatienten von Dr. Thaller vermietet. Inzwischen kommen diese aus der ganzen Welt. Trotzdem bin ich eine der ganz wenigen, die meist alleine die Therapiewochen durchmacht. Einmal kommt Gerhild, einmal meine beste Freundin Gabi und einmal sogar Phil mit.*

Die Tage sind anstrengend, die Kombination aus Fiebertherapie mit lokaler Hyperthermie, also einer lokal im Tumorgebiet starken Erwärmung des Gewebes, und Vireninjektion schlaucht. Vor allem das täglich absichtlich herbeigespritzte Fieber mit über vierzig Grad Celsius strengt an. Es kann, wie bei einer ordentlichen Grippe, mit Kopf-, Rücken- und Gliederschmerzen verbunden sein. Mein Körper generiert es im Prinzip selbst durch starkes Schütteln; das ist oft sehr anstrengend und kann sogar durch die damit verbundenen Krämpfe sehr schmerzhaft sein. Die Betreuung hilft sehr und ebenso das Wissen, dass meine körpereigenen Widerstandskräfte gestärkt und gleichzeitig die Tumorzellen so geschwächt werden, dass ich den Krebs besiegen kann. Das lässt mich vieles leichter ertragen. Keine unspezifisch zerstörerische Chemie. Nur natürliche Waffen werden gezielt eingesetzt. Das passt so gut in meine Lebensphilosophie. Die Behandlung ist so individuell, wie es die Menschen sind. Und vor allem: Was ist die Alternative?

Zwischen den intensiven Therapiewochen erhole ich mich daheim. Mit Mutti mache ich kleine Wanderungen in den Bergen.

Noch in Kanada, ruft mich eine Schülerin meiner Heiltsuk-Freundin Pauline an, sie ist eine Stoney-Indianerin aus dem Morley Reserve. Es liegt in den Foothills zwischen Canmore und Calgary. Der Trans-Canada-Highway schneidet durch ihr Land, es hat einen schlechten, weil sehr kriminellen Ruf. Sie jedoch fragt mich: »Gudrun, wo lebst du?«

»In Canmore.«

Sie sagt nur: »Good. The mountains are healing.« Die Berge sind heilsam. Ihr Satz schwingt in mir. Und meine bisherige Verbindung zu den Bergen durch meine Heimat und die großen Erfolge im Berglauf wird noch inniger und sinnvoller.

Auch in den jeweils drei Wochen zwischen den Therapiewochen muss ich jeden zweiten Tag meine Viren injiziert bekommen. Gleich am Anfang habe ich einen arteriellen Port unter dem linken Schlüsselbein eingesetzt bekommen. Durch diesen Zugang bekomme ich die Viren, sie sollen möglichst auf kürzestem Weg zu den Tumorzellen im Gehirn transportiert werden. Daher arteriell. Auch während der Wochen zu Hause und vor allem später dann auch in Kanada muss ich die Viren weiterhin bekommen. Die Therapie ist wissenschaftlich gut begründet, wird aber nur von wenigen Ärzten durchgeführt. In Deutschland ist als einzigem Land die Therapiefreiheit im Grundgesetz verankert. Auch das österreichische Gesetz lässt einen individuellen Heilversuch zu. Aber in Kanada war ich auf die Hilfe von Menschen angewiesen, die mir die Viren verabreicht haben, obwohl sie es dort gar nicht dürfen. Nur durch diese Menschen habe ich die Therapie weiterführen können. Und sie haben mir damit geholfen, zu überleben.

Im dritten Jahr will mein Körper nicht mehr. Er entwickelt immer größere Abneigung gegen den Port, er infiziert sich, und ich habe Komplikationen, hohes Fieber und Krämpfe. Schließlich muss er nach dreieinhalb Jahren in einer Notoperation entfernt werden. Er hat seinen Job getan. Damit ist kurz vor Weihnachten 2009 meine Virotherapie endgültig zu Ende gegangen.

Mein Körper hat gesagt, ich brauche sie nicht mehr. Natürlich kann ich alles nicht so von einem Tag auf den anderen abschließen, nicht körperlich und schon gar nicht seelisch. Auch weiterhin werde ich immer wieder Konzentrationsstörungen haben, Schwindel bei Wetterumschwüngen oder plötzliche Müdigkeit. Das Damoklesschwert »Krebs« schwebt weiterhin über mir. Nur: Ich habe schon einmal eine Situation erlebt, die Menschen als »absolut unwahrscheinlich« bewerten würden, nämlich als ich auf der Wiese an einer Flussmündung im Küstenregenwald von einer wilden Wölfin berührt worden bin. Nun will ich beweisen: Auch bei meiner Heilung ist das Unwahrscheinliche Wirklichkeit geworden.

Ein knappes halbes Jahr vor dem Beenden der Virentherapie habe ich aber bereits eine neue Medizin: meinen kleinen Sohn Conrad Kimii. Er braucht eine gesunde Mummy.

Regenmann – daheim

Frühling 2009 Er ist vom Himmel gefallen. Wie Regentropfen. Kimii ist Cree. Ein Bekannter hat seinen befreundeten Cree-Häuptling um einen passenden Namen für mein Baby gefragt. Dieser hat daraufhin vom Regen geträumt, der ihm wie Tränen über das Gesicht geronnen ist. »Kimiiwan«, sagt der Häuptling. Regenmann.

Er ist plötzlich da – ohne großen Aufruhr. Erst Ende des fünften Monats macht er sich bemerkbar. Als ich daraufhin meine erste Ultraschalluntersuchung mache, staunen Dianne, die mich dabei begleitet, und ich nicht schlecht über das bereits so ausgebildete kleine Wesen. Ich habe somit eine sehr kurze bewusste Schwangerschaft. Und wenig Zeit zum Daraufeinstellen, zum Umstellen. Als ich es erfahre, durchfährt mich ein Blitz der Freude. Ich kann es fast nicht glauben, lief doch mein Körper nach meinen schweren Chemo- und Bestrahlungstherapien und während meiner andauernden Virentherapie auf Sparflamme. Ich spaziere zum nächsten Café und bestelle mir das größte Tortenstück. Dann rufe ich Mutti daheim in Österreich an: »Mutti, setz dich wieder mal hin …«, beginne ich, aber Mutti wirft sofort ein: »Gude, nicht schon wieder …!«

»Nein, nein … ich bin schwanger!« Freudentränen. Ich kaufe einen Blumenstrauß und Schokolade in Herzverpackung. So richtig schön kitschig. Ich lege beides mitten in den Eingangsraum auf den Boden und freue mich schon so auf den Moment, wenn Ryan nach Hause kommt und darüber stolpert.

Ein Jahr kennen wir uns nun. Lange genug, denke ich, für unser Alter, da weiß man schon, was man will. Ich habe ihn letzten Winter in Nipika kennengelernt. Als seine Langlauflehrerin. Lyle und ich haben einen Langlaufkurs für Einheimische geleitet. Lyle schickte mich alleine mit Ryan auf die Strecke, während er alle anderen übernahm. Und so fädelt Nipika sogar mein Privatleben erfolgreich ein – vorläufig.

Zuvor ist im Frühling 2007 alles vorbei. Phil kann nicht mehr. Er hat alles gegeben, was er in sich hatte – während ich ihm nicht genug zurückgeben konnte. Phil fängt an, alles, was ich sage und tue, zu kritisieren. Dann kommt der Tag: »Gudrun, ich kann nicht mehr. Wo auch immer ich hingehe, ist die erste Frage ›Wie geht es Gudrun?‹, niemand fragt, wie es mir geht, ich bin erschöpft. Ich merke, ich nörgle nur noch an dir herum, ich will es gar nicht, aber es passiert mir einfach. Ich kann einfach nicht mehr. Und du bist nicht mehr die, die ich kennen- und lieben gelernt habe. Ich denke, dass es das Beste für uns beide ist, wenn wir uns trennen.«

Obwohl Phil damit gewartet hat, bis es mir etwas besser ging, war ich noch sehr schwach und brauchte all meine Energien für die grundlegendsten Alltagsdinge, ich hatte keine Kraft übrig, eine gute Beziehung zu führen. Es zerreißt mir das Herz. Die Monate vor der Krankheit haben wir sogar schon von Familiengründung geredet. Nun hat die Krankheit es auch geschafft, unsere einst so feste Beziehung zu zerstören.

Ein paar Tage später fährt Lyles großer Truck vor und bringt meine Dinge, Nahanni und mich zu ihm nach Nipika. Er ist sofort da für mich, als er von der Trennung hört.

Viele Freunde sind enttäuscht von Phils Entscheidung. Ich kann bis heute kein schlechtes Wort über ihn sagen. Er war voll da für mich, als ich ihn am meisten brauchte. Er hat für mich gelebt, über seine Grenzen. Ich kann ihm nichts vorhalten.

Ich bin wieder in Nipika. Kann arbeiten, wenn ich mich gut genug fühle, und mich ausruhen, wenn ich wieder schwächere Tage habe oder die Auswirkungen nach einer Vireninjektion zu heftig sind, ich davon Fieber bekomme oder einen Schüttelanfall. Über die Monate werden die guten Tage langsam immer mehr. Und im folgenden Winter kann ich sogar wieder Langlaufstunden geben. Schon bald kommt Ryan regelmäßig nach seiner Arbeit im Tal hinauf nach Nipika. Bei seinem ersten Übernachtbesuch habe ich plötzlich wieder einen dieser Fieberschüttelanfälle, und er hält mich die ganze Nacht nur fest in seinen Armen. Spätestens da ist er voll bei mir qualifiziert. Im darauffolgenden Sommer machen wir gemeinsame Campingtrips, Ry ist ein exzellenter Fliegenfischer, ich sehe ihm gerne bei seinen eleganten Bewegungen zu.

Alles scheint zu passen.

Dann geht die Türe auf, ich höre Rys Schritte und merke, wie meine Anspannung steigt. Wie soll ich es sagen? Wie wird er sich freuen? Ryan kommt herein, ich sehe ihn erwartungsvoll an.

»Was ist? Wieso schaust du so?«

»Ry, du wirst Daddy.«

Noch im selben Moment spüre ich, dass ab jetzt nichts mehr so ist, wie es war. Und ich habe noch nie einen Menschen in so einer Art von Schock gesehen. Ry kann nichts mehr reden, denken, tun. »Gudrun … ich bin noch nicht bereit dafür…«, ist alles, was er sagt. Damit ist aber alles gesagt.

Die letzten Jahre haben mich zu sehr abgebrüht, als dass ich nun zu weinen anfange und mir selbst leid tue. Und zu groß ist meine eigene Freude. Trotzdem liegt sie jetzt gerade zerbrochen in Tausenden Stücken auf dem Boden. Gleich neben den Rosen und der Schokolade. Ryan hat sie nicht einmal bemerkt.

Wir beschließen, dass ich für die Geburt nach Österreich gehe, da habe ich wenigstens meine Mutti als Unterstützung. Ich muss mich schnell entscheiden, bald wird die Schwangerschaft so weit fortgeschritten sein, dass ich nicht mehr fliegen darf. Okay, ein Jahr maximal bleibe ich in Österreich. Ich lasse zu viele Freunde und zu viel intensive Erlebnisse – schöne und schmerzhafte – in Kanada zurück, als dass ich Kanada auf Dauer verlassen will. Ein Jahr maximal. Aber lang genug, dass Nahanni mitmuss, eine so lange Trennung ist nicht fair. Ihr Transport wird zum absoluten Stressfaktor. Ich sitze hochschwanger allein in der Passagierkabine und denke nur an mein bisher einziges »Baby«. Habe ihr noch Bach-Notfall-Tropfen vor dem Einstieg in ihre Transportbox gegeben. Bis sie aus meinem Blickfeld verschwunden ist, war sie die Panik in Hundeform. Nun schütte ich mir die Tropfen selbst hinein.

Das Wiedersehen in München wird zu einer Show für alle Passagiere; wenn Hunde Rückwärtssaltos machen könnten, Nahanni hätte dreihundert davon gemacht. Nun heißt es ankommen, ankommen in einer Welt, aus der ich eigentlich stamme und die mich daher – so sagt man – geprägt hat. Aber dann sind die neun Jahre in Kanada gekommen und sie waren wie ein Radiergummi, sie haben viel ausgelöscht. Und Neues wurde darübergeschrieben. Ich habe mich gefunden. Nun habe ich zwei Monate Zeit, mich in der alten Heimat wieder zurechtzufinden. Wenn das Baby kommt, wird ohnehin alles wieder völlig neu, ich muss wieder ganz von vorne anfangen. Allein. Nahanni zeigt mir die Richtung, sie bleibt meine einzige Konstante.

Mein Nachwuchs lässt sich Zeit, aber wir haben den Geburtstermin sowieso nur Pi mal Daumen berechnen können. Nach Baby-Oberschenkellänge und so. Ryan fliegt für die Geburt herüber. Wir warten. Es regnet und regnet. Dann ist es so weit, und das kleine Regenkind kommt zur Welt, ein Junge, ein Conrad Kimii.

Babys und Kleinkinder sind wie ein Fass ohne Boden, in das man Zeit reinschüttet, und sie verschwindet irgendwo in einem großen Loch. Aus einem Jahr werden zwei Jahre, werden drei Jahre in Österreich. Jedes Jahr ein Besuch in meiner Seelenheimat, nur einmal nicht, da ist an einem heißen Sommertag meine wildnisgewohnte Nahanni zum Abkühlen in den brutal regulierten Fluss vor meiner Tür gesprungen und nicht mehr herausgekommen. Als sie es endlich geschafft hat, waren beide Kreuzbänder und ihr Meniskus zerfetzt. Tierarztkosten: ein Flugticket nach Kanada.

Conrad wird nun bald drei Jahre alt. Seitdem ich vor drei Jahren nach Österreich zurückgekehrt bin, haben sich die Meldungen über die natürliche Rückkehr der Wölfe nach Mitteleuropa verstärkt. Ich sehe das als ein Zeichen, nicht als Zufall.

Inzwischen wächst Conrad viel schneller, als sich vorgefestigte Einstellungen und Ängste gegenüber dem Wolf aufweichen und korrigieren lassen. Conrad wächst schneller als die Bereitschaft, dem Heimkehrer eine neue Chance zu geben, und Conrad lernt schneller, als es so manche Erwachsene tun.

Es wird auch beim Thema Wolf wieder die neue Generation sein müssen, die sowohl die Richtigkeit als auch die Notwendigkeit von Tieren wie dem Wolf erkennt. Die arme neue Generation, der wir viel zu viele Baustellen hinterlassen, von der wir die Toleranz und Anpassungsfähigkeit verlangen, die wir selbst nicht willens waren zu zeigen. Eine Generation, der wir immer mehr Natur wegnehmen, die kaum noch auf Bäume klettern oder erleben kann, wie sich das Wasser eines wilden Flusses anfühlt oder Barfußlaufen auf einem Waldboden, die nie lernt, welche Blumen da eigentlich blühen.

Eine Generation, die Gefahr läuft, dass ihre Sinne für die Natur verkümmern. Unsere Sinne aber machen uns zum Menschen. Sie sind unsere Verbindungen zu allem Natürlichen, unsere Antwort auf alle Vorgänge in unserer Umwelt. Sie sind unsere Meisterleistung, über Jahrhunderttausende perfektioniert.

Sie lassen uns intensiv leben, geben uns die Lebensqualität, die uns zufrieden macht, warnen uns vor Gefahren und lassen uns überleben. Innerhalb weniger Generationen könnten sie verschwinden, nähmen wir unseren Kindern die Chance, sie verwenden zu können.

Inzwischen ist dieses Phänomen schon so weit fortgeschritten, dass es bereits einen Namen hat: »Nature-deficit disorder« oder Natur-Defizit-Syndrom. Es ist nicht nur ein Krankheitszustand, der durch eine zunehmende Entfremdung von der Natur entsteht –

es ist auch die Beschreibung der Kosten für uns Menschen, die uns dadurch entstehen. Direkter Kontakt mit der Natur ist äußerst wichtig für die gesunde kindliche Entwicklung – körperlich, emotional und geistig. Natur ist eine wirksame Therapie gegen Depression, Übergewicht und ADHS.

Eine umweltbasierte Ausbildung führt zu drastisch besseren Schultest-Leistungen, Fähigkeiten im Problemlösen, kritischen Denken und in der Entscheidungsfindung werden entwickelt. Auch die Kreativität wird durch Kindheitserlebnisse in der Natur stimuliert.[6] Was ich nie erlebt habe, werde ich nie vermissen. Was ich aber in der Natur erlebe, bleibt mehr als alles andere tief in mir. Wie eine Schatzkiste, die ich jederzeit öffnen kann, wenn ich sie brauche.

Wäre meine Schatzkiste nicht so voll mit so bewegenden Lebensmomenten gewesen, meine Krankheit hätte leichtes Spiel gehabt.

Meine Schatzkiste ist voll, ich bin reich. Ich will, dass auch Conrad einmal sagen kann: »Meine Mummy hat mir geholfen, meine Schatzkiste zu füllen.« Das ist der Reichtum, den ich ihm mitgeben kann.

Auf alte Bäume zu klettern, stehendes Totholz zu bewundern, in frei fließende Flüsse zu springen und im Schnee viele Spuren von belebter Natur zu finden.

Wir haben viel zu tun.

Das Rudel investiert viel Zeit und Energie, den Jungen ihren Lebensraum zu zeigen. Er wird mit all ihren Sinnen erfasst. Alles wird beobachtet, beschnuppert, angestupst und angeknabbert. Ihren Lebensraum zu kennen, Beute und Gefahren zu *er*kennen, ja sogar Dinge vorherzusehen, ist der Inhalt der Schatztruhe, die erwachsene Wölfe zusammen mit ihren Jungen über ein bis zwei Jahre füllen.

Das ist auch im Eigeninteresse der Elterntiere. Sie wissen, gut in seiner Umgebung eingefügter Nachwuchs hilft dem eigenen Überleben und dem Weiterleben ihrer eigenen Gene.

Die Wölfin kann dort ihre Jungen erfolgreich aufziehen, wo Menschen leben, die ohne Bewertung aber mit Offenheit und Respekt anderen begegnen.

Ich wünsche meinem kleinen Regenmann, dass er die Möglichkeit haben wird, mit seinem Daddy Fliegenfischen zu gehen, dabei in einem frei fließenden Fluss zu stehen und mit einer weit ausholenden Bewegung einen Fisch zu fangen, den noch nie zuvor ein Mensch gefangen hat.

Nachwort

Eine junge Wölfin bricht auf und verlässt ihr Rudel, um etwas in ihrem Leben zu verändern. Sie hat in ihrem Rudel nicht den Status, um sich fortzupflanzen, eine eigene Familie zu gründen und das Rudel zu leiten.

Um diese Ziele für sich zu erreichen, muss sie neue Wege gehen. Wege, die sie noch nie gegangen ist und die ihr Rudel ihr nicht gezeigt hat. Sie weiß nicht, wo die Beutetiere ziehen und wo sie Wasser findet, wo die Unterschlüpfe sind und wo die Gefahren lauern. Aber sie bricht trotzdem auf. Dabei kann sie Hunderte Kilometer weit wandern, bis sie ihren Platz gefunden hat, der ihr all das bietet, und idealerweise einen Partner, mit dem sie eine neue Familie gründen kann.

Aufbrechen heißt Veränderung, und Veränderung heißt Leben. Wenn wir uns nicht mehr verändern können, verlieren wir unsere Energie, aufmerksam und aktiv durchs Leben zu gehen. Unser Geist und unsere Seele erstarren, und unsere Körper tragen uns nur noch leer herum. Wenn du anfängst, dich nicht mehr verändern zu *wollen*, bist du alt, und wenn du dich nicht mehr verändern *kannst*, bist du tot, auch wenn du noch fest konsumierst oder weiterhin den Medien alles glaubst. Du bist tot, weil abgeschrieben für deine eigentliche Aufgabe, für die du und nur du allein bestimmt gewesen wärst: dein Beitrag, um diese unsere ganze Welt besser zu machen. Mag dein Beitrag auch noch so klein sein, wenn er in die richtige Richtung geht, dann genügt es schon. Richtige Richtung – es ist ein Hilfsbegriff für das, was wir alle ganz tief in unserem Herzen wissen: das Leben in all seinen Formen respektieren, lieben und bewahren.

DANKE, thank you!

Wir Menschen sind soziale Wesen. Wir brauchen einander so wie die Wölfe ihr Rudel. Alleine hätte ich vieles in meinem Leben nicht schaffen können. Euch allen, die ihr mir bei vielen unterschiedlichen Dingen geholfen habt, aus tiefstem Herzen ein Dankeschön.

Allen voran meiner Mutti Edeltraud, die mir eine Art von Stärke vorlebt, die mich an das Meistern von Herausforderungen glauben lässt. Ohne Mutti, »Leihopa« Albert und Tagesmutti Anita hätte ich auch nicht die nötigen ruhigen Stunden gehabt, diese Seiten zu füllen.

Ich danke den vielen Menschen, die sich während meiner Krankheit um mich gekümmert haben, mich getragen und an mich geglaubt haben. Ich möchte nicht einmal weiterdenken, wo ich heute wohl wäre ohne sie. Das universumsgroße »recovery team« mit Phil, der alles gegeben hat, mit den Ärzten, vor allem Dr. Parey, und Krankenschwestern im Foothills Hospital, die meiner Genesung einen ganz tollen Start gegeben haben, danach Dr. Jay Easaw und sein Team im Tom Baker Cancer Centre in Calgary, in deren Händen ich mich gut aufgehoben fühlte. Dr. Easaw danke ich besonders für seine Toleranz gegenüber neuen Therapieformen. Mit der Hilfe der »happy nurses« im Canmore Cancer Department, Renate Weber im Invermere-Hospital und später der Betreuung durch meinen langjährigen Hausarzt daheim konnte ich meine Genesung weiter- und zu Ende führen. Dr. Thaller möchte ich für seine Weitsicht und seine Unbeirrbarkeit danken, mit der er vielen sogenannten hoffnungslosen Fällen ein Weiterleben schenkt. Alle diese Menschen haben sich für mich über die Grenzen des »business as usual« gewagt.

Diese Möglichkeit konnte aber erst durch den Geist von Nipika entstehen, dem Platz, der Idee und der Lebenseinstellung, die geprägt ist durch »my buddy« Lyle Wilson mit Familie und der Nipika-Investorengruppe um Mike Broadfoot, die mir ihr eigenes Glück weitergegeben haben. Danke auch meinem Universitätsprofessor Dr. Helmut Hartl für seine unterstützenden Herbaro-Salben.

Viele Menschen und Vereine haben mir mit ihren Worten, Gedanken, Gebeten und Taten – vom Fingernägellackieren über Essenvorkochen bis hin zu finanziellen Unterstützungen – alles gegeben, was ich in dieser Zeit gebraucht habe. Die vielen Namen kann ich hier aus Platzgründen nicht aufzählen. Aber jeder Einzelne wird für immer seinen Platz in meinem Herzen haben.

Meine Korrekturleser schließen den Kreis jener, denen ich für ihren Einfluss in meinem Leben danke: Allen voran meine wunderbare Lektorin Heike Hermann, die mich auf herzliche Weise und mit der richtigen Zügellänge durch meine Autobiografie geleitet und begleitet hat. Und meine persönlichen Korrekturleserinnen Ingrid Adlhardt und Andrea Aufmesser, die mir wertvolle Tipps und Verbesserungen geflüstert haben, sodass ich diese Seiten mit aufrechter Haltung habe an den Verlag schicken können.

Ganz speziellen Dank an alle meine Wolfsforschungskollegen, ihr habt mir viel beigebracht, vor allem auch tiefe Freundschaft. Ich vermisse euch sehr.

Danke Mutter Erde, Bruder Baum, Schwester Wolf.

Es war ein wunderschönes, (ja therapeutisches) Abenteuer.

Altenmarkt, im Juni 2012

Anmerkungen und Copyrighthinweise

1 Information aus: *Taste the Waste*, Kinofilm, Deutschland 2011, Regie: Valentin Thurn.

2 Aldo Leopold (1887–1948) war ein US-amerikanischer Forstwissenschaftler, Wildbiologe, Jäger und Ökologe. Er gilt als einer der Gründer der Naturschutzbewegung.
Textauszug aus: Aldo Leopold: *A Sand County Almanac,* Oxford University Press, 1968, S. 129–132.

3 ›http://www.cbc.ca/news/canada/north/story/2010/10/11/nwt-bathurst-caribou-wekeezhii-report.html‹.

4 Journal of the House of Representatives of the United States, Vol. 1: S. 305.

5 »Canada apologizes for ›killing the Indian in the child‹« Monsters & Critics, 11.06.2008, aufgerufen am 12.02.2009.

6 »PM Cites ›sad Chapter‹ in apology for residential schools«, in: ›www.cbc.ca‹, 11.06.2008, aufgerufen am 02.12.2009.

Weitere Informationen über:
Die »Raincoast Conservation Society«: **www.raincoast.org**
Urlaub in Nipika: **www.nipika.com**
Projekte des Miistakis Institute: **www.rockies.ca**
Die Therapien von Dr. Thaller: **www.praxis-thaller.de**

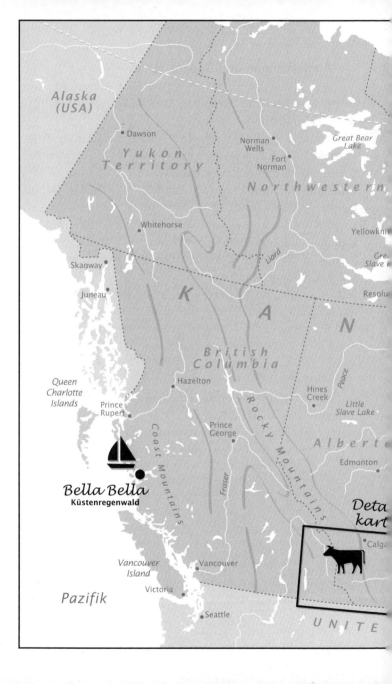